GAOZHI YUANXIAO NEIBU ZHILI
XIANDAIHUA YANJIU

高职院校内部治理现代化研究

王忠伟　韩欢乐　著

河南大学出版社
HENAN UNIVERSITY PRESS
·郑州·

图书在版编目（CIP）数据

高职院校内部治理现代化研究 / 王忠伟，韩欢乐著. -- 郑州：河南大学出版社，2021.9
ISBN 978-7-5649-4896-2

Ⅰ. ①高… Ⅱ. ①王… ②韩… Ⅲ. ①高等职业教育－学校管理－现代化管理－研究－中国 Ⅳ. ①G718.5

中国版本图书馆CIP数据核字（2021）第213420号

责任编辑	李亚涛
责任校对	郑　鑫
封面设计	郭　灿
出版发行	河南大学出版社
	地　　址：郑州市郑东新区商务外环中华大厦2401号
	邮　　编：450046
	电　　话：0371-86059701（营销部）
	网　　址：hupress.henu.edu.cn
排　版	河南大学出版社设计排版部
印　刷	广东虎彩云印刷有限公司
版　次	2021年9月第1版
印　次	2021年9月第1次印刷
开　本	710 mm×1000 mm　1/16
印　张	17.25
字　数	239千字
定　价	50.00元

版权所有·侵权必究
本书如有印装质量问题，请与河南大学出版社营销部联系调换。

前　言

党的十八届三中全会指出要"推进国家治理体系和治理能力现代化"，这是"治理体系和治理能力现代化"首次出现在中央文件之中。自此，开启了其作为深化我国社会经济改革发展的重要建设内容之一。随后，党的十九届四中全会等多次会议都对治理体系与治理能力现代化建设的重要性进行了强调。2019年，教育部、财政部发布《关于实施中国特色高水平高职学校和专业建设计划的意见》（"双高计划"），其中更是将"提升学校治理水平"列为十大建设任务之一。中国高等职业院校治理体系和治理能力现代化建设，毋庸置疑，正是切实贯彻党的系列会议精神，以及落实教育部对高职院校的建设要求的基本体现。高校是新时代社会主义建设者和接班人的培养基地，落实教育现代化理念，完善其内部的治理结构，加强制度建设，完善治理体系，不断提升治理水平，既是国家治理体系和治理能力现代化的重要组成部分，更是深化高等职业教育综合改革，进而推动高等职业教育现代化的必由之路。

黄河水利职业技术学院是中国特色高水平高职学校A档建设单位。该书是黄河水利职业技术学院"双高计划"建设任务——提升学校治理水平的研究成果之一。本书基于作者近年来对高职院校治理能力和治理体系现代化建设研究的基础上，系统梳理研究成果而成，并引入学校制度体系建设成果作为实证加以研究讨论。全书分为六个部分。第一部分绪论，重点介绍高职院校治理的研究背景、重要概念、研究方法、研究意义和国内外研究进展等。第二部分是高职院校党内法规制度执行力建设研究，在深入调研高职院校党内法规制度执行力现状基础上，探索高职院校党内法规制度执行力建设路径。第三部分是高职院校治理能力现代化研究，深入分析我国高职院校治理治理能力建设现状与问题，借鉴境内外高校治理能力建设案例，创新提出高职院校治理能力现代化建设内容，并构建了高职院校治理能力现代化建设考核评价指标体系。第四部分是高职院校治理结构优化研究，系统提出高职院校治理结构优化的要求、原则和基本路径。第五部分是高职院校治理体系现代化研究，在分析高职院校治理体系现代化存在的突出问题基础上，提出高职院校治理体系现代化的建设目标、建设思路和建设途径。第六部分是黄河水院治理能力建设实践研究，重点展示黄河水院制度体系建设成果。该书的研究方法主要有文献分析法、社会调查法、案例分析法、比较分析法和实证研究法等。

全书由黄河水利职业技术学院王忠伟老师提出编写大纲和编写框架，主要撰写了第二章、第五章、第六章内容；黄河水利职业技术学院韩欢乐老师撰写了第一章、第三章和第四章内容，并负责统稿。在本书研究和编写过程中，黄河水利职业技术学院副校长刘玉宾、纪委书记朱焕立和党政办公室主任刘许亮给予了全程指导和大力支持。我们在研究中参考了部分国内外研究成果。

在国家部署决策加快发展现代职业教育的背景下，紧紧围绕立德树人的根本任务，构建高职院校治理体系，推进治理能力现代化建设，加快构建充满活力、富有效率、更加开放、有利于学校科学发展的体制机制，当好教育改革排头兵，是当前高水平高职院校发展的重要任务。该书可为高校管理者提供学校治理能力和治理体系现代化建设的思路，也可为高校治理相关研究者提供研究参考。

目 录

第一章 绪论 1
 一、研究背景 1
 二、重要概念辨析 4
 三、研究方法 17
 四、高职院校治理研究意义 18
 五、研究现状与进展 21

第二章 高职院校党内法规制度执行力建设研究 31
 一、研究概况 32
 二、高职院校党内法规制度执行现状 36
 三、探索高职院校党内法规制度执行力建设路径 46
 四、小结 54

第三章 高职院校治理能力现代化研究 55
 一、研究概况 56
 二、高职院校治理能力建设现状 70
 三、创新高职院校治理能力现代化建设内容 81

四、构建高职院校治理能力现代化建设考核评价指标体系… 87
　　五、小结 …………………………………………………… 91

第四章　高职院校治理结构优化研究 …………………… 93
　　一、研究概况 ……………………………………………… 95
　　二、高职院校治理结构现状 ……………………………… 103
　　三、优化高职院校治理结构途径 ………………………… 111
　　四、小结 …………………………………………………… 119

第五章　高职院校治理体系现代化研究 ………………… 121
　　一、研究概况 ……………………………………………… 122
　　二、高职院校治理体系建设现状 ………………………… 139
　　三、健全高职院校治理体系思路 ………………………… 144
　　四、小结 …………………………………………………… 158

第六章　黄河水院治理能力建设实践研究 ……………… 159
　　一、黄河水院基本情况 …………………………………… 159
　　二、以制度管制度，打造制度全生命周期管理新模式 … 160
　　三、构建开放共治的现代职业教育治理结构 …………… 168
　　四、推进民主管理，践行依法治校 ……………………… 177
　　五、健全和完善以学校章程为引领的制度体系 ………… 185

参考文献 ………………………………………………………… 266

第一章 绪论

一、研究背景

党的十八届三中全会明确指出，完善和发展中国特色社会主义制度，推进国家治理体系和治理能力现代化。党的十九届四中全会从党和国家事业发展的全局和长远出发，再次深刻回答了"坚持和巩固什么、完善和发展什么"这个重大政治问题，并明确了坚持和完善中国特色社会主义制度、推进国家治理体系和治理能力现代化的总体目标。国家治理体系和治理能力现代化，被理论界称为继农业、工业、国防和科学技术"四个现代化"之后的"第五个现代化"。教育治理体系和治理能力现代化是国家治理体系和治理能力现代化的重要组成部分，也是新时代中国大学推进内涵式发展、提升综合竞争力的内在需求。《国家中长期教育改革和发展规划纲要（2010—2020年）》提出了"完善中国特色现代大学制度，完善大学治理结构，深化校内管理体制改革"的制度改革创新目标。2011年9月29日，在职教政策领域，教育部在《关于推进高等职业教育创新引领职业教育科学发展的若干意见》中提出，高职院校在坚持党委领导下的校长负责制的同时，鼓励建立董事会、理事会等多种形式的议事制度，形成多方参与、共同建设、多元评价的运机制。2014年2月，教育部部长袁贵仁同志在2014年全国教育工作会议上提出，要深化教育领域综合改革，加快推进教育治理体系和治理能力现代化。《现代职业教育体系建设规划（2014—2020年）》更直接而具体地提出要"提高职业院校治理能力"。2014年5月2日，国务院《关于加快发展现代职业教育的决定》明确提出"建成一批世界一流的职业院校"的任务；2015年7月27日，教育部发布《关于深化职业教育教学改革，全面提高人才培养质量的若干意见》，有针对性地提出了"建设一批世界一流高职院校"的目标。2015年9月1日，教育部出台的《职业院校管理水平提升行动计划（2015—2018年）》提出"发挥管理工作对职业教育改革发展的推动、引领和保障作用，不断提高职业院校管理规范化、精细化、科学化水平"；2015年10月19日，教育部出台的《高等职业教育创新发展行动计划（2015—2018年）)》提出了"坚持教学改革与提升院校治理能力相结合"的基本原则；2015年10月24日，国务院出台的《统筹推进世界一流大学和一流学科建设总体方案》把"完善内部治理结构"作为一项重要的改革任务。2016年3月8日，时任教育部部长袁贵仁在全国政协十二届四次会议教育界别联组会上，明确表态"不能把一流大学仅仅限定为综合大学，还包括民办大学、职业高校等"。2018年全国教育大会上，习近平指出要坚持深化教育改革创新，推进教育现代化、建设教育强国、办好人民满意的教育。2019年，国务院颁布《国家职业教育改革实施方案》（简称"职教20条"）提出要把职业教育摆在教育改革创新和经济社会发展中更加突出的位置，对职业教育提出了全方位的改革设想，推进职业教育体系改革。随后，教育部、财政部发布《关于实施中国特色高水平高职学校和专业建设计划的意见》（"双高计划"），作为落实《国家职业教育改革实施方案》的"先手棋"，推进高职院校的改革发展。可见，无论是高职院校的创新发展还是一流高职院校建设，均对高职院校的管理水平、治理能力提出了新的要求。

  教育作为国家全面深化改革的重要领域，一切改革的举措和行动自然都要自觉围绕总目标、落实总要求，完善科学规范的教育治理体系，形成高水平的教育治理能力。没有职业教育现代化就没有教育现代化。

高职院校是我国高等职业教育实践的重要形式和载体，是高等职业教育的基本"细胞"。高职院校内部治理结构与治理水平，是对内部结构整合成效的直观反映，更是影响其办学质量与办学水平提升的核心因素。高职院校如何在推进现代高职院校制度建设过程中，不断推进治理体系和治理能力的现代化，是一个需要系统思考的重大理论与现实问题。

当前，高职院校治理体制和能力正遭遇前所未有的挑战，主要体现在章程建设有待加强、办学自主权尚待落实、学校内部管理制度需进一步改革等。为此，教育部在《高等职业教育创新发展三年行动计划（2015—2017年）》、《国家职业教育改革实施方案》等文件中提出了"高等职业院校治理能力提升计划"。高职院校治理体系现代化的核心是高职院校治理能够服务于所在区域的社会经济发展，把人才培养融入企业生产服务流程和价值创造过程。这其中包括提升从业者的综合素质，理顺高职院校管理主体的地位，处理好利益相关方的基本权益，以及鼓励利益相关方积极参与治理，体现公平正义与开放包容等。在国家部署决策加快发展现代职业教育的背景下，"紧紧围绕立德树人的根本任务"，构建治理体系，推进治理能力现代化，"加快构建充满活力、富有效率、更加开放、有利于学校科学发展的体制机制，当好教育改革排头兵"，是已成为全国高等教育体系重要组成部分的高职院校发展的重要命题。

治理理论是经济社会发展的产物，在奉行以市场为中心的发展模式中出现了市场失效的现象，在奉行以政府为中心的发展模式中出现了政府失灵的现象，西方专家学者们开始寻找一种方式来解决市场失效和政府失灵的现实问题，治理理论随之出现。治理理论倡导权力重新分配，权力由集权向广大利益相关者分配，强调由各利益主体通过协商的形式共同参与管理。国内外学者对治理进行了大量的研究和实践，取得了丰富的成果。治理理论被广泛应用于社会公共事务、现代企业管理以及院校管理等领域。我国在党的十八届三中全会中提出"国家治理体系和治理能力现代化"的命题，关于治理体系和治理能力现代化的研究随之在各个领域兴起，并在各个领域广泛实践，在理论和实践方面都取得了可喜的成效。

二、重要概念辨析

（一）治理

"治理"是20世纪90年代以来国际政治学领域逐渐流行的一个概念。治理作为政府行政管理的工具，是政府行为的一种方式，是通过某些途径用以调节政府行为的机制。近年来，与之相呼应的还有更侧重于公共产品供给和分配方面的"公共治理"及就全球性议题进行协作的"全球治理"。相对于之前意识形态和强制色彩更浓的"统治"和"管治"而言，"治理"更为中性，也更凸显绩效观念。

治理的英文是"govern"，翻译成"国家层面的管理、统治"或"规则、原则等的控制、支配、决定"。汉语中治理的内涵包括四个方面：一是管理、统治或得到管理、统治；二是理政的成绩；三是治理政务的道理；四是处理、整修。在政治学领域，通常指国家治理，即政府如何运用国家权力（治权）来管理国家和人民。在商业领域，主要指公司治理，即公司等组织中的管理方式和制度等。

"治理"一词最早见于我国春秋战国时期荀子的《君道》一文中，文中写道"明分职，序事业，材技官能，莫不治理，则公道达而私门塞矣"。其意为分清职责，理清事务的关系，让有才能的人去做技术活，有本事的人去做官，这些都需要治理，如果按照治理的方法这样去做了，财富分配就能公道，社会秩序就能通达公平正义就能得到彰显，与此同时，私事就会得到阻止。

治理理论的主要创始人之一 J.N.Rosenau 认为，治理是一系列活动领域中未得到正式授权却能发挥有效作用的管理机制。联合国全球治理委员会认为，"治理"是公共或私人领域内机构或个人管理共同事物的方法总和，用以调和相互之间的不同利益或冲突，保持联合行动的可持续性。这里包括两层含义：一是所有人都必须服从正式的制度或规则；二是人们同意或博弈得出的符合其利益诉求的非正式制度或规则。英国学者格里·斯托克（Getty Stoker）对治理的各种概念进行了梳理，认为"治理"的概念主要围绕五个方面：一是治理的定义来自政府、社会公共机构或行为者的一系列复杂体系；二是治理在寻求解决社会和经济问题过程中的边界和责任较为模糊；三是肯定了社会公共机构在涉及集体行为时存在权力依赖；四是参与治理的各方将形成一个自主的网络体系；五是在公共管理中，政府的权力、权威或命令不是唯一途径，政府有责任使用其他管理技术和方法来控制和引导公共事务。"治理"由治理主体、治理内容、治理结构以及治理机制等构成，是以大学章程、法律和法规为核心组成的一整套制度体系，通过制度约束对利益相关主体进行重塑，实现科学决策与民主管理，使利益相关主体得以调和，并且采取联合行动的持续过程。

"治理"的核心是"权力流散"，就是要打破某一个权力主体对权力的垄断，将权力分解给不同的主体，强调权力机构的多元化。就高职院校内部治理来说，也就是管理方式、制度和机制等的总称。整合内外部资源、管理流程走向科学化的过程，同时也是学校治理理念不断延伸、优化的过程。就外部治理来说，要挑战"政府是学校管理的唯一合法权威"的观点，转变政府在职业教育发展中的职能和角色，建立一种权力合作协商的关系，实现职业教育管理、办学、评价监督相分离的治理，形成多元化投入、多元化管理、多元化监督等社会主体广泛参与的共同治理局面，以及以政府宏观调控、高职院校自主办学、行业和企业等社会力量广泛参与的格局。

公共管理领域的治理是管理的一种方式，是对管理的衍生，但治理与管理的含义是有明显区别的。两者目的不同，管理主要强调保证实现既定的管理目标，而治理的目的是多元利益主体之间的均衡；两者职能不同，管理主要关注决策落实的计划、组织、指挥、控制和协调，而治理主要注重监督、明确责任体系和决策指导；两者的依据与基础不同，管理依靠内部各单位的行政级别，而治理主要依据法律与法规；两者的作用与地位不同，管理主要是规定具体方向与路径，而治理的作用在于规范权利和责任。治理包含管理的内容，其内涵要比管理丰富得多。"管理"强调的是一元的、单项的行为方式和具体执行，倾向于纵向的科层制结构；而"治理"强调的是"利益相关方"的权利关系，其意义体现是双向的、相互的，而非单项的，表现为具体行为方式上的宏观性，倾向于多主体间横向上的扁平化。治理活动涉及的范围更加宽泛，不仅包含自上而下的统治、管理，更强调方方面面的"共治"以及各参与主体责任的共担等内容。

虽然治理与管理存在较大区别，但是两者并不是截然对立的。治理是管理的高级阶段，是管理达到内在和谐的最佳状态和目标追求。在管理的低级阶段，管理行为追求的是一些外在的可见目标的实现。只有当管理进入高级阶段，在理念上依靠自我管理而不需要外部强制，通过文化管理，注重内在和谐，既追求可见目标，更追求隐含目标，重视各主体创新性的发挥，才能达到治理的境界。

"治理"作为当代公共管理的一新范式，它的价值诉求在于通过多元主体之间的通力合作、协同创新，以实现共赢与追求善治。"善治就是使公共利益最大化的公共管理过程，其本质特征在于它是政府和公民对公共生活的合作管理，是政治国家与市民社会的一种新颖关系，是两者的最佳状态。"开放性、平等性和多元性是治理的基本特点。

1. 开放性

作为一种先进的管理工具，治理具有天然的外部开放性。基于治理主体的自信与理想，它以开阔的胸怀吸纳主体之外的利益相关组织和个人加入管理体系之中，寻求共同发展的协调路径，从而谋求和实现多利多赢。构成治理体系的利益相关方打破了原有封闭阻塞的坚固格局，在开放交融的社会生态体系中不断地进行着信息、资金、设备、设施、服务、价值等方面的互动和交流，在此基础上，逐渐构建起开放式的利益共同体。

2. 平等性

治理主体间基于契约原则，必然需要厘清各方的权利和义务关系，它们是平等互利的共同体，既互相合作，也互相制约。参与治理的相关各方是基于一定秩序和规则之下的平等主体，它们肩负着不同的职责，并且享有治理体系中的权利，它们并非控制（管理）与被控制（管理）的关系，而是平等、合作、共治、制约的关系。

3. 多元性

治理体系是多向度、多角度的有关各方的利益共同体。基于共同的利益追求和发展理想，各个治理主体在合作过程中欢迎社会各方投入尽可能多的关注和支持，并以各自不同的方式和利益诉求参与共同事业的治理。从此角度而言，治理体系强调相关各方的多元性，并尊重利益相关方的法定权利和利益诉求。

（二）高职院校治理

对普通高校而言，在"实现共赢与追求善治"的过程中，同样需要不断提高治理能力与治理体系的现代化水平。普通高校治理通常又分为外部治理和内部治理：外部治理主要指如何处理好高职院校和政府及职能部门、市场、社会之间的关系；内部治理主要指如何分配与实现学校内部党委、行政、学术、服务、管理、监督等方面的决策权与收益权。因此，普通高校内部治理变革主要是充分尊重各利益相关者的利益表达与利益诉求，在追求"正和博弈"的过程中，实现各利益相关者利益表达与利益诉求的"最大公约数"，实现彼此职、权、责、利的有机统一与良性互动。作为普通高校重要组成部分的高职院校，其内部治理主要指高职院校紧紧围绕各利益相关者的职、权、责、利，通过相关机制构建、制度安排、政策支持，保障有章可循、有效管理、有序工作，不断实现高职院校内部利益协调与利益整合，从而推进新时期高职院校的改革创新与和谐发展。事实上，新时期高职院校要实现内部治理变革，必须强化利益整合、推崇协同创新、注重共同治理，从而建立健全适应自身治理规律的权力运行与权利保障机制，以科学而规范的服务与管理不断提升人才培养的质量与服务社会的能力。

在现代职业教育体系中，高职教育作为一种融"高等性"和"职业性"于一体的跨界教育，其办学定位和办学功能决定了高职院校内部治理的独特性，主要体现在以下六个方面：

1. 共同的治理

高职教育跨越职业与教育、企业与学校、工作与学习的界域，要规范并保障这种"跨界"教育，必须遵循职业和教育的双重规律，构建内部治理的基本形态。根据高职教育技术技能人才的培养定位，高职院校不仅要有同时承载现代大学的学术性和现代职业的技术性的制度设计理念，而且要有能够实现行业企业要素对教育有效融入的治理手段和治理结构。高职院校的多元办学主体是落实高职教育跨界特征的必然要求，我国在职业教育的法律、规划和各类政策文件中均明确了要建立"政府主导、行业指导、学校主体、企业参与"的职教运行机制，这就决定了高职院校具有利益相关者组织的典型性，既有政府、行业、企业、学校的外部相关者维度，也有学校、教师、学生、家长的内部相关者维度。满足和实现不同的利益相关者对自身价值、利益和目标的主张，需要建立共同治理的体制机制，包括各方参与人才培养的价值体系、组织体系、制度体系和行动体系。共同治理为落实各方参与的决策权、执行权与监督权提供组织、制度和机制保障，进而通过统筹协调、沟通合作、多元互动和权利平衡，发挥每一个利益相关者的作用。当前我国加快推进和完善现代职业教育制度体系，对健全企业参与制度提出了新的要求，高职院校唯有在以企业参与为核心的共同治理的基础上建立起相应的组织架构、议事规则、行为约束和运行制度，才能真正激发出多主体办学的活力。需要指出的是，办学自主权与共同治理密切相关，高职院校需要在共同治理的框架基础上依法行使办学自主权，建立科学的标准和规范的制度，做到有章可循、有据可依和有效自律。"

高职院校治理往往需要政策法规以及相关协议的完善来保障，借助市场机制来解决相对独立主体遭遇的利益方面的冲突，通过相对独立主体间的协商合作来实现高职院校治理 1+1>2 的效果，激发高职院校、政府组织、行业、企业、科研机构、普通本科高校、学生、家长、境外资源等行为主体参与高职院校治理。

高职院校治理并不是单机制的治理，它应该是多机制的治理。与此相对应的是，我国高职院校治理模式也是多元的，毕竟在经济全球化、信息化的今天，不同时期的中国社会经济以及不同区域中，参与高职院校治理的相对独立主体有所差异，相应的利益需求各式各样，影响高职院校治理的因素也多种多样，在不同时期的中国社会经济以及不同区域中，高职院校的治理模式自然也各具特色。鉴于理想很丰满但现实很骨感的事实，尽管高职院校治理改革方案在理论上无懈可击，但从目前高职院校治理的现状来看，结果并不尽如人意，毕竟所谓完美无缺的高职院校治理理论与千变万化的高职院校治理实践并不能画等号。因此，在高职院校治理进程中，应以需求为导向，并从我国社会经济的发展与区域经济的客观需求出发，制定出特色鲜明而又实在管用的高职院校治理模式。针对我国不同时期社会经济的发展需求以及我国不同区域社会经济发展水平的差异性，不同高职院校治理的侧重点也是迥异的，即便是同一所高职院校在不同的发展时期，其治理的侧重点也应该是与时俱进的。也就是说，根据高职院校对软治理与硬治理使用程度的差异性，可将高职院校治理分为高职院校硬治理模式、高职院校软治理模式以及高职院校混合治理模式等；根据高职院校发展政策支持度的差异性，可将高职院校治理分为国家（骨干）示范高职院校治理模式、省级示范高职院校治理模式、非示范高职院校治理模式以及民办高职院校治理模式等；根据高职院校所在区域社会经济需求的差异性，可将高职院校治理分为发达地区高职院校治理模式、欠发达地区高职院校治理模式、跨区域高职院校治理模式以及跨境高职院校治理模式等。由此可以得出以下结论：不存在万能的高职院校模式。高职院校采取何种治理模式应根据国家社会经济发展的要求以及区域社会经济现状来决定，从而不断提高高职院校治理模式与社会经济发展需求的契合度。

2．开放的治理

产教融合、校企合作是现代职业教育发展的基本要求，也是实现高职教育人才培养目标的根本途径。高职院校的人才培养过程呈现出高度的开放性，表现为专业、课程、师资、基地等教学要素以及教学组织、运行、评价等教学过程的开放性，由此构成了高职院校以教学治理为核心的内部治理行为的开放性特征。这种开放性主要体现在四个方面：一是专业设置，高职教育与区域经济的需求对接以专业为纽带，适应产业结构调整，引领、伴随或紧跟产业人才需求，在专业设置和调整上需要具备高度的开放性；二是教学资源，高职教育的教学资源是一个动态适应经济发展、产业升级和技术进步的开放式系统，高职院校在资源整合、开发和利用上需要建立校企协同的开放性机制，实现教学资源的产教融合；三是教学过程，高职教育按照真实环境、真学真做、掌握真本领的要求开展教学活动，需要积极推行开放性的教学方式，实行开放性的教学管理，将生产性要素融入课程教学，从而实现教学过程与生产过程的对接；四是师资队伍，高职院校一方面应努力提升专任教师的职业教育教学能力，另一方面从行业企业广泛聘请兼职教师，这种"双师结构"

的教学团队要求建立具有高度开放性和融合性、校企互动交流、共同管理的基层教学治理组织。

3．包容的治理

俗话说得好，好的价值、理念是行动成功的保障。高职院校治理效能的取得与否，则取决于高职院校治理价值、理念能否做到科学合理。此外，高职院校治理价值、理念还承担着衡量高职院校治理评价标准的职能。由此可以看出，高职院校的治理价值、理念在高职院校治理进程中扮演着举足轻重的角色。孙云志认为，从具体实践来看，高职院校治理所追求的价值、理念应该是包容开放的，其中应该涵盖相互尊重、信任合作、共赢共生等关键词。

（1）相互尊重。高职院校利益相关方的相互尊重是高职院校治理的基点。高职院校治理是众多利益相关方为共同解决高职院校治理问题的群体性活动。为避免高职院校治理中的利益相关方发生厚此薄彼的现象，导致高职院校治理中各利益相关方产生合作"缝隙"，进而使离职院校治理实效大打折扣，高职院校治理的良性运作应以利益相关、相互尊重为其基点，即高职院校、政府组织、行业、企业、科研机构、普通本科高校、学生、家长、境外资源等行为主体间应相互尊重。政府组织与高职院校各利益相关方相互尊重，意味着高职院校各利益相关方对政府组织相关法规的尊重与服从，不可以一己私利来践踏之，这样才能保证高职院校的健康与可持续发展。与此同时，政府组织也应尊重高职院校的办学自主权，从宏观上指导高职院校按照高职院校章程进行办学，并通过完善相关法律法规来为高职院校治理营造良好的外围发展环境。高职院校本身与其他利益相关方相互尊重，意味着高职院校应不断提升自身的办学水平与能力，摆脱"讨要者"的角色，给区域经济发展提供高素质技术技能型人才，给行业企业提供技术服务，以及联合技术研发，给学生家长提供物有所值的教育服务，给学生提供健康与可持续的发展环境。

行业企业与其他利益相关方相互尊重意味着行业企业与其他利益相关方承担了高职院校治理中应尽的角色,并在高职院校治理进程中对各自行为予以相互尊重,实现行业企业与其他利益相关方的完美协作。当然,行业企业也应遵守相关的法律、法规,其他利益相关方也应自觉遵守行业企业对其的监督制约,从而做到到位而不越位。

(2)相互信任。高职院校利益相关方的相互信任是高职院校治理的平台。高职院校利益相关方只有在相互信任的环境中才能够各自敞开心扉表述其真实想法,高职院校利益相关方之间的默契度才能够逐渐累增。因此,高职院校利益相关方之间的相互信任度决定了其融合度,进而决定了其合作的模式与合作的进度。高职院校、政府组织、行业、企业、科研机构、普通本科高校、学生、学生家长、境外资源等行为主体间都要相互信任。政府组织与其他利益相关方之间相互信任取决于政府组织的守信。政府组织的守信程度决定了其他利益相关方对其信任度的高低,进而影响到政府组织在高职院校治理中的合法性。如果政府组织能够发挥其应有的职责功能,其在高职院校治理进程中的角色定位将得以加强;如果政府组织在高职院校治理中出现缺位,其在高职院校治理进程中的角色定位将大打折扣,并使高职院校治理游离于政府组织监控之外。其他利益相关方的相互信任也同样如此,毕竟高职院校治理是种利益博弈,只有建立在相互信任基础上的利益博弈才能够避免博弈惨局,并实现参与利益博弈方间的共赢。在实践中,高职院校利益相关方都打着自己的小算盘,不能够从高职院校治理的整体利益出发,导致校企合作"同床异梦"董事会或理事会名不副实的现象普遍存在。因此,高职院校治理目标的实现是高职院校利益相关方相互信任的产物。高职院校利益相关方的相互协调是高职院校治理的关键。高职院校治理是高职院校利益相关方的集体行动。若希望高职院校利益相关方形成合力推动高职院校健康与可持续发展,就需要高职院校利益相关方精诚合作了。可高职院校利益相关方精诚合作的逻辑缺失与发展困境是当下不容忽视的事实,是高职院校利益相关方各自精打细算非合作博弈的结果，毕竟在高职院校治理中，高职院校各利益相关方的利益诉求、行为方式以及区域需要是千差万别的。因此，高职院校利益相关方各自的理性行为在大部分情况下并不能够达到高职院校治理所需要的最佳效果，要想实现高职院校治理效果最优化，则需要高职院校利益相关方的通力合作，需要将高职院校各利益相关方的相互协调贯彻于高职院校治理的全过程，使通力合作成为高职院校治理必须遵循的理念。因此，缺少相互协调的高职院校治理是无序的，是缺少利益分享的。在此背景下，高职院校治理出现种种缺失理所当然，高职院校的健康与可持续发展也只能是海市蜃楼。

（3）相互共赢。各利益相关方的互利共赢是高职院校治理的落脚点。高职院校治理并不是水到渠成的自然馈赠，而是在高职院校治理中各利益相关方集体努力的结果。在高职院校治理实践中，高职院校自身治理能力的缺失、高职院校与其他利益相关方诉求的差异性、政府组织法规环境的缺失以及其他利益相关方参与高职院校治理激情有待提高等事实的存在，造成高职院校治理中各利益相关方"貌合神离"，无益的内耗造成高职院校治理发展与社会经济发展的需求差距拉大。为了生存与发展，各利益相关方开始意识到共赢共生的重要性，并逐渐将此理念贯穿于高职院校治理过程中。高职院校治理的目的是"扔掉"高职院校各利益相关方的"小算盘"，通过整合高职院校、政府组织、行业、企业、科研机构、普通本科高校、学生、学生家长、境外资源等行为主体间的关系，促进高职院校各利益相关方形成命运共同体，以此实现高职院校治理共赢共生的宗旨。

4. 分类的治理

现代职业教育发展的一个基本内涵是秉持以人为本的理念，满足学生个性化、差异化的发展诉求。高职教育在现代职业教育体系中具有下接中职、上联本科以及服务终身教育的重要作用，适应人才培养的多样化趋势，围绕人才培养目标、标准、内容、方式和评价，实施层次结构和类别结构梯度合理的分类治理，已经逐步成为高职院校内部治理的一个重要特征。首先，生源的多样化要求高职院校实行分类治理。中职生、普高生以及退伍军人、农村社会青年等不同生源的学习基础差异较大，高职院校需要采取不同的招考制度、培养方案和培养方式。其次，学生的个性化发展要求高职院校实行分类治理。要真正拓展学生的成长空间，必须充分尊重学生的选择权，高职院校应建立多元化的培养制度，完善分层教学、分类培养的治理框架，实现差异培养与学生需求、社会需求多样性的吻合。再次，培养类型的多样化要求高职院校实行分类治理。针对全日制职业教育与非全日制职业教育、学历职业教育与非学历职业教育、中高职衔接教育、本专联合培养等不同学制类型和培养类型，要求高职院校在人才培养的规格层次、培养方式和质量标准等方面实施有序的分类治理。

5．制度性的治理

对于高职院校治理的内涵与特征，许多研究者虽有所涉及，但目前尚未有明确的理论界定。有些研究者提出，在高职院校治理中的各利益相关方存在着权责模糊地带，可高职院校治理应包括"有权迫使人们服从的正式机构和规章制度，以及种种非正式安排"。于是在政府组织的事无巨细的"指导"以及"拉郎配"等怪现状下，高职院校治理能力与社会经济发展需求间的差距越来越大，塑造一套以市场为导向的多中心、民主、法制、可考核评价的高职院校治理模式逐渐成为学者们讨论的焦点。还有研究者指出，为破除高职院校治理效率低下的问题，应采用激励型规制模式去调动高职院校治理中各利益相关方的创新激情。另外，还有一些研究者认为：高职院校治理是新公共管理与多中心治理理论在高职院校管理改革中相融相生的产物，于是得出高职院校治理应是各利益相关方意愿的产物的结论。可在高职院校治理实践中，高职院校治理不仅是各利益相关方意愿的产物，同时也是制度性治理的产物。高职院校治理作为制度性治理，它的中心任务是高职院校治理制度创新，特别是相关政策法规制度的创新。高职院校治理为何成为制度性治理，其原因有三。其一是高职院校治理是相关政策法规制度下的治理。高职院校治理可以发展成为新型高职院校治理模式，相关政策法规制度提供的良好外部发展环境是基础。其二是在合作过程中，仅仅凭借各利益相关方的自主性行为是远远不够的，它更需要制度安排来强制约束。其三是高职院校治理顺畅运作需要制度提供有序支持，尤其是在高职院校治理各利益相关方的职责方面，其职责行使需要相关制度作为依据。当今，在维权意识不断增强与以人为本的大背景下，传统的简单粗暴的解决方式已失去存在的土壤，构建合理高效的利益分配机制成为高职院校治理取得成功的关键。在高职院校治理的社会参与方面，没有制度作为保障的社会可能只是徒有其表，对提升高职院校治理水平的作用微乎其微。若不断提高高职院校的社会参与水平，运用制度性安排则成为必须使用的方式。在离职院校治理考核评价方面，由于目前各利益相关方参与高职院校治理的激情与水平有待提高，因此对高职院校治理考核的评价还处于低水平阶段，即只关注是否存在利益相关方参与高职院校治理，对其参与的实际功效则关注不多，于是高职院校治理中存在的名不副实的"花架子"就不难理解了。

6．政府引导的治理

高职院校治理是新公共管理和多中心治理理念在高职院校管理改革过程中由各利益相关方协作融合而成的。公共管理是以自利人为假设，以顾客导向为行政风格，通过政府这个核心公共部门来对形形色色的社会力量进行整合，其强调管理主体多元与价值多元，提出多元主体面对社会经济问题以及互动过程中产生的问题能够"同舟共济"，最终达到多元主体共享相关的资源与条件。多中心治理"以合作治理为实践形态，整合政府组织、市民社会、公民个人多种行为主体，实现其各自独立又协调互动的信任与合作，从而能够灵活地应对公共服务的多元需求，成为服务型社会治理模式的理想治理结构"。与公共管理不同的是，在多中心治理理念中，政府组织与市民社会、公民个人等行为主体都是平等社会治理行为的主体成员，实现了从统治到服务的角色转变，从而使政府组织在多元社会治理行为主体互动中获取合法性。公共管理与多中心治理融合而成的高职院校治理被认为是一种新型治理。在此类型治理中，不仅不存在政府组织的"一枝独秀"，而且政府组织与市民社会、公民个人等行为主体间的界限也处在模糊地带。世间不存在符合各国情况的高职院校治理模式。构建中国特色高职院校治理模式应基于当前中国特色社会主义经济建设与区域经济社会发展需求的现实。当前随着"中国制造2025""互联网＋"以及"一带一路"倡议等国家重大战略的实施，我国经济社会转型与产业升级对高职院校培养的人才提出了更高的要求，传统的流水线式人才培养模式已逐渐开始被"私人定制"式的人才培养模式所替代，有个性的高素质技术技能型人才成为行业企业的"新宠"。在此背景下，单凭高职院校本身培养高职人才已不合时宜，将高职院校、政府、行业、企业、研究机构、普通高校、境外资源等相对独立的平等主体纳入人才培养机制中已成为必然。在高职院校主体治理结构中，政府与其他相对独立的平等主体在理论上本应建立信任与合作关系，可当下的情况是，虽然高职院校的办学自主权有所提升，但真正的管、办、评分离的现代化高职院校管理制度并没有建立。高职院校从专业设置、课程建设、学生招考、师资聘任、职称评定、资金投入、实训基地建设等方面都可以看到政府遥控的影子，再加上当前我国市民社会与社会组织不成熟，其参与高职院校校企合作"貌合神离"，因此在高职院校校企合作中发挥政府在外围环境中的营造功能势在必行，即通过不断完善相关法律法规来引导高职院校校企合作。由此可以看出，在高职院校治理过程中，政府扮演的角色不是可有可无的，高职院校治理应该是由政府引导和其他相对独立主体共同参与的治理。

三、研究方法

本研究立足于我国校园安全的基本现状，从校园安全治理问题出发，通过参照国外校园安全治理问题的研究，并综合利用、吸收有关资料和现有研究成果，采用以下几种方法进行研究：

1. 文献分析法

文献分析法是指通过搜集、分析、研究文献，形成对事实即研究对象的科学认识的研究方法。在撰写论文的过程中，笔者通过学校图书馆、中国知网、书店购书等方式查阅和参考了大量同教育治理理论相关的专著、文献，对前人的研究成果做了细致的归纳分析，对现阶段国内及国外在教育治理领域的实践开展状况进行了较为全面地把握，并从中提炼有价值的研究观点以丰富理论认知，为研究工作的开展提供了充分的理论根据，归纳和总结了高校治理的对策，从而为本论文的研究打下坚实的理论基础。

2. 社会调查法

社会调查法是有目的、有计划、有系统地搜集有关研究对象社会现实状况并加以分析的方法。在撰写论文的过程中，笔者通过综合运用谈话、问卷、观察等调查方式，结合调查对象的特点，本着贴合实际的原则编制了调研问卷，分别针对省内外高校进行了问卷调查和访谈，对高校治理的初步成效及其仍存在的主要问题进行了解，并对调查搜集到的信息进行分析，总结出初步成效和主要问题。

3. 案例分析法

案例分析法是指根据普遍原理对典型事件或典型范例进行剖析，找到解决同类问题思路和方法、探索规律、检验结论的一种研究方法。在撰写研究成果的过程中，为深入剖析高校治理仍然存在问题的原因，笔者运用案例分析法，首先详细地了解个别高校治理的相关信息材料；其次对材料进行客观地分析；最后抽取出一般的结论，概括出具有普遍意义的基本原因。

4. 比较研究法

比较研究法是指依据特定标准，对相关联的事物进行比较分析，寻求它们之间的异同点，探求其中存在的共性和个性的研究方法。本论文以时间维度、空间维度等参照标准，通过高校治理的比较，以及中国和国外一些相关高校治理职能转变的比较，分析当前我国高校治理所存在的主要问题及其导致这些问题的可能原因，从而可以帮助笔者更好地提出解决这些问题的有效对策。

5. 实证分析法

为客观反映高校治理现状，以问卷调查的方法，对部分参与主体进行了问卷调查，通过对问卷调查数据的分析，有助于增强研究的实证性和准确性。二是通过对校党政办负责人进行访谈，以期能从真实的访谈中了解当前高校治理的真实情况，为本文的撰写提供宝贵的第一手资料。三是通过对黄河水利职业技术学院治理体系进行系统的分析研究，剖析了高校治理的具体做法，并探究了黄河水利职业技术学院治理过程中存在的不足，从中吸取经验教训。

四、高职院校治理研究意义

高职院校作为我国社会主义人才的培养基地和主要阵地，是国家实现治理能力现代化的重要保障。高职院校治理能力也是国家治理能力的一个重要组成部分。在当前形势下，推进高职院校治理，对于提升高职院校能力现代化具有重要的现实意义。

（一）建设现代大学制度的根本要求

现代大学制度从本质上来说，就是要在遵循高等教育发展规律的基础上，通过完善治理结构，合理处理大学内外部的各种权力关系，构建起能够促进大学可持续发展的制度体系⑧，形成高校自我管理、自我发展、自我规范、自我约束的发展机制，最终实现高等教育的可持续发展。高职院校治理体系和治理能力是治理制度和制度执行能力的集中体现，是现代大学制度建设的重要内容和关键环节。因此，如何实现高职院校治理体系和治理能力的现代化对于实现建设现代大学制度、创建一流高职院校的宏伟目标具有重要的意义。

（二）推进教育治理体系和治理能力现代化的基本要求

教育治理体系和治理能力现代化是深化教育领域综合改革的战略目标，是实现教育事业科学发展的战略举措。高校作为国家教育体系的重要组成部分，其肩负的人才培养、科学研究、社会服务的历史使命决定了高校治理体系和治理能力现代化的重要性。中国特色的高校治理体系和治理能力的提出，是我国新时代背景下推进高等教育管理体制变革的重要思想。因此，推进高职院校治理体系和治理能力现代化对于全面深化高等教育改革、促进教育治理体系和治理能力现代化、推动教育领域改革的深化具有重要的意义。

（三）适应职业教育"新常态"的发展要求

"新常态"下，我国经济发展呈现出一系列新的特征：一是从高速增长转为中高速增长；二是经济结构不断优化升级；三是从要素驱动、投资驱动转向创新驱动。上述特征表明，进入"新常态"后，我国经济发展将从传统的追求增长速度转到追求质量。在这一背景下，如何使职业教育适应"新常态"下的经济发展要求，并在新的经济发展模式中发挥积极作用，形成现代职业教育与经济发展间紧密协调、互相促进的关系，成为职业教育改革发展必须关注的问题。中国高职教育的发展已经步入了"新常态"阶段，其典型特征、发展方向、建设任务和内涵主要包括：一是国高职教育发展的改革取向、模式选择、政策措施遭遇理论、政策、社会环境的"天花板"，体制机制创新压力增大；二是具有中国特色的现代职业教育体系建设急需重大突破，促进高职教育科学发展的有效路径需要重大创新；三是高职教育发展急需从"规模扩张"向"质量提升"转变，今后一个时期的发展将以内涵建设为主；四是促进高职教育质量提高的顶层设计仍需进一步完善，具体的实施计划需要有系统性设计和整体安排，建设标准、任务载体、方法步骤需要有新的设计和考量；五是中国高职教育内涵的建设仍将以提升高职教育的社会地位、改善高职教育发展环境为重要基础，以专业建设和教学改革为关键内容，以课程建设、教材建设为主要抓手，以师资队伍建设为重要支撑，以信息化、国际化为主要手段。完善高职院校内部治理结构，建立科学的决策机制、高效的执行机制、民主的参与机制、完善的沟通协调机制，势必能够提高"校企合作，工学结合"的办学水平，激发师生员工参与学校治理的激情，提高社会支持学校发展的热情。可见，完善高职院校内部治理结构，提升院校治理能力作为深化高等职业教育综合改革的重要举措，对于适应职业教育"新常态"的发展要求、激发高职院校办学活力、加强内涵建设、提升教育质量具有重要意义。

（四）体现国家治理体系和治理能力现代化现实要求

国家治理体系和治理能力是一个国家的制度和制度执行能力的集中体现，它在教育领域里体现为各种教育体制、法律法规和教育的管理，体现为有一整套紧密相连、相互协调的教育制度以及这些制度的执行能力。推进教育治理体系和治理能力现代化，就是要适应国家治理体系和治理能力建设，根据教育发展的自身规律和教育现代化的基本要求，以构建政府、学校、社会新型关系为核心，以推进管、办、评分离为基本要求，以转变政府职能为突破口，建立系统完备、科学规范、运行有效的制度体系。"因此，形成科学的治理体系、建设高水平的治理能力和建立完善的治理制度，实现高职院校治理体系和治理能力现代化，对于推进教育治理体系和治理能力乃至国家治理体系和治理能力现代化有着重要的意义。"

五、研究现状与进展

（一）治理理论的研究

国内最早介绍"治理"或者"治道"的文章，可能是1995年发表于"公共论丛"第一辑《市场逻辑与国家观念》上署名智贤的论文——《GOVERNANCE：现代"治道"新概念》。中国人民大学的毛寿龙教授大量引入了西方著名学者的有关治理的理论著作和学术成果，在他组织编写的"制度分析与公共政策"丛书中就包括了奥斯特罗姆夫妇的多篇学术论文，同时也在1998年出版的《西方政府的治道变革》一书中介绍了西方发达国家政府改革的新范式，他有关治理理论的研究也重在介绍有关"治理"的基本内涵，尚处于理论的引入阶段。

北京大学著名教授俞可平在《治理与善治》一书中前几章节引入了若干西方著名学者有关治理理论的学术论文，但不同于毛寿龙教授的是俞可平教授开始结合中国的情况探讨治理的有关问题，他在"中国公民社会的兴起与治理的变迁"一章中分析了治理和善治的兴起基础、本质和实现方式，并指出中国改革开放以后随着国家对社会管控的放松，民间组织或社会组织或公民组织有所发展，在日渐成熟化之后开始对政治进程产生不可忽视的影响。这些组织被学者统称为"第三部门"，而这一社会力量正是实现善治的基础。俞可平教授还详细论述了社会组织如何对治理产生作用，指出随着社会主义市场经济发展的深入，善治必将实现。

"治理"随即成为国内学术界的一门"显学"。众多中国学者对它寄予了厚望,孙柏瑛(2004)在《当代地方治理:面向21世纪的挑战》一书中,在研究西方治理理论在我国实施的可能性和约束条件的基础上,论述了西方发达国家地方政府自治运动兴起的背景以及理论渊源、内涵及推进我国地方政府治理的参考性建议。楚明锟(2011)教授在《公共管理导论》一书中对新公共管理诸如过度强调管理等价值取向做出了反思,他主张在充分重视民主、公民权和为公共利益服务的基础上的新公共服务应该成为一个新的有效的政府治理模式,并以英国整体性治理为例,论述了治理理论在我国的可行性。黄德发(2005)教授在《政府治理范式的制度选择》一书中认为,在我国处于社会转型的过程中,就强调技术对经济的促进作用而言,他更认可制度建设对经济和善治的促进作用,因此他认为大胆采纳治理范式是改善我国政府、市场和社会三者关系的制度选择,但他也指出了治理责任和如何纠正治理失败等问题有待于进一步解决。黄健荣等(2005)在《公共管理新论》一书中指出治理与市场和政府一样也存在失灵的可能性,这就要求通过提升社会资本的力量,实施善治以弥补治理失灵。我国首先要研究新公共管理可行的模式、公共管理与政治文明以及公共管理与宪政的关系,进而再推动我国政府的改革,建立以人为本的服务型政府,这对我国治理理念的发展具有重要的现实意义。但他也提出要注意新公共管理运动的主要价值取向,避免沦为纯粹管理学和经济学。李明强和贺艳芳(2010)教授在《地方政府治理新论》一书中,在论述治理理论的同时也阐述了地方政府改革和治理理论的逻辑关系。随着我国改革开放的深入,我国政府在扩大基层民主、政企分开、建设政治文明、培养公民社会等领域不断取得新成就,成为我国地方政府实现治理的新资本,在书中他们也建议我国地方政府改革新思路应以政府为主导,以公共风险为向导、以实现公共利益为价值取向。麻宝斌(2012)教授在《社会正义与政府治理:在理想与现实之间》一书中围绕"正义与政府"这一主线在政治价值层面

（社会正义、政治制度正义、公共利益、公平与效率关系等）、行政改革层面（行政改革的理性反思与困境、地方政府理念变革、行政审批改革等）、政府治理层面（政府与社会关系、中美地方治理比较及多种治理模式等）提出了诸多值得思考的问题，丰富了我国政府治理理论成果。而且麻宝斌（2013）在《公共治理理论与实践》一书中更是直接从治理主体、治理对象、治理方式和治理效果四个维度首先介绍了中西方治理理论与实践情况，后又从中国与西方、静态与动态、历史与未来等方面介绍了全球治理、国家治理、区域治理、地方治理、社区治理、组织治理、电子治理共享型领导等诸多模式治理内容，旨在努力完成治理的"中国化"。

同时，另有一些研究者对治理理论的中国适用性抱有怀疑的态度。2001年，在《中国行政管理》第9期《中国离"善治"有多远——"治理与善治"学术笔谈》中，多位作者对治理理论的中国适用性表示了慎重的态度。《理论文萃》2003年第3期以"反思与超越——解读中国语境下的治理理论"为总标题的一组文章，也表达了这种怀疑。其中，臧志军（2003）指出："'治理'离不开两个前提：一是成熟的多元管理主体的存在以及它们之间的伙伴关系；二是民主、协作和妥协的精神。"刘建军（2003）也认为"在中国现代政治还没有完全成型之前，对国家权力回归社会的过分呼唤，会使中国重新掉入政治浪漫主义的陷阱"。李春成（2003）认为，我们有意无意地赋予了治理以"进步"改革的光环，再加上我们把政府当作了治理的主持者，以及我们对治理寄予的殷切希望，我们往往将治理理想化为一件完美的事情，而忽视对自主治理机制在中国推广的可行性条件以及治理风险问题的讨论。在这些怀疑论者看来，不顾中国的社会传统和政治文化，将西方治理理论直接"移植"于中国，会导致政治和行政发展中的根本性错误。

综上，国内对治理理论的研究和应用越来越广泛，在百家争鸣中丰富了治理的内涵和本土化应用的外延。

(二) 高校治理理论的研究

我国高等教育的治理形式和内容始终在国家高等教育政策法规的引领下开展。

1.我国高等教育治理改革历程

(1) 从新中国成立到十一届三中全会召开。此间改造、"跃进"、运动、"革命"等构成了中国社会的主旋律，作为一个高度集权的国家，政府以政治为中心，将经济、文化、思想整合为一体，行政力量无所不在，控制了一切社会领域，与政治关联的价值、标准等因素在各领域起着决定性的影响。

(2) 1984年，《中共中央关于经济体制改革的决定》颁发。邓小平同志给予高度肯定和赞扬，说它"是马克思主义基本原理同中国社会主义实践相结合的政治经济学，是一大发明，一大创造"，同时他又特别强调，经济体制改革决定的第九条最重要，即"进行社会主义现代化建设必须尊重知识，尊重人才""科学技术和教育对国民经济的发展有极其重要的作用。随着经济体制的改革，科技体制和教育体制的改革越来越成为迫切需要解决的战略性任务"。于是，中央启动教育体制改革的文件制定，并于1985年5月27日颁发《中共中央关于教育体制改革的决定》，指出问题，即"在教育事业管理权限的划分上，政府有关部门对学校主要是对高等学校统得过死，使学校缺乏应有的活力"，提出"必须从教育体制入手，有系统地进行改革。改革管理体制，在加强宏观管理的同时，坚决实行简政放权，扩大学校的办学自主权；调整教育结构，相应地改革劳动人事制度。""要扩大高等学校的办学自主权。在执行国家的政策、法令、计划的前提下，高等学校有权在计划外接受委托培养学生和招收自费生；有权调整专业的服务方向，制订教学计划和教学大纲，编写和选用教材；有权接受委托或与外单位合作，进行科学研究和技术开发，建立教学、科研、生产联合体；有权提名任免副校长和任免其他各级干部；有权具体安排国家拨发的基建投资和经费；有权利用自筹资金，开展国际的教育和学术交流，等等。""实行中央、省（自治区、直辖市）、中心城市三级办学的体制。""学校逐步实行校长负责制，有条件的学校要设立由校长主持的、人数不多的、有威信的校务委员会，作为审议机构。要建立和健全以教师为主体的教职工代表大会制度，加强民主管理和民主监督。学校中的党组织要从过去那种包揽一切的状态中解脱出来，把自己的精力集中到加强党的建设和加强思想政治工作上来……"

（3）1993年颁发的《中国教育改革和发展纲要》指出，"改变政府包揽办学的格局，逐步建立以政府办学为主体、社会各界共同办学的体制。""高等教育要逐步形成以中央、省（自治区、直辖市）两级政府办学为主、社会各界参与办学的新格局。职业技术教育和成人教育主要依靠行业、企业、事业单位办学和社会各方面联合办学。""进行高等教育体制改革，主要是解决政府与高等学校、中央与地方、国家教委与中央各业务部门之间的关系，逐步建立政府宏观管理、学校面向社会自主办学的体制。""政府要转变职能，由对学校的直接行政管理，转变为运用立法、拨款、规划、信息服务、政策指导和必要的行政手段，进行宏观管理。要重视和加强决策研究工作，建立有教育和社会各界专家参加的咨询、审议、评估等机构，对高等教育方针政策、发展战略和规划等提出咨询建议，形成民主的、科学的决策程序。"

（4）1994年颁布的《国务院关于〈中国教育改革和发展纲要〉的实施意见》，在大学外部治理层面提出了"政府要切实转变职能，改善对学校的宏观管理。政府的主要职能是：制订教育的方针、政策和法规；制订各类高等学校设置标准和学位标准；制订教育事业发展规划和审批年度招生计划；提出教育经费预算并统筹安排和管理以及通过建立基金制等方式，发挥拨款机制的宏观调控作用；逐步建立支持教育改革和发展的服务体系；组织对各类学校教育质量的检查和评估等，对学校进行宏观管理。""要建立健全社会中介组织，包括教育决策咨询研究机构、高等学校设置和学位评议与咨询机构、教育评估机构、教育考试机构、资格证书机构等,发挥社会各界参与教育决策和管理的作用。"其在大学内部治理层面提出了"通过立法,明确高等学校的权利和义务,扩大学校的办学自主权,使学校真正成为面向社会自主办学的法人单位。学校在政府宏观管理下,自主组织实施教学、科研工作及相应的人、财、物配置,包括制定年度招生方案、自主调节系科招生比例、调整或扩大专业范围、确定学校内部机构设置、决定教职工聘任与奖惩、经费筹集和使用、津贴发放以及国际交流等。同时要深化学校内部管理体制改革,通过学校内部机构、人事制度、分配制度和后勤管理改革,进一步调动教职工的积极性,促进高等学校建立和完善面向社会自主办学和自我约束的机制"。

(5) 1998年颁布的《中华人民共和国高等教育法》,在高校外部治理方面指出"高等学校应当面向社会,依法自主办学,实行民主管理"。其在高校内部治理方面指出"国家举办的高等学校实行中国共产党高等学校基层委员会领导下的校长负责制。""高等学校的校长、副校长按照国家有关规定任免。""高等学校根据实际需要和精简、效能的原则,自主确定教学、科学研究、行政职能部门等内部组织机构的设置和人员配备;按照国家有关规定,评聘教师和其他专业技术人员的职务,调整津贴及工资分配。"

(6) 2010年颁发的《国家中长期教育改革和发展规划纲要(2010—2020年)》,具有明显的治理特征,是由管理走向治理的标志性文件,提出"健全政府主导、社会参与、办学主体多元、办学形式多样、充满生机活力的办学体制,形成以政府办学为主体、全社会积极参与、公办教育和民办教育共同发展的格局。""建设依法办学、自主管理、民主监督、社会参与的现代学校制度,构建政府、学校、社会之间新型关系。"其在学校外部治理方面指出"探索建立符合学校特点的管理制度和配套政策,克服行政化倾向,取消实际存在的行政级别和行政化管理模式。""落实和扩大学校办学自主权。政府及其部门要树立服务意识，改进管理方式，完善监管机制，减少和规范对学校的行政审批事项，依法保障学校充分行使办学自主权和承担相应责任。"其在学校内部治理方面指出"高等学校按照国家法律法规和宏观政策，自主开展教学活动、科学研究、技术开发和社会服务，自主设置和调整学科、专业，自主制定学校规划并组织实施，自主设置教学、科研、行政管理机构，自主确定内部收入分配，自主管理和使用人才，自主管理和使用学校财产和经费。扩大普通高中及中等职业学校在办学模式、育人方式、资源配置、人事管理、合作办学、社区服务等方面的自主权。""公办高等学校要坚持和完善党委领导下的校长负责制。健全议事规则与决策程序，依法落实党委、校长职权。完善大学校长选拔任用办法。充分发挥学术委员会在学科建设、学术评价、学术发展中的重要作用。探索教授治学的有效途径，充分发挥教授在教学、学术研究和学校管理中的作用。加强教职工代表大会、学生代表大会建设，发挥群众团体的作用。""探索建立高等学校理事会或董事会，健全社会支持和监督学校发展的长效机制。探索高等学校与行业、企业密切合作共建的模式，推进高等学校与科研院所、社会团体的资源共享，形成协调合作的有效机制，提高服务经济建设和社会发展的能力。"

（7）为了贯彻和落实《国家中长期教育改革和发展规划纲要（2010—2020年）》精神，系统推进中国特色现代大学制度建设，国家和有关部门相继颁布了一系列专门的政策法规，如2011年《高等学校章程制定暂行办法》《学校教职工代表大会规定》，2012年《普通高等学校党委领导下的校长负责制实施意见》，2014年《关于坚持和完善普通高等学校党委领导下的校长负责制的实施意见》《高等学校学术委员会规程》《普通高等学校理事会规程（试行）》等，凸显了政策在推动完善中国大学治理中的作用，为中国大学治理走向理性与自觉提供了法理性和制度性依据。

2. 我国高等教育治理改革相关研究

（1）关于治理结构研究。学者主要从大学治理结构的特征、价值、类型、制度体系、主体关系、路径变迁等方面进行了较为全面的探讨。龚怡祖认为，大学治理结构具有以下特征：其一，它能够有效反映大学的法人地位和利益相关者的组织属性；其二，它能够体现大学治理主体通过委托代理关系形成的契约化管理；其三，它强调了大学法人财产的合法、有效、有利使用；其四，它尊重大学的各个利益相关者；其五，它有能力使利益冲突得到整合。陈星平认为，离散化的治理结构已经成为当今大学治理的新特征。龚怡祖认为，大学治理结构作为一种高度制度化的超组织结构运行机制，它具有独特的组织制度价值：改良组织场域的价值、契约约束的价值、权力及其程序受控的价值、诉诸公共良知的价值。徐敦楷认为，建立现代大学治理结构的制度创新，要从这几个方面着手：建立相对独立的高校法人制度；建立党委权力、行政权力、学术权力和教职工参与高校民主管理权力的"四权"合作体制；完善高校内部的权力制衡机制，在大学内部建立起以自愿、民主、协商为机制，以公共利益为载体的多种权力相互制衡的权力运行机制，让多种权力在相关领域平等、有序地参与学校事务管理决策；加大高校人事后勤制度改革力度。潘海生指出，"应依据各利益相关者与大学的利益相关程度以及参与大学治理的意愿和能力，按照非均衡分散分布的原则，在各利益相关者内部配置剩余控制权"。顾海良认为要从以下方面完善大学治理结构：一是坚持和完善党委领导下的校长负责制；二是推动"教育家办教育"和管理队伍建设；三是建立和完善以学术委员会为核心的学术权力体系；四是坚持依法治校，完善大学章程。

（2）关于治理体系的研究。关于治理体系，学者们主要集中对大学章程的法学意义、功能与框架等进行了研究。湛中乐等学者认为，大学章程的法律价值在于三个方面：首先，它以正义为指向，是大学治理制度安排的逻辑起点，必将在终极层面上促进高教管理法治秩序的良好形成；其次，它以自由为价值，规范了大学权利与权力的博弈，划分了利益相关者的行动边界；最后，它以秩序为设计初衷，完善了有关学术权力与行政权力的法律关系的契约化安排，从而在高等学校内部实现管理秩序的良性互动与和谐。韩淑霞提出大学章程是大学办学的重要文件之一，它通过对特定大学办学模式的描摹，实现对其治理结构形态的确认；通过对特定大学办学理念的传递，实现对其治理结构性质的规定；通过对大学章程的制定和完善，为推动现代大学制度建设提供支撑。韩春晖等学者主张，我国大学应当通过制定大学章程努力达到"一个目标""二元互补""三角结构""四象之争"和"五个方向"：一个目标是指大学组织的公法人化；二元互补是指现代公立大学主要满足自治与效率两个方面的制度功能；三角结构是指要实现自治权力、行政权力、学术权力三种关系的合理配置；四象之争是指大学的组织形态有公法社团、公法财团、公共营造物和特殊公法人四个选择；五个方向是指组织形态的选择允许多元定位，建立"大学咨询监督委员会"的校外民主参与机制，政府外在监督机制适度松绑，完善校内自主保障制度，促成大学自治权内在结构的均衡。

（3）关于治理危机。张永胜指出，目前我国大学治理权的合法性危机主要表现为制度性危机、有效性危机和学术性危机三个方面。要实现大学治理权的合法性重建，必须加强法制化建设，构建大学治理的现实基础，避免大学行政权力的异化。肖芸则详细地论述了治理权的制度性危机，认为我国大学治理权的合法性面临制度性危机，主要表现在政府的治理权失约、学生的治理权缺乏制度保障、教师的治理权弱化、部分出资者的治理权受到忽视等方面。要实现大学治理权的合法性重建，必须加强大学治理权的法制化建设，做到法外无权、以法护权、以法治权。

学者们还开展了高等教育治理的国际比较研究，对我国高等教育治理的未来走向进行了探讨。如罗晓娥提出了未来大学治理的四个走向：

走向教育公平，走向分权多元，走向质量效益，走向绩效评估。学者们的研究丰富了我国高等教育治理的理论，推动了高等教育治理改革的发展。

第二章 高职院校党内法规制度执行力建设研究

治国必先治党,治党务必从严,从严必依法度。加强党内法规制度建设,是全面从严治党、依规治党的必然要求。十八大以来,中共中央高度重视管党治党,以作风建设为突破口,坚持思想建党和制度治党的融合,坚持标本兼治,全面从严治党成效显著。依规治党成为十八大以来管党治党最鲜明的特征,党内法规制度建设为全面从严治党提供了坚实的制度保障。2013年11月,中共中央发布的《党内法规制定工作五年规划纲要》,为今后5年甚至更长时期党内法规建设描绘了蓝图。2014年11月,中共十八届四中全会将完善党内法规纳入中国特色社会主义法治体系。2016年12月,在北京召开全国党内法规工作会议,会议指出要"推动党的制度优势更好转化为治国理政的实际效能"。2017年6月,中共中央印发《关于加强党内法规制度建设的意见》,指出要"提高党内法规制度执行力",到建党100周年时形成"高效的党内法规制度实施体系"。

高校承担着为中国特色社会主义事业培养合格建设者和接班人的重要任务,坚持党对高校工作的全面领导,加强高校党内法规制度执行力建设,可以有效强化和改进高校党的建设,提升高校全面从严治党水平,全面推进依法治校,推动实现学校治理体系和治理能力现代化。

我国高职院校教育事业飞速发展,这与党对高等教育事业的正确领导密切相关。党委领导下的校长负责制是中国高等教育的优势所在，推进高等教育现代化，为社会主义事业培养优秀的接班人、实现高职院校"双高计划"建设目标，都有赖于完善高职院校党的建设、强化党的领导、提升现代化治理水平。与此同时，我们还应该看到，高职院校党的建设还存在许多不完善的地方。一系列党内法规的出台为高职院校党的建设指明了方向，也为高职院校全面从严治党和综合治理创造了新的有利条件，强化党内法规与高职院校治理的相关性研究，对促进高职院校依法治校，提升学校现代化治理能力具有重要的理论意义。

党内法规制度是实现"党要管党，从严治党"的重要依据和保障，法规制度执行则是全面从严治党从蓝图变为现实的转化器。制度执行力问题本身就是党要管党、从严治党的难点问题，而如何提高制度执行的执行效果是制度执行力问题的中心。提升高职院校党内法规制度执行力，是助力党内法规制度成为高职院校全面从严治党有效法度的必然选择。加强党内法规制度的落实，提高党内法规制度执行力，是高职院校不断提高党的执政能力和领导水平的重要内容和关键环节。

一、研究概况

（一）研究现状

查询文献发现，关于党内法规制度的相关研究已取得了一些成果，这些成果为本课题奠定了良好的基础。然而目前的研究也存在的问题有以下几个方面。第一、单纯的研究党内法规的成果较多。当前，学界对党内法规的研究主要有以下几种视角：一是关于党内法规的概念、性质、构成体系的相关研究；二是党内法规建设成效、不足、经验等方面的研究；三是党内法规与国家法律、国家治理的关系等相关研究；四是党内法规与反腐败的研究；五是党内法规其他方面的研究。遗憾的是，这些研究没有将其纳入高职院校治理、高职院校党建和全面从严治党的视野，比如与高职院校治理相关的党内法规建设成效如何、存在哪些不足、执行情况怎样，学界的关注还不够。第二、这些研究主要集中在党内法规的宏观层面，如高职院校党的建设、廉洁教育、反腐倡廉；而对党内法规的微观层面关注不够，比如对于党内法规本身在高职院校的建设成效与不足、执行情况等微观方面的研究还不够。第三、对于党内法规制度的最新规定和最新动向的结合还不够。一方面，对于新近出台的一系列党内法规，如《中国共产党廉洁自律准则》、《中国共产党纪律处分条例》、《中国共产党问责条例》等党内法规，以媒体解读较多，而从学术角度专门研究的文章、著作目前还不多。另外，对党内法规制度和执行力研究的成果不断出现，但总体而言，大多数对党内法规制度和执行力的研究采用"问题——成因——对策"的写作模式，对每部分的总结也基本类似。而对党内法规制度执行力的理论建构尚显不足，且多集中在对其构成要素的分析，关于其运行机制、动力来源和外有表征等还有很大的研究空间。大多数研究注重对党内法规制度建设及制度执行的经验与教训进行梳理，即偏重于历时性研究，而针对高职院校党内法规制度执行力建设的相关研究还很欠缺。

（二）党内法规制度执行力相关内涵

1. 党内法规制度

（1）党内法规

根据《中国共产党党内法规制定条例》第2条规定："党内法规是党的中央组织以及中央纪律检查委员会、中央各部门和省、自治区、直辖市党委制定的规范党组织的工作、活动和党员行为的党内规章制度的总称。"

相对于其他党的制度而言，党内法规的与众不同集中体现为"六个特定"：一是制定主体特定。目前，只有党的中央组织、中央纪委和中央各部门、省级党委3类主体有权制定党内法规，其他党的组织无权制定。

二是名称特定。制定党内法规应当使用党章、准则、条例、规则、规定、办法、细则等 7 类专属名称。三是规范事项特定。党内法规主要旨在创设党组织职权职责、党员义务权利、党的纪律以及对违规违纪党组织和党员的处理处分。四是框架结构特定。党内法规在文本结构上一般包括总则、分则、罚则、附则几个板块，这明显区别于重在部署推动工作的规范性文件。五是表述方式特定。党内法规内容应当用条款形式表述，根据需要采用编、章、节、条、款、项、目等 7 个逻辑层次。六是审议和发布方式特定。为突显党内法规的权威性严肃性，它原则上要采用会议决定方式审议通过；中央党内法规可以中共中央文件或中办文件发布，地方党内法规可以党委文件或者党委办公厅文件发布，但部委党内法规要以部委文件、不能以部委办公厅文件形式发布。

（2）党内法规制度体系

中共中央印发《关于加强党内法规制度建设的意见》中指出，党内法规制度体系，是以党章为根本，以民主集中制为核心，以准则、条例等中央党内法规为主干，由各领域各层级党内法规制度组成的有机统一整体。是以"1+4"为基本框架的党内法规制度体系，即在党章之下分为党的组织法规制度、党的领导法规制度、党的自身建设法规制度、党的监督保障法规制度 4 大板块。

党内法规制度体系就是规范党组织的工作、活动和党员行为的由一系列党内法规、党的制度、规范性文件构成的规则体系，它的目的和功能就是规范党内的行为，调整党内的关系，保障党员的权利，实现党的团结统一，从而使党内生活更加规范化、程序化，使党内民主制度体系更加完善，使权力运行受到更加有效的制约和监督，使党执政的制度基础更加巩固。

2. 党内法规制度执行力

（1）执行力

执行力是指在组织公共意志的指引下，综合运用各类资源并借助于一定技术和工具，实现既定目标的能力和效力。它在现实生活中具有明显的动态特征，这来自于两方面的诱因：一是执行活动中的阻碍。困难和不利情况时有发生且瞬息万变，而现有技术和工具通常很难全部予以化解，故而倒逼执行者对技术和工具进行升级。二是执行目标的改变。由于外界环境的约束和决策者认知水平的局限，在决策初期设定执行目标时通常无法囊括所有突发情况，因而需要根据执行活动的推进不断对执行目标进行细化、补充和完善。为此要求执行力紧随执行目标的变动而变动，而不能滞后于它，避免做与目标要求不相符的"无用功"。

"制度执行力"中的"执行力"，包括以下内涵：一指制度执行的"强制力"，二指制度执行的"效力"，三是指制度执行的"执行力量"，或"执行力度"。具体到高职院校工作来讲，制度执行力是党的制度建设的关键，也是中心环节，制度的执行力度与制度的落实程度是党反腐倡廉制度执行力的两个根本内容。

（2）党内法规制度执行力

党内法规制度执行力不等同于"党内法规制度"概念和"执行力"概念的简单相加，而是内在地隐含着党内法规制度本身也需要具有执行力，即具有能够被执行的可能性。因此，党内法规制度执行力，就是指各级党组织制定具有可执行性的用于规范党组织工作、活动和党员行为的党内法规制度，并由执行者在综合运用各类资源的基础上，借助一定的技术和工具保证其得到贯彻落实的能力和所产生的效力。

二、高职院校党内法规制度执行现状

(一) 调研概况

为了深入调研高职院校党内法规制度执行力现状,在调研的基础上,我们课题组制定了《高职院校党内法规制度执行力调查问卷》,围绕高职院校党内法规制度学习教育、执行环境、功能作用、执行效果等方面,设置 24 个调研问题。通过线上(问卷星)和线下发放调查问卷,面向国内高职院校师生进行问卷调查,并开展了多次现场访谈。调查问卷共发放填写 310 份,有效调查问卷 302 份。在问卷调查的 302 名高职院校师生中,党员领导干部 78 人,占比 25.83%,普通党员 158 人,占比 52.32%,非党员教职工 28 人,占比 9.27%,在校大学生 38 人,占比 12.58%。

表 3-1 问卷调查对象身份组成

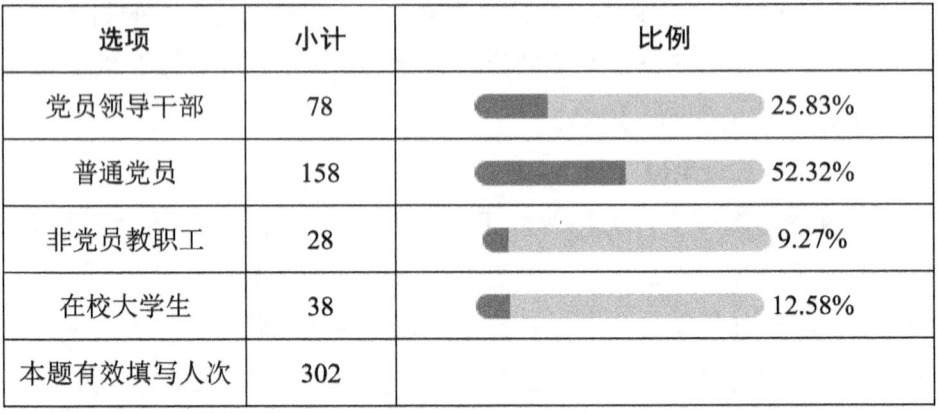

选项	小计	比例
党员领导干部	78	25.83%
普通党员	158	52.32%
非党员教职工	28	9.27%
在校大学生	38	12.58%
本题有效填写人次	302	

在 302 名调研对象中,中共党员 238 人,群众 54 人,民主党派 10 人,见表 3-2。

表 3-2 问卷调查对象政治面貌

选项	小计	比例
中共党员	238	78.81%
群众	54	17.88%
民主党派	10	3.31%
本题有效填写人次	302	

（二）高职院校党内法规制度执行状况

1. 党内法规制度是高职院校全面从严治党和依法治校的基础

党内法规建设是党建的基础性工程，为促进高等教育事业发展提供了制度保障。加强党对高职院校的全面领导，坚持党委领导下的校长负责制，是中国高职院校发展的独特优势，为办好中国特色社会主义大学提供根本保证。调研中，高职院校师生普遍认为，中国共产党党内法规制度，有助于充分发挥依法治国和依规治党的互补作用，有利于建设社会主义法治国家和依法治校，有利于推进从严治党，提升党的建设科学化水平，有利于提升党的执政能力，巩固党的执政地位。截止目前，以党章为统领的中国共产党党内法规制度体系基本健全。大家建议，要进一步加强党内法规的学习教育和宣传，加强思想建设，丰富学习活动和内容，增加政策案例，严格党内法规执行力。

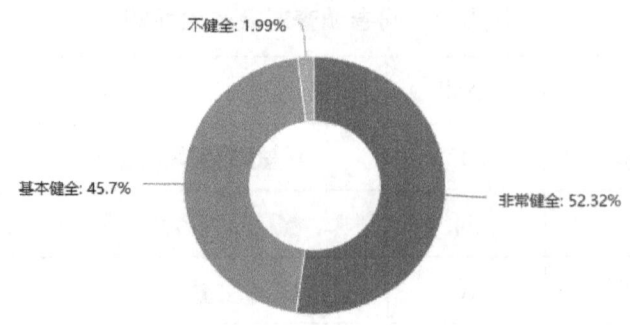

图 3-1　党内法规制度体系健全程度

2. 高职院校党内法规制度执行效果总体良好

党内法规管根本、管方向、管长远，制度治党是高职院校全面从严治党、全面依法治校和践行立德树人使命的必然要求。党的十八大以来，党中央加强全面从严治党，制定和完善了一批党内法规制度，坚持"纵向到底、横向到边"。调查发现，高职院校党内法规制度的总体执行力比较强，学校制定的党政管理制度与国家党内法规内容要求较为一致，学校纪委在纪律审查和执行党内法规方面的执行力很强。学校党内法规制度执行环境较好，领导干部示范带头，监督、激励、问责机制健全，有良好的执行文化。

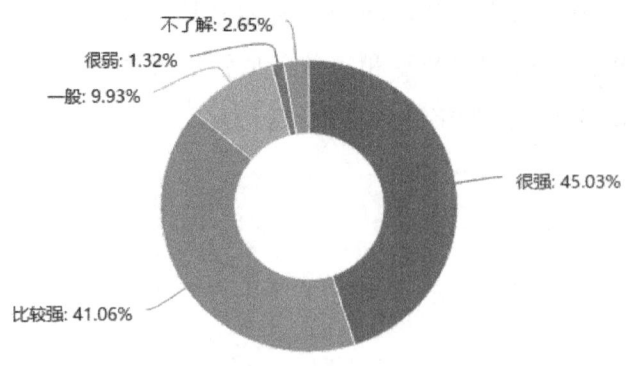

图 3-2　学校党内法规制度的总体执行力

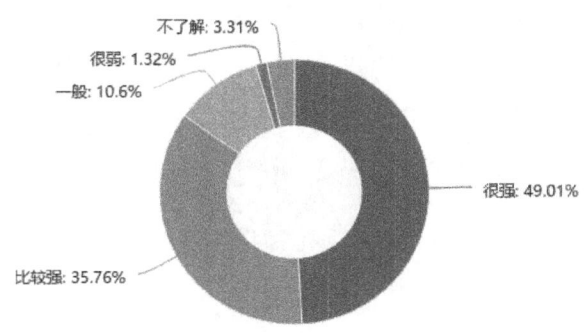

图 3-3 学校纪委在纪律审查和执行党内法规方面的执行力

3. 高职院校师生对党内法规制度了解认识不全面

调研发现,高职院校师生了解党内法规的最主要途径依次是从互联网、手机等新兴媒体上获取、党支部学习、学校或院系党校培训、党内法规书籍、大学阶段思想政治课等。高职院校师生对中国共产党党内法规内容的了解程度不一,比较了解和非常了解的占比 66.22%,一般了解的占比 30.46,另外还有 3.31% 的师生不了解。高职院校师生对中国共产党党内法规和国家法律的区别和联系认识有点提高,比较了解以上的仅占 63.57,一般了解的占比 31.13%,甚至还有 5.3% 的师生不了解。高职院校师生对党内法规的执行程序不太熟悉,例如选举程序、决策程序、考核程序、巡视程序、选拔任用程序、监督执纪程序等,其中,熟悉执行程序的占比 40.4%,一般熟悉的占比 50.33%,不了解的占比 9.27%。但绝大部分的师生认为,不论何种情况下,都应严格遵守党内法规,有少量人认为应该尽量遵守,但可以变通。认为高职院校各级党组织和全体党员有遵守党内法规、维护党内法规权威的义务。认真学习党内法规,推进全面从严治党与每位师生都有关系,而且是紧密关系。

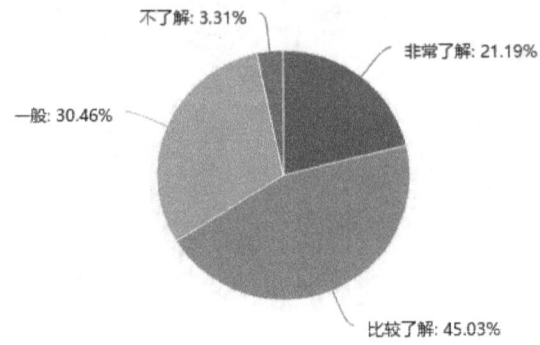

图 3-4　高职院校师生中国共产党党内法规内容的了解程度

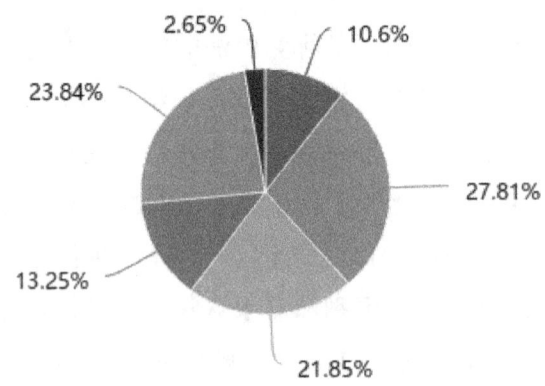

图 3-5　高职院校师生了解党内法规的最主要途径占比

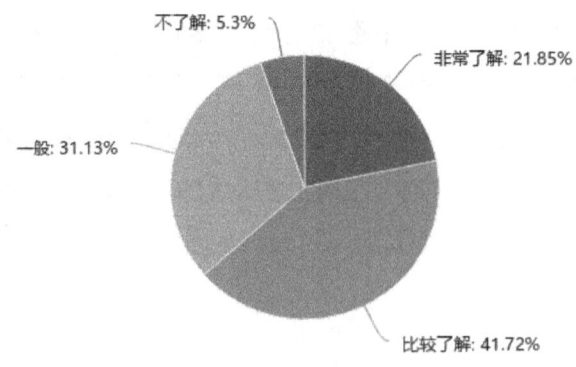

图 3-6　高职院校师生对党内法规和国家法律的区别和联系认识程度

第二章 高职院校党内法规制度执行力建设研究

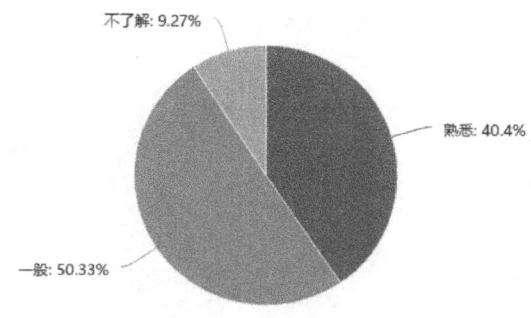

图 3-7 高职院校师生对党内法规的执行程序熟悉程度

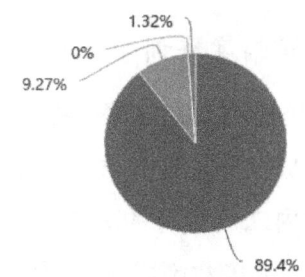

图 3-8 高职院校师生认为党内法规应如何遵守

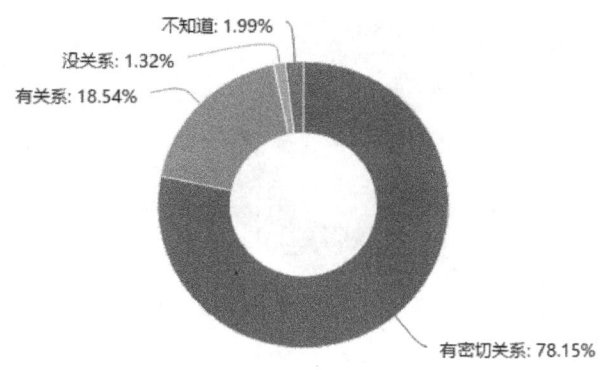

图 3-9 认真学习党内法规推进全面从严治党与师生的关系

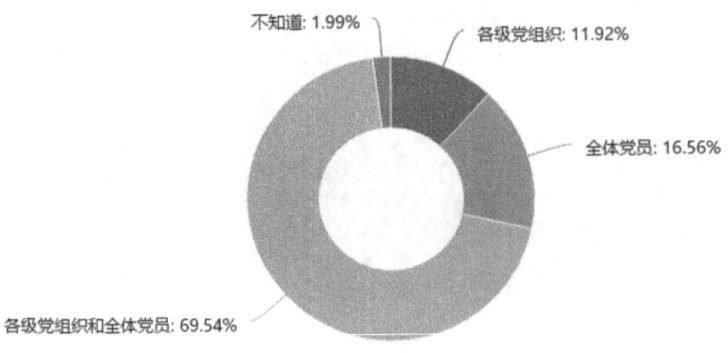

图 3-10 有遵守党内法规、维护党内法规权威的义务

4.高职院校对党内法规制度培训学习有待强化

法制宣传教育是高职院校提高治理水平的有效手段之一。调查发现，学校有较多次定期或者不定期的开展线上线下学习党内法规知识。然而，当前学校对师生党员进行党内法规教育的成效不是特别凸显。党支部举行学习党内法规的集体活动，大多数高职院校师生积极响应并参与其中。绝大部分高职院校师生认为有必要加强对师生党员有关党内法规知识方面的教育。高职院校师生经常主动学习，也有个别是偶然主动学校。

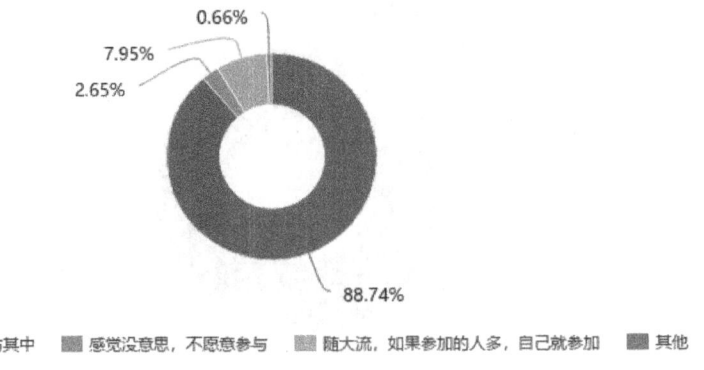

图 3-11 学校定期或不定期开展线上线下学习党内法规知识活动

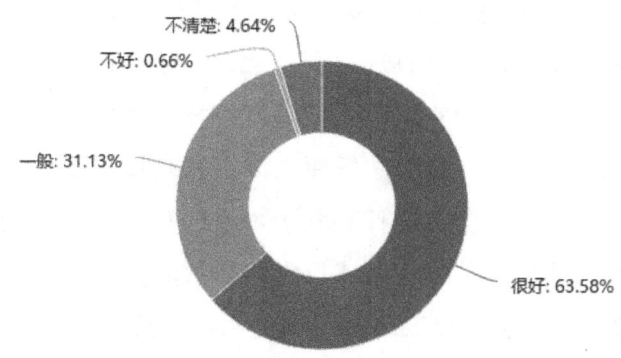

图 3-12　当前学校对师生党员进行党内法规教育的成效

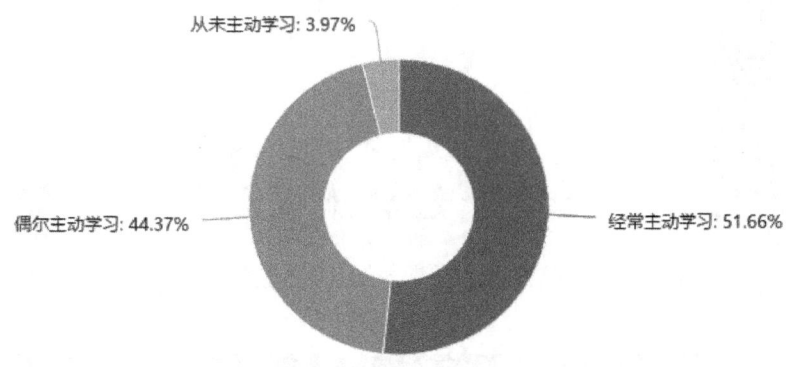

图 3-13　主动学习过党内法规情况

5. 高职院校严格执行党内法规制度不到位

由于各类因素影响，高职院校在执行党内法规制度时也会产生偏差，由于这种偏差较小，而且处于可控状态，党内法规制度总体上执行良好，但个别也存在执行不力的表现。主要表现有：一是"上级重视制定，学校轻执行"。以敷衍行为规避法规，讲求形式主义，表面积极拥护，实则敷衍应付，将党内法规制度写在表面，总是以会落实会议，以文件落实文件，虎头蛇尾，有始无终。二是"有令不行，有禁不止"。个别党组织和党员抵抗党内法规制度，在态度上采取漠视，行为上表现为拖延和回避,没有充分发挥法规的约束作用。三是"打折变通,选择执行"。破坏法规整体性和系统性,从中只选取利己部分,趋易避难,中途截留。比如在个人事项报告中不如实填写,把房产等挂到虚拟的名字下面。四是"上有政策,下有对策"。曲解法规原意,个别党员和领导干部对党内法规制度含义故意歪曲,自行进行有利于本人的解释,对某些要件进行替换或者附加等。然而,发现有人违反党内法规后大家的态度表现总体还是不错,70.2%的调查对象表示及时向党组织反应情况,18.54%的调查对象表示视情况而定。

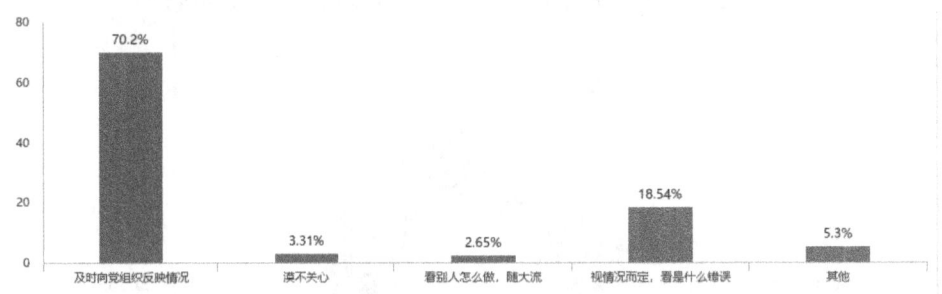

图 3-14　发现有人违反党内法规后大家的态度表现

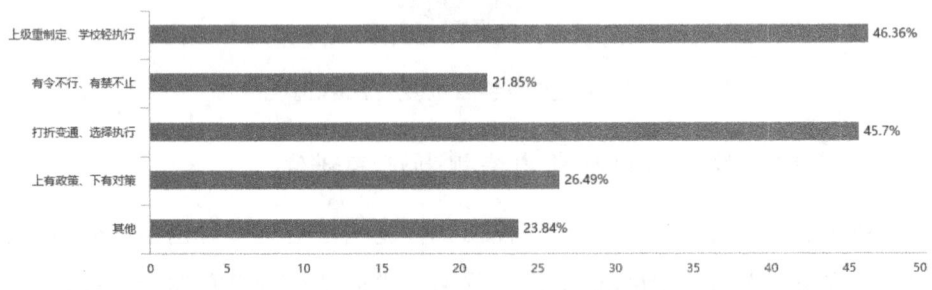

图 3-15　高职院校在执行党内法规制度中存在的问题(多选)

(三) 原因分析

影响高职院校党内法规制度执行力的因素有很多,经过分析查找,主要有党内法规制度体系的科学完整性,与国家法律之间的衔接度;执行主体和执行客体的实践能力与主观意愿;监督问责机制是否健全;执行文化建设与执行环境的复杂性等。这些因素的种种问题制约着党内法规优势向依法治校实效的顺利转化。

1. 党内法规制度体系还未达到科学完整

个别党内法规制度在制定时民主性不强，由少数人制定，缺少深入调研论证，没有充分反映多数人的意愿，忽略了党员的知情权和参与权，试行后不及时修订完善。还有个别法规设定目前太超强，没有考虑高职院校实际，全国一刀切，脱离了高职院校实际，实际可操作性差。现有党内法规制度协调性不一致，个别法规修订后，和其他法规重叠的地方没有及时修订，党内不同部门之间偶尔也存在制度的矛盾和摩擦，下级执行时就面临选择两难。2020年相继发布多项党内法规制度，又突击发布之嫌。截止目前，党内法规制度仍然未形成健全完整体系。

2. 执行者主观意愿与实践能力影响较大

党内法规制度，一分在布置，九分在落实。高职院校执行主体素质不一，对法规的认知就会存在偏差。要避免以权压法、以言代法的习惯思维，更不能简单的照章办事。高职院校党内法规制度执行者，既要保证政治忠诚，拥有相关专业知识，能使用信息化手段提高工作效率，又要确保开展执行活动时信息沟通及时顺畅。受多元化思想影响，高职院校执行客体也存在消极配合，政治信仰不坚定，党内法规制度不能深入内心，执行上缺少热情和拥护。高职院校个别党组织功能弱化，领导干部奉行好人主义，不能坚持党的原则，没有组织权威，导致出现党建和业务两张皮现象。高职院校个别基层党组织贯彻落实党内法规制度执行力度不够，只是按照上级要求象征性传达、宣传和学习，缺乏后期学习效果的监督和考核。

3. 监督问责机制需要继续完善

在高职院校全面从严治党体系中，党委履行主体责任，纪委履行监督责任。在高职院校党内法规制度执行中，监督机制不健全，纪委总是存在"上级监督太远、同级监督太软、下级监督太难"的现象。目前，省内本科院校基本实现上级纪委委派纪检组长（纪委书记）到高职院校任职，实现纪检监察直属管理，但在高职院校和民办高职院校还没有推行。党外监督力量分散，缺少监督专业知识，监督举报渠道不畅通，无法形成监督合力，监督效果较差。问责机制有待完善，存在激情问责和事后问责，难于追究上级用人失察责任。然而，随着网络和新媒体的发展，群众监督逐渐走向前台，这就需要高职院校要高度关注网络舆情的变化，保证信息对称，引导群众合理合规开展监督。

4.复杂多变的执行环境影响执行效果

有人的地方就有圈子，在高职院校中也存在熟人社会。关系圈内的熟人，在争取利益分配时，有时会通过请客吃饭，赠与礼品、钱财甚至美色，请求掌权者违背党内法规制度做出不公平的决定。在个别高职院校甚至还存在一些"潜规则"，就是一些不成文的又获得广泛认可的规矩，它一般与正式的党内法规制度是对立的，是损害广大人民群众利益的规则。如果潜规则的泛滥，势必会致使遵守党内法规的那些人遭受到一定打压和排挤。高职院校偶尔出现的"谣言""小道消息"，也会扰乱人民群众的视听，甚至增加上级领导辨别事情真伪的难度，极大影响了高职院校党内法规制度的贯彻执行。

三、探索高职院校党内法规制度执行力建设路径

（一）健全党内法规制度体系，做好与国家法律的衔接

1.完善党内法规制度体系，建立全生命周期制度管理模式

完善的党内法规制度体系，是中国特色社会主义法制体系的重要组成部分，是形成以党章为根本、以准则条例为主干，覆盖党的领导和党

的建设各方面的党内法规制度体系,并随着实践发展不断丰富完善。要满足"内容科学、配套完备、程序严密、运行有效"的标准。为"1+4"的基本框架,即在党章之下,分为党的组织法规、党的领导法规、党的自身建设法规、党的监督保障法规4大板块。

党内法规体系应是以党章为根本,以民主集中制为核心,以准则、条例等中央党内法规为主干,由各领域各层级党内法规组成的有机统一整体,是覆盖党的领导和党的建设各方面的党内法规制度体系,而不是千百个准则、条例、办法、规定、规则、细则等党内法规文本的简单相加。健全和完善党内法规制度体系,一要推进党内法规制度的供给侧结构性改革。全方位评估十八大以前的党内法规制度,加大力度清理滞后于实践发展和形势任务、交叉冲突的规范性文件和党内法规;搭建党内法规制度的四梁八柱,建成制度体系的主体框架;加快完善和健全新的法规制度,补短板、强基础、填空白。二要坚持重点推进与系统推进相结合,体现法制思维和改革精神,有针对性地、系统性推进制度体系建设,确保党内法规制度功能清晰、层次分明、相互匹配、各展其长。继续健全和完善党内法规制度体系,建立党内各项法规制度起草、审查、论证、修订、废止等动态建设机制。加强流程管理,规范制度"废改立",打造党内法规制度全生命周期管理新模式。

2. 提高党内法规制度的质量和科学性

善治是以良法为前提和基础的。党内法规制度必须以"立得住、行得通、管得了"为目标,坚持于法周延、于事有效,达到体系完备、适应性强、有可操作性。科学立规,制定党内法规制度,要抓住党内矛盾问题的本质、尊重和体现党的制度建设规律、遵循"管党治党、治国理政"的客观规律、符合党员教育管理的实际需要、经得起历史和实践的检验。只有这样,党内法规制度才能得到认同和遵守,能够发挥根本性、长期性、稳定性和全局性的作用。提高党内法规制度质量和科学性,要坚持问题和目标导向，解决党内实际矛盾问题；坚持民主集中制和科学立制，最广泛听取广大党员和群众意见，精准出招；要增强制度的实操性、规范性和系统性；把握制度的理性、约束、标准、时空四个维度，切实提高制度的科学性。

3. 健全和完善高职院校党内法规制度执行的监督、考评、激励和问责等执行保障机制

要加强对党内法规的监督检查，加强日常监督和专项检查，落实党内法规责任制，明确党委主体责任、书记第一责任人责任和班子成员责任在职责范围内履行监督责任，纪委要切实履行监督责任，运用监督执纪"四种形态"，大力推进党内法规贯彻落实[1]。优化权力配置，加强权力间的监督制衡，发扬党内民主，保障普通党员开展监督的权力和渠道。强化党外监督，充分发挥校内民主党派、普通师生的监督作用，加强网络新媒体等监督渠道的监管。坚持以人为本、民主评议方原则，对各级党组织和全体党员在贯彻执行党内法规制度方面进行综合考评，考评结果作为职位升迁的重要依据。建立激励机制，物质奖励和精神奖励相结合，有效激励贯彻执行党内法规制度成果显著的各级党组织和党员。完善问责机制，对贯彻落实党内法规制度不力的党组织和党员，要合理界定责任清单，按照制度严肃问责。完善问责启动程序，建立终身问责制，对于性质恶劣、严重失职的领导干部，及时启动问责程序，离职不免责，责随人走。

4. 有效促进党内法规制度与国家法律的衔接

党的第十八届四中全会提出，要"促进党内法规制度与国家法律的衔接与协调，提升党内法规制度执行力，助推党员干部遵守和奉行国家法律"。党内法规体系和国家法律是中国特色社会主义制度的两大体系，是国家治理体系的两大支撑。要确保它们相互促进、相互协调、相互保障。党纪严于国法。党内规章制度是党员的最高行为准则，国家法律是人民的最低行为准则。党内法规只针对全体党员和党组织。不得违反国家法律制定，不得涉及国家法律规定的事项。党内法规比国家法律更严格，对党员的要求更高；国家法律对全体公民更具普遍性。要加强二者在制定过程中的衔接和协调，建立健全党内法规备案审查联动机制、矛盾处理联动机制、制定主体之间的沟通协调机制。要加强二者在执行过程中的衔接和协调，避免以国法代替党纪，以党纪代替国法，努力实现党员违规信息的共享。要加强二者在立法后评价中的衔接与协调，构建科学合理的立法后评价机制，提高党内法规制度和国家法律的立法质量。

（二）严守党的纪律和规矩，形成良好执行文化

1. 将党的纪律和规矩放在首要位置

高职院校党员干部牢固树立党纪党规意识，是提高党内法规制度执行力的基本前提。坚持全面从严治党，实现依规治党，就要求确立严格的纪律和规矩。高职院校要坚决遵守政治纪律、组织纪律、廉洁纪律、群众纪律、工作纪律和生活纪律等六大纪律，尤其是把严守党的纪律和党内规矩放在首要位置，这是党的各级组织和全体党员必须遵守的行为规范和规则。必须要坚定信念，做到信党章、信组织、信中央，始终把严守政治纪律作为底线和准则。将政治纪律挺在前面，保证全体师生党员坚守正确的政治方向，牢固树立"四个意识"，坚守"四个自信"，做到"两个维护"。加大违纪查处力度，严肃执纪问责。严守党的规矩，遵纪守法，践行社会主义核心价值观，保持党的优良传统。

2. 坚持正确用人导向

党的十八大以来，习主席提出了"好干部"标准和"德才兼备、以德为先""三严三实"等原则要求。十九大报告中也明确提出，坚持正确选人用人导向，匡正选人用人风气，突出政治标准。高职院校要全面准确地理解新时代党的组织路线，坚决贯彻党中央、中央军委和习主席关

于干部工作的决策指示；严把政治标准，注重求真务实，坚持群众路线，重品行、重实干、重公论；坚决反对用人上的不正之风，把握政策界限，落实干部工作制度程序，增强用人公信度，激励优秀干部脱颖而出。注重考查党员的工作业绩、廉政作风，选拔德才兼备者充实领导干部队伍。坚决抵制圈子文化，打破高职院校存在的各种潜规则。激发党员干部不忘初心、牢记使命，保持只争朝夕、奋发有为的奋斗姿态和越是艰险越向前的斗争精神，创造经得起实践、人民、历史检验的实绩。

3.发挥党员领导干部示范带头作用

"其身正，不令而行；其身不正，虽令不从"。在领导者素质中，纪律意识是基本意识，讲规矩是基本素质。党员领导干部作为党组织中的领军人物，在高职院校应带头严格按照党内法规制度约束自身，会发挥正向的示范和带动效应。党员领导干部要充分发挥自身的榜样力量，对党内法规制度先学先知，体悟内涵和精神实质，学会找出自身工作经历与党内法规制度要求的差距。认真学习党内法规制度，夯实严守规矩的思想基础。把党纪教育同党性修养有机结合，增强党员干部政治敏锐性和鉴别力，站稳政治立场。党员领导干部应树立法大于权的意识，率先践行党内法规制度，以比普通党员更严的要求和更高的标准约束自己，并善于总结归纳，找出不足。党员领导干部要带头严格执行党内法规制度，把制度意识转换为本人的自觉行动和行为准则，释放在制度执行中的正能量，发挥"关键少数"的模范带头作用。党员领导干部应采取多样化的方式，营造遵规崇规、护规卫规的良好风尚，敢于同违规行为和个人做斗争。应摒弃教条主义和官僚主义，改进工作作风，提高制度执行的能力。

（三）完善高职院校党内巡视制度，强化纪委执规自主性

1. 完善党内巡视制度

2015年，《中国共产党巡视工作条例》发布生效，它是加强党内巡视的重要依据。扎实开展巡视工作，是各级纪委义不容辞的责任。要正确认识巡视工作，它是上级对下级工作的工作风险与隐患排查，在于监督检查被巡视党组织的党建情况，突出政治巡视属性。不能干涉巡视对象正常工作，对巡视发现的问题也不具有审查权，而应该移交给有关纪律检查机关或政法机关审查。要学习借鉴古今中外巡视的合理有效方法，为我所用。深入普通党员和群众中去，全面掌握他们对于巡视对象的切身感受和意见。坚持明察暗访相结合，扩大搜索范围，形成对被巡视对象的威慑力，保护受访者。

2. 强化高素质纪检监察队伍建设

提升高职院校纪检监察队伍的责任意识，不怕得罪人。在强权面前不畏首畏尾，在不正之风面前不袖手旁观、在各类诱惑面前不为所动。强化纪检监察队伍的党性教育，提升其政治敏感性和鉴别力。围绕"四种形态"，把监督执纪问责做深做细做实。做到明辨曲直，在原则性问题面前不妥协、不退让。加强纪检监察人员交流，增强队伍活力，保证审查活动客观公正。

3. 保证纪委执纪的自主性

高职院校纪委在纪律审查和执行党内法规制度的过程中，应不受各方人事力量尤其是同级党委的不当干扰，自主地开展工作。目前，在部分高职院校还存在纪委受同级党委和上级纪委双重领导的状况。当务之急，即是突出纪委执规的自主性，扫除党内监督的"盲区"。要突出强调上级纪委对下级纪委的领导地位，高职院校纪委书记、副书记和工作人员的人事关系、财政支出等收归上级党委，实现与同级党委的脱钩，使

纪委执规摆脱不必要的束缚。提高同级党委成员干预纪委审查活动的成本和风险预期，改变报告体制，解决同级党委的护短行为。

4.强化纪委自我管理

强化高职院校纪委的自我管理，防止其内部工作人员被权力腐蚀，做到先正己后正人。完善纪委监督执规的制度规定，通过建立严格的制度，可以保证纪委在执规过程中有章可循、有法可依。创新管理模式。由上级纪委设置专门的督查组，对下级纪委的执规活动进行监督。督察组向上级纪委负责并报告工作，其主要职责包括不定期对下级纪委的执规进程进行巡查和督导，防止后者的懈怠；接受针对后者的举报，报送组长，并在其领导下进行调查，调查结果及处理措施通过信函、电话、邮件等方式反馈给举报人。完善约谈工作。约谈人在纪委领导班子成员中轮流选取，防止因约谈人相对固定而使约谈工作陷入僵化。完善纪委工作人员退出机制。保证纪委工作人员自身清正廉洁、遵规守法。必须严肃对待政治立场动摇、品德修养低下、知规违规等不合格人员，保持纪委作为党内法规制度执行者的良好形象。

（四）加强法制宣传教育，强化高职院校师生对党内法规制度的认同

党内法规制度只有在高职院校获得各级党组织和党员的共识与认同，才能得到其充分的尊重，实现党内法规制度执行力的强化提高。

1.加强党内法规制度宣传教育

提高制度执行力，加强党内法规制度教育是基础。高职院校可以通过大学阶段思想政治课、学校或院系党校培训、党支部学习等途径开展党内法规制度培训，师生也可以观看党内法规书籍，或者从互联网、手机等新兴媒体上获取党内法规制度相关知识。通过广泛深入的宣传教育，增强党员干部的纪律意识和法制观念，提高其思想道德和政治素养，强

化法规制度认同与认可，养成自觉执行法规制度的习惯，并转化为自觉行动。通过党性教育和党性锻炼，发挥制度文化作为精神力量的强大影响力护制度规范的权威性。在广大党员明确需要承担起的制度执行责任的过程中，培育制度执行文化。对先进的制度执行文化进行弘扬，表扬鼓励自觉贯彻执行制度的制度执行主体，发挥榜样的示范激励作用，建立相应的激励机制，推动更多人去有效地执行和遵守制度，为高职院校营造有利于提高党内法规制度执行力的文化氛围和制度环境。

2. 加强制度文化建设树立制度意识

思想是人类一切行动的先导，树立制度意识是高职院校师生遵纪守规的思想基础。引导党员干部树立制度意识，让制度内化于心、外化于行，营造良好的制度执行氛围。通过党内法规制度宣传教育活动，创新制度培训教育形式，杜绝人治思维和权力信仰的错误思想，养成按照制度办事的自觉习惯，使法规制度真正成为党员心中不可触碰的"高压线"，广大党员能够自觉遵循和高度认同。教育和引导广大党员牢固树立法治思维和制度意识，建设健康向上的党内政治文化，发挥文化对制度的涵养作用，让遵守制度、崇尚制度、敬畏制度、服从制度、捍卫制度、执行制度成为每位党员的价值追求、生活方式和行为习惯，让广大党员干部在党的制度与纪律面前能"心有敬畏、言有所戒、行有所止"。注重治"心"与治"行"并举，增强制度认同感。制度认同是思想建党和从严治党的有效结合点，融合了制度建设的"刚性"和思想教育的"柔性"，实现"外化"到"内化"的过程，从外在强制到主体自律转化。也就是要注重思想建党和制度治党的同向发力，一手抓思想建设，注重春风化雨，点滴渗透，移风易俗；一手抓制度约束，优化政治生态，增强政治担当、强化党纪自律。

3. 区别对待不同层次的认同者

对党内法规制度的认同作为一个动态的、历史的过程，往往梯度推进,具有一定的层次性。世情、国情、党情的剧烈变动对党实现治理能力现代化提出了迫切要求,转变旧有思维方式成为大势所趋,而尚未完成思维转变的党员,在接受反映治党新需求的党内法规制度时,难免存在不适与滞后。此外,年龄、民族、职业、个人素质等因素也会导致不同党员在看待党内法规制度时存在差异。高职院校党员领导干部对党内法规制度的学习掌握,要达到内化于心、外化于行的状态。实现由知到行的升华,在思想自觉的基础之上建构起实践自觉,逐渐走向自我净化完善和革新提高的新阶段。此外,高职院校内多个党组织与党员之间,由于对党内法规制度的共同遵守,会产生对彼此品行的认同,进而在党内形成知规守规的良性竞争。

四、小结

提高党内法规制度执行力,是高职院校推进全面深化改革和全面依法治校、促进学校治理体系和治理能力现代化的重要举措。党内法规既是管党治党的重要依据,也是学校各项事业发展的有力保障。只有不断提高党内法规制度执行力,才能推进党的建设制度改革扎实健康发展,为全面推进学校各领域改革提供有力保障;才能把党要管党、从严治党落到实处,以党员干部带头遵法守法的示范作用带动全校形成法治氛围;才能使制度的刚性与人的主观能动性有机结合起来,使学校治理体系现代化和治理能力现代化相互促进、相得益彰。

第三章 高职院校治理能力现代化研究

党的十八届三中全会明确指出，完善和发展中国特色社会主义制度，推进国家治理体系和治理能力现代化，这是国家改革的总目标，也是各领域改革的总要求。教育治理体系和治理能力现代化是国家治理体系和治理能力现代化的重要组成部分。2014年2月，教育部原部长袁贵仁同志在2014年全国教育工作会议上提出，要深化教育领域综合改革，加快推进教育治理体系和治理能力现代化。高校治理是国家治理现代化的一个组成部分，也是治理体系和治理能力现代化建设的必然要求，同时，又是提高质量、走内涵式发展，深化内部治理结构改革的客观需要。国家现代化与大学现代化是同过程的，从"管理"走向"治理"是深化教育改革的重要转型，是高校构建现代治理体系的现实要求。

2014年以来，国家相继颁布了《关于加快发展现代职业教育的决定》《国家教育事业发展"十三五"规划的通知》《现代职业教育体系建设规划（2104-2020年）》《职业院校管理水平提升行动计划（2015-2018年）》《高等职业教育创新发展行动计划（2015-2018年）》《高等职业院校内部质量保证体系诊断与改进指导方案（试行）》《教育部2018年工作要点》等文件。明确提出2015年起建设200所优质高等职业院校（简称"优质校"），并从2018年启动中国特色高水平高职学校（简称"特高校"）和专业建设计划。纵观这些文件不难发现，治理能力建设则是其中的重要组成部分。这些文件既为我国高职院校治理明确了路线图，也对其发展进程提出了明确要求。鉴于高职院校治理在高职院校的健康可持续发展以及满足社会经济发展需求方面承担着重要角色，因此，提升高职院校的现代化治理水平不仅是高职院校的应有之义，也是在中国特色高水平高职学校建设引领下，适应"一带一路"倡议与"中国制造2025"发展战略的必然要求。

一、研究概况

高职院校是我国高等职业教育实践的重要形式和载体，是高等职业教育的基本"细胞"。高职院校如何在推进现代高职院校制度建设过程中，不断推进治理能力的现代化，是一个需要系统思考的重大理论与现实问题。为了加快推进高职院校治理能力的现代化进程，提升高职院校治理能力和水平，促进我国高等职业教育事业的可持续发展，本文就高职院校治理能力现代化的建设内容和考核评价指标体系等问题做一些有益的探讨，以期进一步推进高职院校治理能力现代化等相关问题的深入思考和研究。

努力构建现代化的高职院校治理结构，建设完善的运行机制，对于我国加快实现创新性人才的培养、提升公民的整体文化素养产生了重大的影响，对破解社会热点难点问题，深刻认识加快推进高校治理能力现代化建设的意义重大。

（一）研究现状与进展

1.国内研究进展

国内学者针对高职院校治理能力现代化的专门研究较少，起步也较晚，主要的相关研究集中在近十几年。目前还暂未发现关于以高职院校治理能力现代化为主要研究对象的专著，只有很少的著作在相关章节中有所涉及，其中姚寿广在其专著《示范高职院校的内涵建设—理念支持与实践建构》中以专门章节论述了"示范高职院校的管理建设"问题，对高职院校的校院（系）两级管理体制改革作了较为系统的论述。目前以高职院校治理能力现代化为研究对象的文献资料主要集中于学术期刊。通过 CNKI 中国期刊全文数据库、维普、万方等电子期刊数据库进行检索，对相关文献资料进行了搜集、整理和分析。1999 年邓志伟的《美德日英四国高职院校的领导体制与内部管理系统》，粗略介绍了国外职业教育比较发达的四个国家的高职院校领导体制与内部管理体系，吴兴伟《高职高专院校内部管理体制改革的研究》，开启了相关研究，但其研究内容还未触及内部管理体制改革的本质。2004 年刘锁娣的《浅谈如何构建高职院校的二级管理体制》，对高职院校推进实质性校院（系）两级管理体制改革的问题作了一些有益的探讨。此后，关于高职院校内部管理体制改革的相关研究逐渐增多，研究的内容主要集中在构建校院（系）两级管理体制、人事分配制度改革、后勤管理改革等方面。2011 年李建国的《我国高职院校"内部管理体制"改革研究》通过建立高职院校内部管理体制改革的逻辑模型，提出改革的战略框架构想是四大系统、五种权力在纵横两个维度的合理配置。2011 年吕丽平的《基于利益相关者的高职院校治理结构研究——以宁波为例》在利益相关者理论指导下，运用重要性（高、低）、影响力（大、小）、参与度（深、浅）三个维度将高职院校的利益相关者划分为重要利益相关者、一般利益相关者和边缘利益相关者三类，依据这种分类分析各类利益相关者对高职院校治理的影响。2012 年杨慧梅的《公立高等职业院校内部治理结构研究》尝试提出自己对构建未来新型公立高职院校治理结构的新模式和新思路，进而对新模式的权力配置与具体运行进行分析阐述，确定各机构的职责、权力边界，提出相应的对策和建议。2014 年马陆亭完善内部治理结构要致力推进学校治理能力现代化。2015 年雷世平提出高职院校治理能力现代化的内涵及其衡量标准。李达等人提出高校治理体系和治理能力现代化的实现路径。2016 年周建松等提出高职院校治理体系现代化理论意义与实现机制。2017年曹胜强在《高职院校去官僚化问题研究》中提出了在我国高职院校在去官僚化进程中应遵循的基本原则和行之有效的路径。

另外，2014年，国务院印发《关于加快发展现代职业教育的决定》（国发〔2014〕19号，简称《决定》），提出到2020年"建成一批世界一流的职业院校和骨干专业，形成具有国际竞争力的人才培养高地"。2015年，教育部印发《高等职业教育创新发展行动计划（2015-2018年）》（简称《行动计划》），明确建设200所优质专科高等职业院校（简称"优质校"）。2016年12月，国务院总理李克强对发展职业教育做出重要批示，指出"努力建成一批高水平的职业学校和骨干专业"。2017年，国务院印发《国家教育事业发展"十三五"规划的通知》（国发[2017]4号），明确提出"支持100所左右高等职业学校和1000所左右中等职业学校建设"。2018年1月31日，教育部向全国发布的《教育部2018年工作要点》（教政法〔2018〕1号）指出，"启动中国特色高水平高职学校和专业建设计划"。以及《教育法》、《高等教育法》、《职业教育法》等法律文件，不但有力地推动了高校的管理体制改革，亦成为高职院校治理能力现代化建设的政策和法律依据，指引着高职院校治理能力现代化建设的方向。

总体来说，以上研究分别从不同的角度楔入，阐述了高校内部管理体制改革的诸多问题，揭示了高校内部管理和运行中所蕴涵的规律。毫无疑问，这些研究对促进我国高职院校的治理能力现代化建设起到了积极的作用。但这些研究还存在一定的欠缺，在一定程度上还不能适应当前我国高职院校治理能力现代化建设的要求。具体来讲，主要有以下几点：第一，针对高职院校的专门研究缺乏，研究成果对高职院校适用性不强。第二，运用新公共管理理论对高校治理能力现代化建设进行研究的还比较少。第三，单个问题研究较多，系统性研究较少，还未能对中国特色高水平高职院校建设引领下高职院校治理能力现代化建设提出较为全面系统的思路。

2. 国外研究进展

西方高等教育有着几百年的历史，其浓厚的大学自治和学术自由的传统，铸就了现代大学理念的两根支柱。

英国大学的管理具有显著的"学者寡头"的特点"是把教授行会与院校董事及行政管理人员的适度影响结合起来的模式"，最高决策机构为校董会，最高管理机构为校务委员会，在组织模式上实行校—学院（学部）两级管理，校院两级中学术权力均起主导作用。英国高职院校的内部管理有委员会制和理事会制两种模式，并且一般还成立协议会和参议会，其内部管理与英国大学类似。

德国大学的管理是典型的欧洲大陆模式，"是教授与国家官僚机构相结合"，虽然设立董事会，但作用不大；大学内部无论是在学校一级还是下属学院一级，行政管理的权力都比较薄弱，但基层教授行会的权力很大。德国是职业教育非常发达的国家，其高职院校的管理体制与大学类似，只是增加协调委员会来协调和联络与企业合作的相关事务。

美国的高等教育具有较为明显的市场特征，其大学的管理也体现了这一特点，"是由教授行会与院校董事会及院校行政管理当局相结合"的模式，董事会是最高权力机构，校长负责落实董事会决策和进行日常事务管理，大学内部学术权力和行政权力相互渗透又各司其职。美国的高职院校(美国社区学院)的管理体制与大学类似[2]。

澳大利亚大学的管理具有较为明显的分治特征，其行政权力和学术权力分工清晰却又相互制衡。近年来，澳大利亚高等教育事业的迅速发展引致了有关高等教育模式能否适应市场和经济发展需求的争论，VLynn Meek 等学者就政府与大学的关系和高校内部的治理结构进行了深入研究，认为澳大利亚大学的决策过程烦琐、治理结构不完善、缺乏管理效率，因此，在大学数量和规模扩张的同时应根据英联邦教育体系的标准进行管理的教育创新，特别是大学内部的管理创新。

(二) 基本概念与理论基础

1. 基本概念

党和国家非常重视职业院校内部治理能力提升。2013年11月《中共中央关于全面深化改革若干重大问题的决定》提出：深入推进管办评分离，扩大省级政府教育统筹权和学校办学自主权，完善学校内部治理结构。2014年6月《国务院关于加快发展现代职业教育的决定》提出：职业院校要依法制定体现职业教育特色的章程和制度，完善治理结构，提升治理能力。加快推进职业教育现代化，要求职业院校构建现代学校制度，完善内部治理结构，提升内部治理能力。

（1）高职院校治理能力

现代治理的概念一般是借用全球治理委员会(Commission on Global Governance)的定义。1995年，全球治理委员会将治理定义为："是个人或组织、公共部门或私有部门管理其一般事务的多种方式的总和。它是一个使得冲突和多元利益得到妥协并采取合作行为的持续过程"。对这个定义我们是否可以这样理解："治理"的主体是"个人或组织、公共部门或私有部门"；"治理"的对象是"管理其一般事务"；"治理"的手段是"多种方式"；"治理"的目标是"使得冲突和多元利益得到妥协并采取合作行为"；"治理"是一个"总和"性的概念，一个"持续过程"。定义中提到的"多元利益"，也就是"利益相关者"的利益。按照弗里曼(Freeman)的观点："利益相关者是能够影响一个组织目标的实现，或者受到一个组织在实现其目标过程影响到的所有个体和群体。"现代职业院校作为一个社会组织，其利益相关者分为政府、学校、企业、学生、教师、家长、行业、科研机构、参与职业教育或培训的个人等，内部利益相关者主要有学校、学生、教师等，外部利益相关者指政府、行业、企业和科研院所等。需要强调的是，我们必须弄明白"管理"与"治理"的区别。"治理"着眼各利益方之间责权利的划分、制衡以及利益方对事务的参与和协同，治理是自下而上、多元双向的；而"管理"是在特定治理模式下，管理者为实现组织目标而采取的行为，管理是自上而下、一元单向的。因此，不能用"管理"代替"治理"，也不能将管理的手段用于治理 [3]。

《现代汉语词典》对"能力"的解释是："能胜任某项任务的主观条件。"据此，我们可以为"高职院校治理能力"下一个定义："高职院校治理能力"就是高职院校能胜任运用多种方式管理其一般事务的主观条件，它是一个使得冲突和多元利益得到妥协并采取合作行为的持续过程。由于高职院校利益相关者分为内部利益相关者和外部利益相关者，那么，与其相适应的治理能力即可分为内部治理能力和外部治理能力。高职院校内部治理能力就是高职院校协调内部利益相关者的关系，提升工作效率，顺利完成工作任务、事务等的主观条件，它是一个使得冲突和多元利益得到妥协并采取合作行为的持续过程。一般认为，高职院校内部治理能力主要包括决策能力、执行能力、监督能力和评价能力。高职院校内部治理结构则是调节高职院校内部各利益主体间关系的一系列正式制度和非正式制度的总和，主要涉及高职院校内部管理体制、运行机制及组织行为的规范体系。

（2）高职院校治理的理论框架

高职院校具有"高等教育"和"职业教育"的双重属性，其本质与一般的普通高等院校与职业学校不同，因此，高职院校治理应遵循其特定的发生逻辑，反映高职院校的特殊性。当前，高职院校治理内涵研究存在概念的替换与移植两大困境。

就"替换"来说，高职院校治理替代了高职院校管理，沿用了管理视阈中的层级概念与权力划分的论证逻辑。但是，治理与管理是两个不同的概念。比如，1995 年，全球治理委员会发布的研究报告《我们的全球伙伴关系》中提出，治理是各种公共的或私人的个人和机构管理其共同事务的诸多方式的综合，是使相互冲突的或不同的利益得以调和，并采取联合行动的持续过程。这既包括有权迫使人们服从的正式制度和规则，也包括各种人们同意或以为符合其利益的非正式制度安排。

就"移植"来说，高职院校治理理论移植了大学治理与公司治理的相关理论。第一，沿用大学治理的概念体系，借助学术权力与行政权力制衡的权力逻辑，建构学校、社会、政府及市场等主体的权力分配机制。第二，根据公司治理的理论框架，立足稀缺性资源分配的资源逻辑，探讨学校、社会、政府及市场等利益主体之间的资源分配问题。公司治理的基本问题是怎样确保出资者获得投资回报，其实质是公司由谁控制、为谁服务的问题。

任何组织都有其特殊性，高职院校治理需要有其特定的分析框架，但同时也不能违背大学治理的一般分析逻辑，还需要兼顾到作为治理理论缘起的公司治理。公司治理理论与实践的发展已经比较成熟，部分理论与改革已经被实践证明了其实效性。但是，在引入公司治理理论解决高职院校治理中的理论与实践问题过程中，应避免用过时的经济学理论解决高职教育的当代命题。借鉴与引进公司治理理论与经验的前提，是要明确高职院校的特殊性与治理改革中的核心要素。作为提供公共教育服务的公益法人，高职院校既具有公益性、公共性、教育性、知识性等共性，又具有实践性、社会性、行业性、技能型等个性。这就决定了高职院校法人治理机构理应既不同于公司制企业也不同于其他类型高校以及公益类事业单位。因此，高职院校治理理论，需要兼顾高等性、职业性的基本办学定位，还要协调国家顶层设计与地方区域性社会经济发展诉求，并且要照顾到消费者与客户导向的人才培养中的企业、学生及院校的多元利益诉求[4]。

（3）治理结构与治理机制

治理结构与治理机制是当前治理研究与治理改革的两个重要命题。高职院校治理改革的主要任务包括两方面主要内容：一是构建符合高职教育发展的特殊性与高职院校组织特性的治理结构，二是推进高职院校治理机制建设。但是，治理结构与治理机制往往被看做一个整体，并没有进行明确的区分。这就造成当前研究既表现为一种对治理结构事实状态的考据，也表现为对这种事实状态形成与改变的运行逻辑的探寻。

高职院校治理结构是现代高职院校制度在治理层面形成的制度化结构。其通过高职院各利益相关者之间的权利配置和制度安排实现彼此权力的分权制衡，以达到公正与效率契合的状态。高职院校治理可以划分为内部治理与外部治理，其治理结构也可以划分为内外部治理结构，主要是明确高职院校内外部相关主体权责利的配置情况。治理结构呈现了利益构成的静态结构，是利益相关者或者权力构成的分配结果。但是，目前一些研究者将治理结构直接等同于内部治理结构，并且降权责利分配及其制衡关系都纳入"治理结构"的研究视域。从实践范畴来看，治理结构改革是基于利益相关者利益博弈的序列发生了变化，需要建立一种新的秩序维护"所有权"，并在经营权上体现让渡的性质，以实现权责利的相互制衡。

治理机制不同于其治理结构。其反映了权责利的运行逻辑，以治理结构为基础。结构是怎样的问题，机制是如何做的问题。治理结构构成了事实，而治理机制则主导着这些事实的实施结果。从这个视角来看，治理中的制度就是治理的机制，并且提供了治理结构的运行逻辑。高职院校的治理机制是解决高职院校管理者激励和约束这类集体行动问题的方式。当前，高职院校治理改革中一系列制度安排的实质是对治理机制的完善，而非治理结构的范畴。但是，治理结构与治理机制的理论研究与实践改革，都需要将"事实"与"事实运行逻辑"分开，前者决定高职院校的特殊性，而后者决定高职院校运行与发展特殊性的实现机制。但是，二者又是不可分的，治理结构改革与治理机制建设是实现治理改革目标的两个交互存在的核心内容体系。

2. 理论基础

（1）治理理论

治理理论在公共管理领域的兴起在 20 世纪 90 年代的西方国家。治理主要是作为新公共管理的核心理论提出。该理论的提出初衷在于平衡国家权力与社会权力，通过引入独立于政府和市场的第三部门，一般称之为社会组织，来解决公共管理领域的"政府失灵"和"市场失灵"。我国学者（魏涛，2006）分析了治理理论成为国际关注的主要原因，他指出，首先管理危机在西方福利国家的出现。治理理论作为一种既重视发挥政府职能，又重视社会力量参与的理念和方式得到关注。其次与市场和等级制的调节机制发生危机有关。全球治理、政府改革和公民结社从不同方面合力推动了公共治理理论的发展。再者国际合作变得更为重要。四是国际社会进入多元化时代标志着世界政治的单极时代已经结束。上面是公共治理理论形成的社会原因，包括弥补市场失灵与政府失灵的"第三条路"的引入，全球化浪潮的推进，地方政府改革以及强化公民参与、倡导建构公民社会的行动。治理理论的产生和发展不仅有着社会实践的需要和推动，还有一定的理论研究背景的推动。一是国家与社会之间的地位权重问题。1950 年之前，国家在整个社会中的地位是比较稳固的，随着经济社会的发展，一些跨国组织、经济全球化组织冲击了国家的核心地位，国家的概念不再是社会中唯一的合法性分析对象，国内社会组织的出现在公共领域内分享了治理的权限，治理理论应运而生。二是学科的发展和学科结构的解构与重构促使了治理理论的发展。治理理论的理论基础一般具有多元的学科属性，是学科发展后的交互融合的产物 [5]。

治理是一个不断发展和演化的概念，至今尚未形成统一的认识。詹姆斯·N·罗西瑙（治理理论的主要创始人之一）和全球治理委员会分别从不同角度对治理进行了界定。后者指出，治理是公私组织和个人经营管理相同事务的诸多方式的总和，其基础是参与和协调，涉及公共和私人部门，包括正式制度和非组织安排。世界银行从国家管理的视角对治理进行了定义。

我国治理的思想渊源久远，西周王朝开始重视礼治的重要性，老子倡导"治大国若烹小鲜"。然而系统化引入和研究治理理论却是在近代。俞可平教授是治理理论研究的代表性人物和治理理论的主要倡导者，对治理概念的界定在国内学界具有较强的传播力和影响力。治理体制和治理行为主要体现国家的工具理性。上海交通大学顾建光教授认为治理须要在一定的社会背景下进行界定，治理就是相关主体通过互动进而影响公共决策的过程。张昕提出了治理的内涵至少包括三个方面，包括过程层面、能力层面和制度层面。其中，过程层面主要是治理主体通过一定程序分享治理政府的权限；能力层面包括政治治理和治理主体的治理能力；制度层面体现的是治理工程中的工具理性。

治理的主要作用在于弥补政府和市场在调控和协调过程中的不足，然而治理也存在内在的局限性。首先是治理不能代替国家而具有政治强制力，其次它也不可能代替市场自发地对大多数资源进行有效配置。俞可平认为治理不是万能的，必有一定的前提和基础；治理也是一种手段，是国家和市场手段的延伸。我国改革开放以来的治理变革路线主要体现在以下方面的转变：治理主体从一元到多元，从集权到分权、从人治走向法治、从管制政府到服务政府、从党内民主到社会民主。

治理理论的发展路径主要有三条，一是国际组织提出了治理评估报告和各国改善治理的建议。二是战后国家高成本、低效率的出现需要政府改革，即关于公共治理和治理绩效的研究促进了治理理论的发展。三是一些超国家的治理模式为治理理论提供了实践经验。

（2）公共治理理论

公共治理理论的研究内容非常丰富，观点颇多。Stoker（2002）在分析各国关于治理理论的研究，梳理出五种核心观点，包括治理意味着主体包括了政府和社会公共机构与行为者；治理主体形成治理网络等。治理的主体包括了公私组织和个人。治理的对象和治理客体包括方方面面，如科技领域的治理、经济领域的治理、社会社区的治理等等。治理的方式强调自愿、平等、协作。治理理论都倡导的理念是，多主体，多层级、多中心、网络化。通过树立"多元"和"协商"的治理理念，把社会组织、公众等在内的各利益相关者都纳入治理体系，综合考虑各方的利益诉求，分享治理权限，实现"治理民主"。治理至少包含着以下方面的特征，治理对象和治理主体的复杂性、治理过程的动态性、治理方式的多样性和治理机制的协同性 [6]。

  关于公共治理的研究主要包括两个方面内容，一是基于实践和理论分析研究各种公共治理的模式；二是公共治理的绩效的评价。而关于治理能力的评价和提升尚属学界空白点。学界通过研究不同国家的公共治理模式，提出了以下几个主要特征：包括多层级治理、多中心治理和网络结构治理。多层级治理模式源自于欧盟国家的治理实践，国家与超国家之间的分权和合作，而非等级制的科层关系。多中心治理是强调治理主体的多元化，政府不再是唯一的治理主体。公众参与、公民社会、专家决策等都是研究实现多中心治理的途径。网络治理是治理理论与网络组织理论的有机结合，运用网络组织理论的方法进行治理。目前，网络治理的研究热点集中在治理模式、实现路径、机制、内容关系、信任等元素的构建和形成。关于治理评估的研究可以分为两大类，即基于客观数据的评价和基于主观调查数据的评价。基于客观数据的评价研究的典型代表是哈佛大学肯尼迪学院发起的公共治理评价的研究；基于主观调查数据的研究典型组织是世界银行组织开发的综合评价指标体系，主要包括政府效力等六项评价指标。

  （3）利益相关者理论

  1963年，美国斯坦福大学研究所的一些学者首次提出了"利益相关者"理论，并且定义为：企业里存在着这样一种群体，他们对企业起着至关重要的作用，没有他们的支持，企业将无法生存。该理论认为，任何一个企业的发展都要依靠各种利益相关者的投入和参与，这些利益相关者包括了股东、债权人、管理者、供应商、员工、客户等。他们不仅会影响企业的正常发展，也承担着企业的部分经营风险，因此他们也有权力参与企业的管理和决策。企业不只是为所有者的利益服务，也要保证各利益相关者的利益最优化。

美国学者罗索夫斯基最先将利益相关者理论应用到高等教育领域，他曾提出"大学的'拥有者'范围应该更加广泛，不仅包括董事和教授，还包括学生、校友、政府、捐赠者、公众等更广泛的群体或个人。"利益相关者理论对于高校治理的研究很有借鉴价值。首先，高校的根本目的不是追求利益最大化，它是一项公益事业，追求的是社会效益。其次，高校的发展既要受到政府、社会等外部力量的帮助，也需要学校内部教职工的通力合作，这些利益相关者的诉求都会影响到高校发展所做的决策。也就是说，高校应该充分重视和发挥各利益相关者的作用，以协商合作的方式实现高校发展的最终目标，实现有效治理。根据利益相关者理论的分类，我们可以把高校的利益相关者分为以下四个层次：第一层是核心利益相关者，包括学校内部的行政管理人员，教师和学生。行政管理人员是大学运行的组织者和协调者，他们为高校的发展制定详细的发展规划，并保证高校的正常运行；教学、科研是高校的重要使命，而教师就承担着这些最重要的使命，没有他们就没有学校存在；学生是高校服务的对象，也是高校的出资者，是高校最终输出的"产品"，学生质量的高低检验了一所高校的办学能力的高低。第二层是重要利益相关者，包括政府、董事、社会出资者等。政府始终是高校经费的主要提供者，并且为高校的发展制定相关的政策和法规，并监督高校的运行；董事和社会出资者为学校提供资金帮助，并且十分关注学校的动态发展。第三层是间接利益相关者，包括校友和与学校有契约合作关系的群体，如贷款提供者、为学生提供实践基地的企业、产学研合作者。校友与学校是隐藏的深层次联系，学校的不断发展意味着校友学历的"含金量"不断上升；其他的契约关系合作者与学校的一种明显的利益联系，学校的发展会为他们带来实质性的盈利。第四层是边缘利益相关者，例如公众、媒体等。从某种意义上说，高校治理的整个过程就是各种利益进行选择、平衡的过程，也是通过各种途径（包括法律、制度规定、协商作等）对这些不同利益进行规范性调整的过程。

（4）委托代理理论。

高等职业教育治理结构改革要注重激励和约束机制建设。委托代理是指一方（委托者）委托另一方（代理者）根据委托者的利益需求从事某些经济和社会活动，并且委托者根据自身利益目标要求授予代理者某些决策权，以方便委托目标的达成。委托代理理论认为，代理者与委托者之间在一定程度上存在信息不对称的问题，并且二者之间的目标函数也不可能完全保持一致，代理者在行使委托人所授予的职权过程中，可能会过度追求自身利益而忽略乃至损害委托者的整体利益和目标。为了减少代理者代理行为的不确定性，避免代理者的行为偏离委托者的利益要求，在委托代理活动中需要建立一套完善的激励和约束机制，来保障代理者的行为活动与委托者的个人意志和目标相一致。客观而言，高等职业教育内外部存在多层委托代理关系。从外部来看，主要存在两种代理委托关系：一是国家作为各类公立高等职业教育的主要举办者，委托高职院校管理者对学校进行管理，政府与高职院校管理者之间形成显性委托和代理关系；二是政府作为公民的代理人，代表公民将办学权力授权于高职院校管理者，社会公众与高职院校管理者存在隐形的委托代理关系。从高职院校内部来看，也存在多重委托代理关系：一是学校党委与校长之间的委托代理关系。我国高等教育普遍实行党委领导下的校长负责制，党委负责高职院校的重大决策，而校长重在组织执行，从这方面来看，学校党委扮演着委托者角色，而校长则是代理者角色。二是校长与院、系、处等二级单位之间的委托代理关系。校长扮演委托者角色，二级单位是代理者角色，校长将自身负责的工作进行细分交由二级院系单位开展。三是学校管理者与教师的委托代理关系。教师作为人才培养的主导者，也是高等职业教育的代理者。高等职业院校内外部存在的多重委托代理关系表明，在高等职业教育治理结构改革中必须着力构建相应的激励与约束机制，对多重代理者和委托者的正向行为进行激励，对于负向行为进行有力的约束甚至是惩罚，保障高等职业教育治理现代化目标的实现。

（5）法人治理理论。

高等职业教育治理结构设计要达到分权与制衡。法人治理理论认为，伴随着组织发展规模的日益壮大，其资本来源结构也更加多元，业务更加复杂，为了保持组织运营的精细化管理，出现以分权与制衡为治理结构特征的法人治理。一般而言，分权是指将组织资产所有者的权力进行专业划分，通常按照职能划分为决策权、执行权和监督权，并由相互独立的机构承担相应的职权。分权是建立在一定的秩序基础之上，必须有相应的制衡机制来保障权力的合理、合法行使。制衡是指在各个机构之间进行明确的权力划分基础上，明确各个机构的权力作为组织整体权力的重要构成，不可单独割裂开来，必须有相应的约束，要保证权力所属一方既是发挥约束作用的主体，同时也是被约束一方，在权力主体之间达到有效的制衡，以防止权力的失位、越位和非法扩展。"高等职业教育治理结构改革，必须着力于建立健全高职院校的法人治理结构。"所以，应根据高等职业教育的发展特点，在高等职业教育利益相关者之间科学分配决策权、执行权和监督权，在高职院校内外部形成良好的权力制衡机制，在治理结构的设计上达到分权与制衡状态。

二、高职院校治理能力建设现状

目前，高职院校存在法治思维不足、管理制度不完善、管理方式生硬等问题，离学校治理能力现代化还存在较大差距。正在全国开展的"优质校"建设中，把治理能力现代化、提升学校治理水平作为了重要建设内容。四川省优质高职院校建设计划明确要求高职院校"建立和完善现代大学制度和治理体系，全面提升治理能力和水平。深入推进依法治校，加强以学校章程为核心的制度体系建设"。广东省要求建设的"一流高职院校"深化重点领域综合改革，包括深化以二级院系管理为核心的内部管理体制改革、以绩效分配制度改革为重点的人事制度改革及人才培养机制改革。因此，即将开始建设的中国特色高水平高职院校要深刻理解建立现代大学制度、完善学校治理体系、提升治理能力的重要性和艰巨性；要树立法治思维，更新管理理念，坚持依法治校，建立健全学校各类制度标准，强化教育教学管理，有效提升依法治校水平。

（一）我国高职院校治理治理能力建设现状与问题

党的十八届三中全会通过了《中共中央关于全面深化改革若干重大问题的决定》（以下简称《决定》）。自《决定》实施以来，在政府层面，通过出台一系列政策和文件，为构建高职院校治理体系和提升高职院校治理能力提供支持和保障；在学术层面，专家和学者围绕高职院校治理开展了广泛且深入的研究，为高职院校治理的实践提供了理论支撑和建议。

1. 简政放权，营造良好环境

为进一步深化教育行政审批制度改革，减少各级教育行政部门对大学的行政干预，教育部根据国务院关于取消和下放行政审批的决定和通知，印发了《关于加强取消和下放行政审批后续工作的通知》，要求及时清理修改有关规章和规范性文件、加强事中事后监管、做好舆论宣传和意见收集工作、做好非行政许可审批事项的清理规范工作。同时，为深入推进管办评分离，深化教育行政执法体制改革，解决长期以来各级教育行政部门在运用执法手段管理教育过程中意识不强、职责不清、能力不足、程序不健全、经验欠缺等问题，教育部启动了教育行政执法体制改革试点工作，加快形成职权清晰、分工明确的执法工作机制，建立权责统一、权威高效的教育行政执法体制。

2. 建章立制，加强制度建设

根据《中华人民共和国高等教育法》和《中华人民共和国职业教育法》的要求，章程是高职院校设立的基本条件之一。教育部通过印发《关于加快推进高等学校章程制定、核准与实施工作的通知》，并根据《高等学校章程制定暂行办法》(2012年)明确教育部章程核准的程序与要求，制定了《教育部高等学校章程核准工作规程》，截至2015年11月，对中国人民大学等75所高校的章程进行了核准。各省教育行政部门也积极推进省属本科高校和高职院校的章程建设，推动了全国高职院校内部治理结构改革。为推进中国特色现代大学制度建设，健全高等学校内部治理结构，促进和规范高等学校理事会建设，增强高等学校与社会的联系与合作，教育部颁布实施了《普通高等学校理事会规程(试行)》，对普通高校理事会的含义、组成、职责、功能、机构设置及其运行进行了明确的规定。此外，中共中央办公厅于印发了《关于坚持和完善普通高等学校党委领导下的校长负责制的实施意见》，明确了党委统一领导学校工作、校长主持学校行政工作，健全了党委与行政议事决策制度并完善了协调运行机制，为处理好高职院校内部治理各主体之间的关系提供了明确的依据。

3. 实施计划，提升治理能力

为发挥管理工作在职业教育改革发展中的作用，实现职业院校管理的规范化、精细化和科学化，根据依法治教和治理能力现代化的新要求，教育部印发《职业院校管理水平提升行动计划（2015－2018年）》，重点开展专项治理突出问题、建设管理制度标准、增强管理队伍能力、提升管理信息化水平、创新学校文化育人、完善质量保证体系等行动，以巩固职业院校以人为本的管理理念，完善现代学校制度，规范办学行为，增强办学活力，提高办学质量，基本建立起依法治校、自主办学、民主管理的运行机制和完善多元参与的职业院校质量评价与保障体系，提高职业院校的吸引力、竞争力和美誉度。此外，为增强高等职业教育整体实力，提高人才培养质量，提升服务"中国制造2025"的能力，教育部印发《高等职业教育创新发展行动计划(2015－2018年)》，明确了高职教育创新发展的六个"转变"，特别是在发展动力方面要实现由政府主导向院校自主的转变，坚持教学改革与提升院校治理能力相结合，推动专科高等职业院校依法制定章程，完善治理结构，提升治理能力。

4. 构建高职院校的治理模式

随着社会经济转型与产业升级，传统的"府管校办"的高职院校治理模式在高职院校的经费投入机制、高职院校治理机制、高职院校与相关治理主体权限以及高职院校的制度供给等方面存在诸多问题，提出高职院校应在主体多元化治理理论的指导下，突破传统政府单一治理主体的模式，通过构建高职院校、政府与社会等多元主体参与，构建"有限主导－合作共治"的治理模式，推动高职院校治理的现代化。也有学者从院校权力运行模式的轨迹变迁出发，认为社会治理现代化和内在发展催生了高职院校由管理向治理的转变，其主要特征是多元共治和合作共治，并提出通过落实办学自主权、完善章程、固化治理结构以及向院系二级管理分配权力资源来实现高职院校治理现代化。

5. 完善高职院校治理结构

通过对美国、澳大利亚、日本等职业教育治理制度的研究，并实地考察德国应用技术大学和职业学院的治理模式，有学者认为我国高等职业院校治理结构的核心是平衡和调动利益相关主体的力量，通过加快构建发展现代职业教育的保障和运行体系完善治理结构。有学者从我国高职院校内部治理结构的现状出发，指出建立健全自主管理、民主监督、社会参与的治理结构是提高高职院校办学质量的重要保障，但当前高职院校的内部治理结构存在行政权力过泛、办学独立性弱、行业企业参与缺失等诸多问题。建议通过转变政府职能，成立董事会，搭建企业参与平台和完善内部管理制度，并提出了"纵向四层次，横向四模块"基本框架来改革高职院校内部治理结构，以改善高职院校治理环境、平衡内外利益关系、加强民主管理和推进多元参与。

6. 提升高职院校治理能力

高职院校治理能力是深化职业教育领域综合改革、创建一流高职院校、加快推进职业教育治理体系和治理能力现代化的重要组成部分。有学者建议高职院校治理能力的提升应以建立治理体系为前提，以优化内部治理结构为重点，以健全理顺内部运行机制和执行体系为基础，以探索重要领域改革为关键，推进现代大学建设、完善治理结构、健全运行机制、突破制约发展瓶颈，在高职院校内部形成自我管理、自我发展、自我规范、自我约束的发展机制。也有学者提出，借鉴项目管理技术提升高职院校的治理能力，特别是在基本建设工程、科研工作、专业（群）建设、重点项目实施等方面，通过更新管理观念、改革管理体制与运行机制、重视 WBS 关键作用，以解决传统管理中的无序和不规范、完善学校目标管理和绩效管理机制、加强跨部门的协调、实现人员最佳组合，推进高职院校治理现代化。

（二）境内外高校治理能力建设案例借鉴

由于不同时期高等教育的特点不同，其管理组织结构及名称也在变化。高职院校在各国的称谓不一，但都是各国高等教育的一种组织形式。

由于各国管理体制、文化传统、思想意识等的不同，各地区高等学校的治理结构形成了各具特色的治理结构模式。

相对于我国的高校来讲，发达地区的高校发展历史更长，他们在长期的历史实践中依据自身的实际问题不断地调整和改进治理结构与方式，因此参考国际上的高校治理方式有一定的实际意义。但是由于各个地区高校体制的不同，存在着公立和私立学校的区别，这其中的办校理念、治理模式等有很大的差异，要一一进行论述几乎是不可能的。这里参考了实际情况，考虑到全球环境因素，选择了我国的香港、日本及英美地区作为研究对象，对其部分高校的治理情况做一个概述研究。

1. 中国香港高校的治理概况

香港的高等教育发展迅速，其在亚洲乃至世界上都具有一定的影响力。香港的高等教育制度既有英美体制的影响，又有中华民族传统教育的延续，是一种中西方的结合。它的兼容并蓄在一定程度上为我国内陆的高等教育发展提供经验。香港高校的治理机构主要有校董会、教务会和评议会组成。校董会是香港高校的内部最高决策机构，通常是由校长、副校长、学院院长、社会人士以及教师和学生代表组成。他们主要负责制定学校的办学方针、校长及教职员工的聘任以及处理学校的相关财务问题，承担着高校内部重大权力的行使。教务会是香港高校内部的学术机构，其成员也往往由学校内部的教授组成，这其中包括校长、学院院长、教授代表、学科主要负责人等。他们承担着学校内部的一切学术活动以及教学活动，通过管理课程设置、业绩考核、评估教学等方式来推动高校的科学研究和人才培养工作。评议会是第三方的评价顾问团体，由校长、学院院长、校监、辅导员等组成，另外，香港高校的毕业生都有资格成为评议会的成员。他们不负责具体的行政事务，每年召开一次会议，主要目的是听取高校的年度财务报告以及评价高校的年度工作成果。香港具有特别的便利条件，它是一个国际金融中心，又同时受到英美文化和中国文化双重影响，这使得他的国际化程度很高，香港高校的治理模式也受到这种历史环境的影响，行政力量、学术力量以及评价咨询体系相互制约，共同推进了香港高校的发展。

2.日本高校的治理概况

作为亚洲的发达国家，日本的高校治理体系有其自身的特点。2003年7月，日本国会通过了《国立大学法人法案》，第二年的4月，国立大学法人化全面实施。所谓的法人化就是将日本的国立大学从国家行政组织中分离出来，使其具有独立的法人资格，实现自主办学。在改革之前，日本高校受到了国家严格的行政制约，这种自上而下的单一管理体制使得国立大学活力缺乏，失去了竞争力。法人化改革之后，政府从高校办学的具体参与者转变成为宏观政策制定的办学监管者，国立大学的自主办学权大大增加。从内部来说，国立大学新设立了理事会、经营协议会和教育研究评议会。理事会由校长、副校长等学校领导组成，他们负责学校的重大事务，例如学校发展计划、财务预算、学校内部机构设置等，相当于高校的最高决策机构。经营协议会则由校外人士和校内管理者共同组成，他们负责高校作为一个法人机构在发展经营过程中所涉及的重要事务。而教育研究评议会则相当于学术委员会，由校内的教授等学术人员组成，负责学校具体的教学、研究工作。日本国立大学的法人化重构了高校的治理结构，具有明显的特点：首先，学校办学自主权扩大化，高校拥有了自主设立专业权、人员编制和聘用权、校企合作权、财政支配权等。其次，高校与社会联系密切，在高校内部机构中融入社会成员，创新了社会对高校的支持和监督，也增强了高校服务社会职能。第三，从法律的制度层面保障了高校的自主办学权，以严格的法律制度规定了政府与高校之间的关系，明确了权力责任的分配，做到了依法治校。

3.英美高校的治理概况

英国的高等教育起步很早，其高校系统也十分复杂，不同类型的高校实施不同的治理模式。从治理的角度，可以大致将英国的高校分为三类：一是以牛津和剑桥为代表的古典大学；二是1992年以前成立的高校，这部分学校大都是由枢密院颁发皇家特许状成立的；三是1992年以后成立的新大学，它们是根据教育改革法成立的新大学。牛津和剑桥大学实行的是"教授治校"的治理方式，学校的教职员工具有较大的权力。学校的机构设置包括董事会、理事会和校务委员会。董事会是学校的立法机构，成员主要由学校的教职员工组成；理事会的成员则主要有副校长、学院院长、部分董事会成员以及学生代表等，它是学校的权力执行机构，要向董事会负责；校务委员会负责学校的教育和学术工作，以此来保障学校人才培养质量和科学研究水平。1992年以前成立的高校主要实行"外行治理"的政策，这类学校的治理结构设置了三个独立机构：校董会、校务委员会和学术委员会。校董会的成员主要来自校外，如政府代表、毕业生代表等，也包括校长、教职工代表和学生代表，他们主要负责管理和评议学校的财务报告、掌控学校运行的整体状况以及任命校长；校务委员会则是掌管学校具体财务、资产事务的治理机构，成员包括校外人员、董事会代表、教职工和学生代表。学术委员会的主席是副校长，其主要成员是学校的内部人员，主要负责制定学校的学术发展战略、人才培养政策和教学工作，它要对校务委员会负责。1992年以后成立的新大学治理结构与前两类大学又有区别，其主要机构设置为两类：董事会和学术委员会。其董事会的规模较小，一般包括四类成员，校外人士、指定推选成员、教职工代表和学生代表，其中校外的独立董事要占总成员的一半以上。在实际运作中，他们主要负责制定学校的章程、核准学校的财务报告以及人事聘用等。而学术委员会则只负责学校内部的学术事务，如教学任务、科学研究等，不涉足其他领域。英国的高校治理有明显的特点：政府宏观调控，不直接参与高校的具体事务，赋予学校高度的自治权；中介机构和校外独立人士参与高校评估；注重教师和学生的权力，使得高校的治理主体不仅局限于行政人员。

美国文化的基调是自由、民主和平等,这也是美国高校治理所遵循的原则。因为自由,所以高校的自身发展更加有活力,更加自主;因为自由,高校内部的学术氛围更加浓烈,教授们拥有更加广阔的发挥空间,能够迸发出创新的火花;因为自由,高校不会被外部权力而束缚,内外部的权力制衡也恰到好处。美国有四千多所大学,类型多样,质量参差不齐,但它们在管理组织方面有一定的共同点:美国高校的治理体系主要由董事会、校长和评议会构成。其中,董事会是学校的最高决策机构,负责裁决学校的各项事务,其成员一般由校外的知名人士构成,这些人通常都是教育领域之外的。美国高校的校长更像是一个权力执行者,他负责协调学校的行政事务和学术事务,并执行董事会关于学校事务的决定。评议会则主要负责学术事务的决策,它是代表和保护学校内部教师的决策权力,体现了美国高校"民主治校"的理念。评议会负责全校的学术政策、教学目标、课程设置以及教师的考核等具体事务。综合来看,美国高校的治理具有鲜明的特点:第一,全员共享治理。高校治理结构最主要包括两个方面,内部治理和外部治理。从内部来看,美国高校治理机构的构成成员是以校外人员为主导,教师为代表,这样的组合赋予了教师们在决策高校内部具体事务方面更大的权力,最大限度地保障了教师参与的权力和高校学术自由的基础。从外部来看,美国政府不直接参与学校治理,给予了学校高度的办学自主权,使得其自身发展不受行政干扰。第二,保障学术自由。维护教授学术自主性是美国高校发展的基本条件,教授在学术政策、科研计划、教学计划等方面拥有相当大的自主权,这就保障了高校的教学、科研等职能不会受到行政干扰。

4. 国境外高校治理启示

(1) 学术的自由。

现代大学一直以学术自由为基本的办学理念,它也是高校发展史中所被极力追求的核心价值,是所有学者所追寻的真谛。大学需要学术自由，它是教师和学生在研究、教学和各种学术活动中所享有的自由权，是创新的前提所在。学术自由在美国的大学得到了维护和发展。美国追求自由的文化传统和实用主义的精神为学术自由提供了广泛发挥的空间，例如，它采用外行进入董事会来管理大学的模式，为教授的自主研究提供了相当大的便利空间，使得美国的学术研究始终不受政府、经济等因素的干扰，教师的教学自由和学生的学习自由得到了有效的落实，为学术的发展提供了轻松自由的发展空间。

（2）治理的共享。

在现今的市场经济环境下，大学与企业一样，最终的目标并不只是追求所有者的资本利益最大化，而是多元主体的利益最大化。高校的利益主体就包括了学校的股东、校长、教师、学生、政府、社会等，他们对学校的发展都具有发言权，所以为谋得所有利益主体的权益最大化而出现的多元主体参与治理的模式，是现代高校治理的有效途径。例如，英国的高校赋予了学生、教师以及社会公众参与学校事务的权力，多元主体的共同参与使得高校决策更加有效和均衡，从而推动学校的快速稳定发展。

（3）评估的独立。

"完善的教育评估制度是由政府评估、社会中介评估和学校自我评估三方共同组成的，彼此之间不可替代。"通过对比国际高等教育治理体系不难发现，评估独立也是世界高等教育强国实现外部监督权力相分离的突出特征。评估独立有效保证了政府、高校和社会关系的相互制约，可以尽最大可能的保持评估工作的客观性和公正性，而且各国都依据本国国情制定了相应地评估方式和评估标准。在英国，政府的评估机构有高等教育质量保证机构，国家学位委员会等。在美国，全国性和区域性的评估机构达到了上百家，他们负责对高校的课程、师资、专业力量、教学等方面进行评价，在保证教育质量方面起到了至关重要的作用。日本在1987年成立了大学审议会，是日本国内最具权威的高等教育审议机构。这些评估组织由专业的管理者和研究者组成，有效地保证了认证的专业性和可信度，为社会公众提供了相对准确的高校评价信息，为推动高等教育的发展做出了重要贡献。

（三）高职院校治理能力建设中存在的问题

高职院校治理改革首先需要寻找治理结构与治理机制中存在的问题。当前，高职教育治理中存在的问题成为高职教育治理改革与治理理论研究的实践起点。有研究者认为，我国高职院校治理的特点体现为"行政权力泛化，管理手段集中"。我国政府是高职院校最主要的举办者与管理者，高职院校和政府之间存在着严重的依附关系。体现在办学权方面仍然是以政府计划模式为主，在管理权方面也主要依靠行政手段和行政命令。本研究认为，高职院校治理面临的问题来源于管理主义主导下行政权力越位、法人治理结构制度安排缺位、治理结构建设特色缺乏等方面。

1. 自主办学权落实难

长期以来，我国高职教育发展路径是政策调控的结果，反映了公共行政的实质，当前，我国高职教育需要从政策调控走向依法治理，需要从人治转向法制，由国家权力直接干预转向国家立法规约。政府过度干预造成学校办学自主权不能有效落实，法人产权不健全，领导官员化及决策监督机制缺失等问题。有研究者从国家主义政策的角度提出，"国家主义"是中国职业教育发展的显著体制，国家是职业教育发展的引导者与主导者。当国家干预的合法性异化为过度干预后，国家政策就成为制约高职院校发展的决定性要素。但是，国家主导的高职教育发展政策制定又存在比较明显的缺陷，社会参与程度不高。国家高职教育政策制定的主体是政府，行业企业及其他利益相关者参与程度不高；高职院校内部制度规范制定参照国家及地区政策制定，其参与者主要是学校内部管理者，行业企业等利益相关者有限参与，师生参与度不高。

2. 内部治理结构不合理

我国高职教育出现较晚，发展相对滞后，高等职业教育形成了"范式移植"特性，而忽视了职业教育发展规律的特殊性。我国高职院校的后发性内生性特征，造成其治理结构具有明显的"范式移植"特征，依附于普通高等教育主导的学术教育治理与改革规则中，中等职业学校管理规则依然存在，立足高职教育特殊性的组织改造与创新尚未出现。这些问题集中体现在模仿本科院校内部结构设置相应的机构、划分职责权限、制订相关的规章制度，因循中职（专）学校管理模式的路径依赖及与政府条块管理职能的对应等方面。另外，高职院校内部组织建立起了与政府机关相关部门的对应关系，组织机构形成了条块分割的科层制模式，组织机构的职能相对单一，程序繁杂。此外，高职院校内部治理的行政化现象严重，内部权力失衡，学术权力式微。在行政权力主导的管理体制中，高职院校被赋予了相应的行政级别，按照行政权力的内在逻辑运行，变成了一类准行政组织。在行政化的环境中，行政管理人员成为高职院校治理机制运行的核心要素，在行政权力与学术权力的博弈中处于相对的优势地位，在一定程度上可以说，行政权力决定着学校的一切教学与学术事务。学术人员表达机制被行政化，难以在学校决策中发挥相应作用。这些问题的存在，造成了高职院校治理出现去特色化、过度行政化等问题。

3. 沟通机制缺失

高职院校治理需要多元主体参与，引入市场机制是其治理改革的必然路径，尤其要加强行业企业等市场主体的参与。但是，高职院校办学实践中，高职院校治理所倡导的行业企业参与难以落实。这其中的一个重要问题是，行业企业参与高职院校治理的机制不完善，参与通道尚不顺畅。第一，学校对行业的认同度不高。有研究者通过对高职院校行政人员与教师问卷调查发现，在高职院校的教师和行政人员看来，利益相关者受高职重视程度的先后顺序为：政府或上级主管部门、学生、用人单位、学校行政人员、产学研合作单位、教师、家长、贷款者、社会公众、捐赠者、校友、其他。第二，由于行业企业参与度不够，造成高职院校与行业企业之间的信息不对称。其中最重要原因在于信息沟通机制不健全。根据调查，分别有70.4%的院校和53%的企业认为，"校企之间信息沟通不够"是制约校企合作的首要因素。第三，行业企业在高职院校治理中的定位不明确，尚未成为决策主体之一。这就造成行业企业参与治理乏力，难以真正参与到高职院校的管理决策、专业建设、教学改革及课程设置之中，行业企业诉求难以得到及时有效的回应。第四，行业企业作为高职院校治理过程的自愿参与主体，缺乏参与的积极性，这也与相应激励举措的政策法规缺失有关。这些问题造成高职院校治理中的权力错位，甚至组织的异化。

三、创新高职院校治理能力现代化建设内容

（一）围绕章程建设，推进依法治校

高职院校不断地完善章程，建立健全的权力制衡制度和行为细则，增强监督机构的监管力度，进一步完善高职院校组织内部的自我约束机制，形成完善、清晰、有效的监督和评价体系。学院章程明确了各利益相关主体的权、责、利关系，同时为各利益相关方在院校内部治理过程中为争取最大利益确立了博弈的规则，使得各利益相关主体在规则和权限内更好地发挥职能。哈佛大学前任校长陆登庭认为，"即使现在没有校长，哈佛大学也一样可以正常运转"，这是因为哈佛大学形成以了一种明确的办学理念，一套完整系统的制度和运行机制。这说明了大学章程对于大学内部治理的重要性。

确立章程在高职院校内部治理中的法律地位，有效地推进学院章程的建设，赋予它应有的效力与权威。章程是按照一定的程序，以文本的

形式对大学重大的、基本的事项做出全面规定所形成的规范性文本。因此，对于院校内部治理结构，学院章程不仅对高职院校内的师生有效力，同样对党委和行政组织机构也具有法律效力；对于外部治理结构，学院章程对政府、其他社会组织机构和公民也同样具有一定法律效力。学院章程要明确和完善高校的"党委领导、校长管理、教授治校"的内部治理结构，把院校的治理结构和运行机制建立在制度的基础上，明确规定内部治理和管理体制，为院校构建合理的内部治理结构、自我管理和自我发展做好法律保障。

高等职业院校的章程规定了对高职院校重大的、基本的事项做出基本全面的规定，对于高等职业院校来说，其学院章程的建设在内容上要突出职业教育的特色。高等职业教育与普通高等教育有着本质的区别，在学校章程的建设上，高等职业院校要认清学院的本质，以学院的特色和优势为出发点，优化和完善学院的章程内容，根据学院发展的实际需要，制定学院章程的细则、条款。及时修订学院章程，以发展的眼光，在学院发展过程中不断修改完善章程内容，让学院发展紧紧围绕章程开展，而不是章程滞后于学院发展。因此，修订一部有关学院章程制度建设的章程有了存在的必要性，新制度包括学院章程或其他规章制度更新条件和周期、章程内容规定、起草人员要求及其他相关事项，确保学院章程及规章制度及时更新。

构建合理的治理结构，以学校《章程》为统领，构建以章程为统领的管理制度体系；坚持和完善党委领导下的校长负责制，加强学校自身内部体制改革，使管理重心下移，形成以专家教授为主导的治学体系；完善教代会制度，强化教职工参与学校决策、实行民主管理和民主监督、行使民主权利的机制，完善以教职工生为主体的民主管理和监督体系。完善内部质量保证体系，全面开展教学诊改；完善质量内控机制，内控制度纳入信息化管理；实现教学过程的实时反馈与诊改。

建设完善的运行机制，完善校院两级管理，深化内部管理体制改革，突出院系办学主体地位，调动院系工作主动性，建立责权利相统一、高效运行的工作机制，提高学校办学水平；强化以专业技能和教学能力建设的教学团队、以科研能力和技术服务能力建设的协同创新团队、以管理能力和管理水平建设的管理团队和以服务意识和服务水平建设的服务团队四支队伍建设。制定精细化管理目标，完善精细化管理过程，健全精细化管理制度，落实精细化管理措施。强化精细化管理结果的运用，形成内涵发展的有效管理机制。

（二）推进改革创新，提升学术地位

所谓教授治学是指以教授为代表的教师在学校的教学和科研管理中主导重大决策、制定相关制度和规范、做出教学科研评价，以及决定行管人员的取舍、奖惩、待遇等。教授治学主要以教授委员会的形式开展，其委员的产生以民主选举的方式产生。教授参与高校民主管理是实现其主体地位的基本途径，并且教授治学在近年来越来越受到社会各界的关注和重视。教师参与民主管理，为学校决策者提供一些基层信息，填补了决策者的信息量，有助于决策者思维的开拓，使其对未来的行动设想更丰富，决策更科学。同时，教师参与民主管理，可以增强学校决策的透明度和可信度，克制某一权力过大现象，抑制其负面行为与后果，实现对权力的监督。

目前，大部分的高职院校并没有真正意义上的教授治学，甚至学术委员会存在形式也是以其他形式存在，对于教授治学，一些高校借鉴境外经验采用教授委员会的形式，但也不是普遍现象，加之我国教育法也没有对教授治学做出相应规范，一些高校内并没有真正实现教授治学，对于高职院校来说，更是如此。就调查结果来看，开封市高等职业院校内学术性组织机构附属于行政组织机构，在院校内部治理过程中学术权力并没有得到真正实现，学术权力地位较低。

提升学术权力地位，实现教授治学，要发挥教授委员会在治学中的

突出作用。首先要加强教授委员会的制度建设，为教授治学提供法律保障。目前我国教授委员会制度还处于试点中，各高校对教授委员会成立的制度要求各不相同，对问题的认识和规定也存在一些不统一、不明晰的地方。因此，我国教育部门应该及时总结各高校的经验，找出问题，适时出台教授委员会制度的统一规定；适当地修改我国的教育法律法规，对强化民主管理作出新的规定，允许对高校管理模式多样化进行探索。政府主管部门要下放权力，鼓励高职院校自治，为教授治学提供法律保障。其次要优化教授委员的工作环境，做到加强党政组织机构的学术色彩和淡化学术组织机构的行政色彩，提升党政组织机构的民主管理意识、转变其领导方式，真正实现民主管理。

推进关键领域改革创新，推进人事分配制度改革，探索教师岗位聘用制实行分类管理，以岗位职责任务为核心实行目标管理；改革收入分配制度，探索以岗位绩效工资制为主体，年薪制、项目工资制等多元并存的收入分配体系建设。深化办学体制改革，探索实施专任教师与专业技术人才和高技能人才建设股份合作制工作室或大师工作室，进一步拓宽校企合作领域；形成向双师素质教师倾斜的内部绩效分配方案和行业企业有效参与学院治理的治理结构两项改革成果。

（三）优化机构设置，提高管理效益

调整组织机构设置，实现合理分工，确保部门间合理配合，提高院校管理效率。一要做到精简组织机构，明确部门权责。借鉴新加坡高职院校内部机组机构设置经验，依据自身特点，在党委领导下的校长负责制下，精简行政管理部门，尤其是中层管理部门，明确部门职责界限，明晰各部门人员具体工作与工作内容，做到事事有人办，人人有事做。二要做到纵向部门扁平化，横向部门无界限。纵向部门管理采取垂直化管理，实现下级向上级负责制的管理办法，院长向党委负责，副院长及各系部领导向院长负责，部门领导向系部领导负责，教师向部门领导负责的梯级负责制。横向平行部门间要实现部门无界限，党委组织与行政组织之间、行政部门之间、各系部之间、系部与行政部门之间做到无障碍的合作，打破原有部门间界限，实现各机构、各部门在设施、人员上做到一部门有需要多部门来参与的灵活组合，实现资源优化配置。各利益主体在这种无界限的管理体制下相互配合、监督，在合作式博弈下实现整体利益的同时确保自身利益的自大化。三要做到治理重心下移，实现权力下放。组织机构精简化、纵向管理扁平化，治理重心下移，把学院管理权力下放到部门，上层领导做好统筹规划、引导工作，中层领导实现目标分解、明确分工，基层领导做好带头工作，实现院校内部治理结构中的利益主体权责利具体化，多部门协调合作。

要做到组织机构设置精简化、部门分工合理化，学院章程和部门规章制度是保障。因此，在学院章程建设中要明确规定机构设置层级与宽幅、各级各部门的权责利、责任到人头的条款，以确保院校的工作效率。

（四）优化内部组织，提升治理能力

高等职业院校内部组织结构是学院运转、部门设置及职能规划等最基本的结构依据，院校内部组织结构合理，各职能部门才能目标一致地相互合作并相互制约。优化内部组织结构，更好地实现内部治理目标，首先要明确高职院校内部治理的目的，严格依照高职院校内部治理的原则，调整传统院校内部治理结构及其职能，在横向部门之间要厘清关系、整合机构和精减人员，实现各平行组织间有序分工、密切协作；在纵向组织之间要明确领导与被领导之间的关系，压缩纵向层级数，使信息在纵向传递上做到最快最准确。其次要建立和完善具有职教特色的组织结构，重点健全行业企业参与院校内部治理的组织机构，实现多元主体共同治理、共同育人的办学模式，从而实现各权力方在权、责、利上的协调、配置、制约和平衡。再次要积极促进校企合作的实现，实现学校和企业合作的基层教学组织，积极探索产学研一体、专兼职教师一体的专业教学组织结构；要积极引进符合企业行业的管理标准与流程，实现学校专业与企业岗位、课堂教学与车间实训、学校管理制度与企业行业管理体制机制互通；最后要在政府部门的参与，使政府、企业、学校紧密合作，实现培训基地、课堂教学、校企科研、学校招生和企业招工等的一体化，真正实现学校、企业、政府三方联合的内部治理组织结构，提升高职院校内部治理能力。

（五）改革组织权力，优化管理氛围

实现高职院校管理的民主化和治理的多样化是制约权力滥用的重要途径，要实现行政权力和学术权力的和谐，作为代表广大师生利益的教师代表大会（教代会）和学生代表大会（学代会）为其实现提供了一个沟通协调的平台。《高等学校教职工代表大会暂行条例》第2条规定："高等学校教职工代表大会是教职工群众行使民主权利，民主管理学校的重要形式。"第5条又对教职工代表大会的职权作了进一步的细化，主要内容一是实现民主管理，二是维护教职员工的合法权益。教代会作为高等职业院校内部法定组织机构之一，在高职院校内部治理过程中对治理主体权力、利益、职能间有着相互制约和平衡的作用，在学校与教职员工之间联系与沟通起着重要的桥梁作用。因此，要不断地完善教代会的工作制度，明确教代会工作机构内部管理制度，不断完善教代会代表选举和教代会日常工作程序，积极探索制定教师代表对学校重大事项决策的咨询权与建议权的相关制度，加快教代会自我建设步伐，充分发挥其民主管理、民主监督作用。同时，重视广大学生在院校内部治理中的作用，积极鼓励学生参与到学校管理活动中，充分调动起学生的积极性，使学生在自我管理、班级事务、学校教学、科研、后勤等方面的管理，以及对教师教学能力评价、课程选择等活动中充分行使他们的权力。学生参与院校内部治理，不仅锻炼了学生的能力，而且对学校的内部管理也起到一些良好的作用。

学生参与学校内部治理，也是实现高职院校民主管理的一种形式。广大师生参与学校内部治理，是其作为学校内部利益主体实现其权力的表现。教职工和学生的基层组织权力的实现，也是保障其合法利益得到实现的表现。但是，目前教师员工和学生广泛参与院校内部治理还存在很多的问题和困难，如何改进大学生参与学校内部治理是高职院校应该尽快解决的问题。例如，健全学生参与院校内部治理相关的规章制度，以法律形式保障学生的民主权力；不断深化学校管理体制改革，进一步拓宽学生参与学校管理的范围，让学生真正参与到学校的治理中，使学生的民主权力真正落实；要不断丰富学生参与学校管理的方式方法，既要有正式的会议议案、参与发言、民主投票等，也要有非正式的口号、舆论、榜样影响等形式激发学生参与学校内部治理；辅导员定期与学生和学生家长代表沟通，通过学生家长参与院校内部治理，激发学生参与院校内部治理的积极性。

四、构建高职院校治理能力现代化建设考核评价指标体系

在全面解析目前高职院校治理建设理想目标所包含的要素的同时，针对目前我国高职院校治理建设的状况，从命运共同体角度出发，基于多元共治理论的指引，可将高职院校治理考核评价指标体系分解为内部治理和外部治理两个方面，学校、政府、社会3个一级指标、12个二级指标以及60个三级指标。

（一）高职院校内部治理指标类别

高职院校内部治理既是高职院校治理的平台，也是高职院校治理的关键特征。高职院校内部治理指标具体涵盖办学理念、组织结构、治理制度、治理能力、治理文化等5个方面的具体指标（二级指标），进而分别细分为2个三级指标、3个三级指标、10个三级指标、4个三级指标

以及 2 个三级指标（见表 3-1）。例如，就高职院校内部治理组织结构而言，可通过分工协作的高职院校治理结构、开放共治的高职院校治理结构以及校企深度融合的教学结构来体现与测量。

表 3-1 高职院校考核评价指标体系一览（内部治理部分）

	一级指标	二级指标	三级指标
高职院校治理考核评价指标体系	高职院校内部治理	办学理念	发展定位
			一训三风
		组织结构	分工协作的高职院校治理结构
			开放共治的高职院校治理结构
			校企深度融合的教学结构
		治理制度	学校章程
			党政管理制度
			教学管理制度
			学生管理制度
			财务资产管理制度
			科研管理制度
			审计管理制度
			后勤管理制度
			安全管理制度
			其他相关制度
		治理能力	治理形成能力
			治理实施能力
			治理调适能力
			治理学习和创新能力
		治理文化	产业文化与高职院校文化相结合
			企业文化与高职院校文化相结合

（二）政府治理指标类别

政府治理既是高职院校治理的核心，也是高职院校治理外部环境营造的决定者。政府治理指标具体涵盖优质教育资源、院校办学活力、技术技能积累以及质量保障机制等 4 个方面的具体指标（二级指标），并进而分别细分为 6 个三级指标、7 个三级指标、5 个三级指标以及 6 个三级指标（见表 3-2）。例如就优质教育资源而言，可通过专业建设水平、境外优质资源利用、信息技术应用、高等职业教育结构、区域协调发展以及职业教育集团化来体现与测量。

表 3-2　高职院校考核评价指标体系一览（外部政府治理部分）

一级指标	一级指标	二级指标	三级指标
院校治理考核评价指标体系	政府治理	优质教育资源	专业建设水平
			境外优质资源利用
			信息技术应用
			高等职业教育结构
			区域协调发展
			职业教育集团化
		院校办学活力	分类考试招生
			学分积累与转换制度
			混合所有制办学
			行业参与职业教育程度
			企业办学主体作用
			高职院校办学自主权
			社区教育
		技术技能积累	服务中国制造 2025
			服务"一带一路"
			校企合作发展
			职业教育国际影响
			文化传承与传播
		质量保障机制	缴费保障水平
			院校治理结构
			质量年度报告
			诊断改进制度
			高职院校教师管理
			相关理论研究

（三）社会治理指标类别

社会治理既是高职院校治理的关键，也是决定高职院校命运共同体成败的关键因素。社会治理指标具体涵盖人才质量培养、运行机制建设以及机构办学活力等3个方面的具体指标（二级指标），并进而将其分别细分7个三级指标、4个三级指标、4个三级指标（见表3-3）。例如就人才质量培养而言，可通过人才培养模式、教育质量评价、知识共享、协同创新、生产实训、专业课程以及"双师型"教师培养来体现与测量。

表3-3 高职院校考核评价指标体系一览（外部社会治理部分）

一级指标	二级指标	三级指标
高职院校治理考核评价指标体系	社会治理	
	人才质量培养	人才培养模式
		教育质量评价
		知识共享
		协同创新
		生产实训
		专业课程
		"双师型"教师培养
	运行机制建设	技术技能积累机制
		职业教育投入机制
		职业教育服务社区机制
		职业教育区域合作机制
	机构办学活力	董事会（理事会）
		职教集团
		专业指导委员会
		社区与高职院校联席会

需要注意的是，在执行高职院校治理考核评价指标体系时，不能对高职院校治理考核评价主体中的高职院校、社会戴"有色眼镜"，而应努力构建动态平衡的高职院校治理考核评价主体体系；针对高职院校、政府与社会在高职院校治理考核评价中侧重点有所差异的事实，要避免考核评价对象同质化现象的发生，保障高职院校、政府与社会考核评价特

色化；针对当前高职院校治理考核评价体系尚处在初级阶段的事实，在"有条件"吸收国内外考核评价体系"营养"的同时，还应结合我国各个地区各个行业的实际需求，创新我国高职院校治理考核评价指标体系，完善我国高职院校治理考核评价方法。必须注意的是，本研究所初步探讨的高职院校考核评价指标体系具有开放性、动态性以及原则性。在未来的高职院校治理进程中，应不断进行系统优化与及时补充，使其权重体系与指标体系科学合理，从而使我国高职院校治理考核评价指标体系与时俱进。

五、小结

治理是高职院校管理的着力点与落脚点，高职院校治理状况如何，将决定着高职院校能否健康可持续发展。目前，搞好高职院校治理，需关注高职院校管理性质向高职院校治理转变这个客观事实。高职院校治理在高职院校的健康可持续发展以及满足社会经济发展需求方面承担着重要角色，提升高职院校的现代化治理水平不仅是高职院校的应有之义，也是在国家"优质校"建设引领下，适应"中国制造2025"发展战略与"一带一路"倡议的必然要求。高职院校存在法治思维不足、管理制度不完善、管理方式生硬等问题，离学校治理能力现代化还存在较大差距。本研究以"优质校"建设为引领，推进章程建设，实现依法治校，构建适应高职院校治理能力现代化建设的治理结构，建设以"完善校院两级管理"、"四支队伍建设"和"精细化管理"为主要内容的运行保障机制；调整组织机构设置，实现合理分工；提升学术组织机构地位，推进高职院校人事分配制度、办学体制等关键领域改革创新；重视基层组织权力，营造良好的民主管理氛围；优化内部组织结构，提升治理能力。以多元共治为价值指向来构建高职院校治理考核评价指标体系，为高职院校治理提供切实可行的行动路线图，对我国现代职教体系的构建起到促进作用。

第四章 高职院校治理结构优化研究

从1985年《中共中央关于教育体制改革的决定》颁布开始，我国高等教育已经持续了近40年改革发展历程。2014年，国家教育体制改革领导小组为贯彻落实中共十八届三中全会关于扩大学校办学自主权、完善高校内部治理结构的部署，提出要加快转变政府职能，进一步明确政府和高校在管理职权和权利义务方面的界限和规定，明确办学主体即高校、支持监督靠社会、宏观管理归政府的三元格局。2015年11月，国务院《统筹推进世界一流大学和一流学科建设总体方案》（以下简称《方案》）提出了明确的高校治理结构完善方向，提出以章程为统领和依据，以学术委员会为学术管理体系和组织架构的核心，以师生代表为学校民主决策、民主管理、民主监督的主体。因此，在深化综合改革、简政放权的背景趋势下，高校通过优化内部治理结构以提升自主办学治校能力、做好权力承接与良好有序运作显得尤为重要，要努力实现"政府宏观管理，高校自主办学，社会广泛参与"的高等教育治理格局。《国家中长期教育改革和发展规划纲要（2010-2020年）》提出"完善中国特色现代大学制度，完善大学治理结构，深化校内管理体制改革"的制度创新目标。目前，在我国高等教育改革进入深水区和攻坚期的形势下，综合考虑经济社会发展对高等教育的需求和影响，对高等教育全面深化改革做出全局性和基础性改革设计。为此，需要用全局意识和全球视野来认识改革，用系统思维、普遍联系的观点来做好改革顶层设计，更需要打破常规，对高等教育进行改革。2020年之前，我国的高等教育改革要深入到高校自主办学和学术自由的层面，如果高校内部治理结构无法实现从行政取向到学术取向的转型，那么我国高等教育去行政化的改革目标将无法完成，我们的大学也依旧培养不出杰出人才。高校内部治理结构作为高校改革的切入点，显然已经成为理论界和实践界的共识。

在现代大学制度中，高校治理结构制度处于核心地位，它是针对高校内外部各个权力主体之间的决策权配置的制度设计。高职院校制度属于现代大学制度的范畴，作为大学的一个特殊类型，现代高职院校制度是体现高等职业教育特点的现代大学制度。高等学校内部治理结构的实质是高校适应现代社会复杂环境、提高治理水平的运行机制，利益相关主体在遵循内部发展逻辑和契合外部环境的互动博弈中实现力量平衡。单就参与治理的主体权力本身来看，就存在着政治权力强化、行政权利泛化、学术权力异化和民主权力虚化等一系列问题，由此造成高校政治权力与行政权力的绝对领导地位，相应的以学术权力为代表的符合新时代高校治理精神的权力主体却被退到了次要的位置。面对国家提出的"双高校"建设任务，无论是社会期许还是高校自身发展需求，都呼吁高等职业院校对内外部权力的位序进行重新划分，在高校建立一整套利益平衡机制。实际上，我国高校在完善内部治理结构方面已经进行了诸多积极有益的探索，为进一步探索优化高校内部治理结构奠定了基础。然而当前大多数高校内部改革进程缓慢，并没有真正触及高等教育的核心问题以及长期形成的教育管理体制的弊端，普遍表现为深化改革的文本要求和表面形式多、行动落实和可持续性举措少，内部治理结构效率低下。如何通过完善高等职业院校的内部治理结构，探索出一条既符合高等教育发展规律又兼顾国情的中国化道路，构建有利于我国高职院校发展的长效治理机制，成为增强高校自主办学治校能力、推进现代大学制度建设的关键。

一、研究概况

(一) 研究现状与进展

1. 国内研究进展

(1) 高校内部治理主体研究。

关于大学行政权力的主体。别敦荣（2000）总结国内学术界对高校行政管理的定义，即把行政管理作为一种特定的管理方式和机制，指代高等学校中以校长为首的一整套学校管理系统及其所具有的管理职能和所从事的各种管理活动，以及在政府与学校的关系上，政府采用直接的指令性手段处理学校有关事务，呈现出科层制的特征。关于行使党的权力的党组织、行使学生权利的学生以及校外治理主体。田宗远（2009）认为，基层党组织作为行使权力的主体，其管理的权限主要包括：总揽学校改革与发展的大局，统一领导学校的工作；对学校工作负有领导责任、决策责任，校长是党委集体领导的成员。除了对大学治理结构内主体的界定，尹晓敏（2010）认为，作为一种利益相关者的组织，大学的各利益相关者作为大学社会责任的指向，都有一定的资格参与大学治理，共同决定大学的事务，并据此论证了政府、学生、教授、校长以及社会人士介入的必要性与可行性。

(2) 高校内部治理制度研究。

高校治理结构作为现代大学制度的基石，不仅是大学治理制度设计的着眼点，也是区分不同国家、不同大学治理模式的关键。对界定大学治理结构的内涵。卢小珠（2004）认为，大学治理结构的内涵即在于治理权在不同主体之间的分配格局；此外，大学内部的结构设置、人员安排、人员互动关系也属于大学治理的一部分。郭平（2013）认为，大学内部治理结构在治理过程中对利益相关者之间决策权的行使和利益配置发挥着重要作用，能够协调利益，合理划定校、院、系权责，使管理重心下移,建立各利益主体之间的"制衡"关系,即大学的决策机构、执行机构和监督机构相互制约。袁广林(2015)强调,要明确行政权力角色定位,以制度规范制约行政权力运行,促使其回归服务大学学术发展的本位。国内对国外现代大学的内部治理结构的总结分析,如郭平将国外大学内部治理结构分为三类:一是美洲大学内部治理结构模式;二是欧洲大学内部治理结构模式;三是以日本为代表的体现校内外结合的权力机构治理模式。

(3)高校内部治理环境研究。

关于高校内部治理环境的研究,主要集中在内部权力的配置方面,此外,人口变化、政策引导、经济全球化、科技迅速发展、竞争市场化、学术管理专业化等外部环境对大学治理机构的构建也是研究的主要内容。在政府与高校的关系层面。林荣日(2007)在《制度变迁中的权力博弈——以转型期中国高等教育制度为研究重点》一书中提到,我国高等教育制度变迁和创新的最终目标是要理顺五层关系——其中理顺中央与地方以及政府与高校这两层关系,既是理顺其他各层关系的核心,也是高等教育体制改革的难点与重点。王刚(2006)认为,现代政府已经涉及社会的方方面面,所以当务之急并不是彻底将政府剥离高校的治理,而是应该平衡政府与高校的关系,既不完全失去控制又能给予一定的自治权力。在社会组织与高校的关系层面。夏义坤(2006)探讨社会组织对高等教育的影响。社会组织是一种介于政府和企业之间的非政府、非企业组织,它是代表社会公众利益、不以营利为目的的专业性、独立性、中立性的合法组织。在一定程度上,社会组织在价值属性上体现为相对于国家的自治特征,可以免受国家与市场的干预,它的这种特征对于高等教育的公平与多元化发展具有重要意义。

2. 国外研究进展

（1）高校内部治理主体研究。

国外对高校内部治理主体的研究主要集中于对教师参与主体的研究。McCormick 和 Meiners（1988）基于 1971 年对美国大学教授协会会员的问卷调研数据对教师参与决策与大学绩效问题进行了实证研究。研究认为，教师会在"教师评价"、"研究计划"以及"课程设置"等方面给予行政人员有价值的帮助和建议。此后，Brown 运用与 MC Cormick 和 Meiners 相同的数据，进一步将高校决策划分为不同的类型，对教师参与高校治理与高校绩效的关系进行了验证。与 Brown 的研究类似，Kaplan 通过对调研数据的分析，认为在许多高校里，教师似乎在治理中扮演了一个重要的角色，而且他们的参与受到了重视，几乎没有行政人员认为教师的参与对有效的治理结构构成明显的障碍。Merschen（2007）的观点与 Brown 相似。Johnstan（2003）也分析了教师参与治理对于高校治理的意义。Shat-tock（2006）以英国高校治理问题为着眼点，探讨了教师、学生、校长、校外人员、政府以及公众和媒体等对高校治理的参与问题。综合以上分析可知，国外研究倾向于认为，适当合理地保证教师与学生对学校事务，无论是学术事务还是行政事务的参与，对于优化学校的治理结构与运作机制可以产生有益的影响；外部团体，包括政府、公众、媒体等主体的参与可以对大学内部治理机构的完善与运作起到监督的作用。

（2）高校内部治理制度研究。

在高校内部治理制度研究方面，Dearlove（2002）诠释了作为高校治理结构的评议会的功能，认为评议会是做出学术决策的重要场所，但是评议会并非一个包括所有学者在内的平等的机构。Ehrenberg（2004）审视了美国高校中的董事会治理问题，探讨了高校董事会成员的遴选范围和方法等。在各国学术权力体制或变迁的国别研究方面，较有代表性的成果有伯顿·克拉克（1977）和加拿大学者 Murray G. Ross（1972），克拉克对意大利高等教育系统中的学术权力进行了描述。Murray G.Ross 详细地描述了多伦多大学在学校管理体制上所进行的"激进"改革,以及这种改革的相应背景和具体过程,并对改革提出了含批评性意见。西方学界对学术权力的国别研究表明,尽管西方国家的高等教育系统大多有学术本位、学术自由的历史传统,但因政治、经济及社会各种因素的影响,不同的国家在学术权力的制度安排及现实变化等方面仍存在着不尽相同的地方。在比较教育研究领域方面,最有代表性的研究成果是约翰·范德格拉夫等,他们的论著从制度层面对联邦德国、意大利、法国、瑞典、英国、美国和日本七个发达国家高等教育系统中的学术权力进行了描述、概括和比较,提出了一些有关学术权力的新概念、新观点和新论断。此外,美国学者 Tedl. K. Youn 和 Patricia B. Murphy（1997）在其合著的《高等教育组织研究》中从组织结构的起源、理论模式、组织文化、学术组织中的权力问题、组织机构中的决策机构以及组织结构的变革等几个方面来描述高等教育组织结构,对各国高等教育组织变革具有重要的指导意义。

（3）高校内部治理环境研究。

对高校内部治理环境的研究,除对高校治理结构内部人员构成与权责关系设计、高校内部文化氛围及领导能力、信任关系等高校治理的内部结构性因素进行探究之外,国家权力、非营利组织、外部团体（如大学教授协会）以及社会因素亦是研究关注的重点,在高校治理结构与市场化的关系层面上,美国学者 Gary Rhoades（2011）指出在美国高等教育市场化的进程中,新经济体系中的学术资本主义模式作为一种新的管理模式、新的（学术）生产方式和新的文化体系,将深刻地改变美国高校中传统的共治结构。

纵观国外的研究内容,高校治理,并非西方国家研究的重要内容。其在实践层面,西方国家现代大学制度非常成熟,有效且适合国情的治理结构早已成为其大学系统运行的实际状态和基本规范。即便在某些国家，因大学体系的多样化等客观因素的影响，仍有学者在现实问题的触动下研究治理结构的局部完善问题，但无论是其研究对象的实质还是其问题的制度背景，都同当下我国在构建治理结构时存在的问题的实质和语境存在着重大的差异。因此，尽管有部分学理性的研究成果可供我们借用以提高对治理结构内在逻辑与规律的认知，但国外学界这一领域的研究成果，总体上对我国而言仅有借鉴和参考的价值，而无直接运用以解决现实问题的效用。

（二）基本概念

1. 相关概念

（1）高职院校管理与高职院校治理。

在周三多的《管理学》一书中有管理的定义：管理即组织为了实现个体难以实现的目标，借助不同形式的职能活动，科学分配与调度资源的全部过程。管理是一种基础性的实践活动，而治理是为了应对20世纪70年代政府管理不作为的问题，治理机制属于对管理模式的积极补充，在进入到20世纪80年以后才逐渐进入人们视野。由此推断管理是早于治理产生的，世界治理委员会组织于1995年在《全球伙伴关系》的文件中指出："治理是个人组织或者公共机构、私人机构等共同对特定事物进行管理和控制的不同方式的相加之和，其能够让多元利益在矛盾状态下实现妥协，从而维持后续合作稳定的过程"，这说明了相比管理的由上至下的单向路径，治理是双向的，同时它也是一个连续的行为。高职院校"管理"和"治理"尽管只相差一个字，但其内涵却有很大区别。

（2）高职院校治理结构。

高校治理是指所有关涉高校发展的利益相关主体参与高校内部事务的决策机制及其过程，而对不同治理主体之间的矛盾冲突、利益博弈进行规范与协调的现实载体和决策机构或者说管理机制与模式则是本书的研究主题，即高校的治理结构。高职院校的治理结构包括外部治理结构和内部治理结构两个方面。外部治理结构主要指高职院校与政府、行业企业、社会的关系；内部治理结构主要指高职院校内部各个利益相关者之间的关系。高职院校治理结构以"权力"的合理配置与运行为核心。

高校外部权力是指当前阶段影响高校发展的外部权力主体包括政府、董事会、媒体、市场主体、社会组织等在内的、与大学产生互动并通过一定的议程设置影响校内事务的组织或个人的权力。在我国现有的教育管理体制之下，学校与政府，包括教育主管部门、非教育主管部门的关系，甚至是中央政府和地方政府的权力配置，都直接影响着学校内部治理结构的优化与否。

高职院校内部治理结构主要存在政治权力、行政权力、学术权力和民主权力。具体而言，高职院校的政治权力就是"从价值、信仰与国家治理角度确定高校性质与管理权力，它是政府及社会的代理人体现为党委领导下的校长负责制制度设计"；行政权力主要以国家法律法规为依据，高职院校根据实际制定内部制度影响支配院校成员和组织机构，使学校办学目标得以实现的一种权力；学术权力主要指高职院校中专门从事教学科研的专业技术人员所运用和控制的权力，主要目标是保证高职院校学术标准的贯彻以及学术人员基本权益的实现，确保学校科学发展；民主权力主要指教师和学生根据国家教育法律法规和高职院校内部制度所赋予的，对学校未来发展规划和师生员工切身利益所拥有的民主管理、咨询、监督的权力。

2. 理论基础

（1）利益相关者。

利益相关者力理论了从 20 世纪 60 年代后逐渐在一些欧美国家开始发展起来，进入 20 世纪 80 年代以后其影响不断增加，同时对英美等为代表的国家的企业治理问题产生了实际性的作用，另外这一过程也让企业治理模式逐渐变化。"利益相关者"的概念在首次进入公众视野时，还要会回到20世纪80年代的中期。在这一时期，研究人员弗里曼发表了《利益相关者管理分析》的文章，同时对于这一概念进行阐述，并提出了相关的理论内容。该理论主要研究的是公司的经营管理人员为了协调不同方的利益，从而展开的一系列管理活动与行为。与传统的股东至上主义相比较，这种理论观点提出任意企业的发展都离不开各利益相关者的投入或参与，公司努力追求的是利益相关者的多方面利益，而不是简单的某些群体的利益。放到学校的管理层面上，需要高度调动各方的参与积极性，比如教师人员、在校学生以及管理者等。利益相关者参与学校管理不但是学校的民主性使然，同时也对完善学校内部结构，降低管理成本，改善外部环境起到了积极作用。

（2）ASD理论。

系统动力理论即ASD理论，是指"行动者－系统－动力学理论"（Agency-Stmcture-Dynamics，ASD），最早应用在20世纪70年代早期的社会系统分析中，主要关注和研究的是社会系统的变迁与优化问题。该理论认为，系统变迁的动力来源于能动的行动主体、多主体间互动与发生关系的规则以及开放系统所处的社会和物质环境，简而言之，系统变迁的动力包括行动主体、规则设计与所处环境三个方面。该理论具有两个重要的特征：第一，在回应系统理论在社会科学特别是社会学中被严厉批评的事实的基础上，实现了"将人类行动者拉回到分析场景"。第二，该理论认为，有必要将人类行动者建构为富有创造性的变革力量。在ASD理论中，从一开始人类行动者就明显具有创造性，同时也是道义行动者。他们能自我反省，能有意识地进行自我组织。他们可以选择与特定社会系统的标准、价值观和社会结构有关的偏离、反对或者富有创造性甚至革命性的行动方式，他们就是在这个特定社会系统中采取行动并在行动中相互作用和相互影响。

（3）组织管理理论。

组织管理理论主要指的是现代组织管理理论。该理论主要分析的是管理组织的结构、职能和原则。产生于19世纪末20世纪初。前期的主要代表是法约尔、韦伯等，后期的主要代表是厄威克等。主要经历了3个发展阶段：古典管理理论，科学管理理论，以及最新的现代组织管理理论。其中最后一个理论的产生时间为20世纪的中级阶段，学派甚多，主要有以美国C·I巴纳德等学者为典型的社会系统论、H·A·西蒙为典型的决策理论，以及以E·S·巴法为代表的管理科学理论等等。这些研究人员将组织视为一个系统，而为了达到组织的目标必须将内部不同子系统进行高度连接，创建高度理想的有机联系。他们认为组织由目标、人员、结构及技术组成，具体到学院的二级管理之中，目标即为人才培养、科学实验、公共服务等，涉及的人员含有学生、教师、行政后勤人员，技术包括教学方法及教学设施等，结构则为组织结构、治理结构。借助现代组织管理理论可以有效实现学校各子系统要素的整合，对地方高职院校内部治理结构有指导和借鉴意义。

（4）系统管理理论。

美籍奥地利人、理论生物学家L.V.贝塔朗菲在1932年提出"开放系统理论"，奠定了系统论的基础。根据这种理论观点，构成整体、互相关联、动态平衡性、时序性等是全部系统等存在的一些重要特征。这些既是系统所具有的基本思想观点，而且它也是系统方法的基本原则。该理论的重要思想为强调整体观点，提出集体都是通过一定数目的子系统形成的，是基于子系统而创建形成的完整的系统。学校可视为一个整体，而院校下面的院系，同样可视为一个整体，是学校的子系统，院系的各个构成部分可视为院系下面更小的系统。对于高职院校的工作而言，需要明确系统与整体的观点，实行合理组合－环境适应－整体优化的思路，合理组合以达到组合有序和聚合，有效实现整体目标。环境适应则是强调大学始终处于社会大环境之中，学校与外部环境产生不断的交流。整体优化则是要求治理者在治理过程中，以学校的整体目标为目标，科学对待整体和局部之间涉及的一些问题。

二、高职院校治理结构现状

(一) 高职院校治理结构发展现状

1. 制定大学章程，打下治理结构基础

大学章程作为指导和规范学校各项工作的"宪章"，是高校依法治校的规范前提，一方面明确了学校与政府和社会的关系，另一方面确定了学校内部的治理结构有助于保障师生员工的权益，让高校自主管理有"章"可循，形成自我发展、自我约束的机制，进而保障学校管理的民主化和科学化。大学章程明确规定高校是提供教学和研究条件的高等教育组织，培育的对象是学生，主要任务是科学研究，以学科的分类为运行机制，涉及学校领导、教师、学生、学生家长以至就业单位等多方利益群体。自教育部于2001年11月颁布《高等学校章程制定暂行办法》〔第31号令〕和2013年9月发布《中央部委所属高等学校章程建设行动计划（2013、2015年）》以来，高校已经基本完成并核准了章程制定计划。这项改革措施的施行彰显出国家在推动高等教育机制改革、完善大学制度方面的积极探索，彰显学术权力，提高教职工和学生的民主参与权力，探索监督形式多样化，实现了管理模式创新。

2. 推进结构改革，扩展民主参与渠道

近年来，随着教育体制改革的不断深入，高校办学自主权不断扩大，民主管理的内容和方式也更加丰富，主要包括：一是，成立各种形式的委员会，包括校（院）务委员会、学术委员会、职称评定委员会等，以参与主体的广泛性带动学校管理的民主性。如复旦大学、上海交通大学等高校设立了由师生代表组成的发展与规划委员会、学生工作指导委员会等专门工作委员会，参与学校长远发展、学生培养指导等重大事项决策，并就有关重大问题提出咨询意见和建议。二是，发挥教职工代表大会民主管理、民主监督的作用。建立以教师为主体的教代会制度是具有

广泛群众基础的高校民主管理的基本形式,也是广大教职工行使其民主权力、进行民主管理的主渠道。部分高校不断探索落实教代会在治理中的权力与责任,不断完善教代会制度,落实教代会职权。对涉及院(系)改革发展重大事项和教职工聘任、考核、奖惩、分配等重大问题进行审议,教职工参与基层民主管理和监督的积极性不断增强。三是,建立与完善学生代表大会制度。广大学生学习、生活在校内,对学校的情况比较了解,所以要办好学校,认真听取学生们的意见和呼声亦很重要。

(二) 高职院校治理结构存在问题

1.组织结构设置不合理

高职院校内部组织机构不合理,严重影响了学习治理能力的提升。具体表现在,机构设置的不合理方面。长期以来,我国高等院校按计划经济模式办学,其办学经费来自国家财政,高校机构虽曾数度缩减,但还是以反复膨胀而告终。20世纪90年代以来,随着高职院校办学规模增长,导致高校内部机构设置日益复杂。我国高校目前实行的是校、院、系三级直线职能型治理模式,这种以等级性、秩序性为鲜明特征的治理结构便于学校统一领导,然而自上而下的权力体系使得行政部门成为权力的最高层,直接促使我国高校行政权力泛化。倒三角形的权力结构使得院系权力小、责任大。我国高职行政部门的个数一般都有20—30个,远远要高于学术机构数量,由于缺乏整体优化,各高职院校的组织机构设置存在重眼前、轻长远的现象。设立的组织机构更多是从学校微观运行层面出发的,有些管理机构岗位设置也比较随意,缺乏必要论证,甚至出现因人设岗的现象,造成机构臃肿。同时,存在高职院校的岗位职责不明确现象。不少高职院校行政组织、教辅组织、教学组织等岗位存在职责不清、条块分割严重、分工不合理、职责与权力配置错位等现象。此外,组织机构层级过多也同样影响了高校的治理提升推进。在高校内部都是严格按照等级发布行政命令,一般要经过学校-中层单位-二级学院（系部）等多个层级，管理层级过度科层化，层级过多，管理效率低下。同时，还存在受人为理念所限。影响学校组织机构设置的人为因素有学校领导的综合治理，校级领导班子的和谐程度、年龄结构、干事创业的激情，中层干部的执行力与责任心等。

2. 学术权力和行政权力失衡

行政权力和学术权力是高职院校实施管理的两种最基本手段。在高校的治理结构中，政治力量与行政力量占据了结构中的第一阶层，即党委书记和校长作为学校负责人对学校所有事宜进行统筹，而本应与其平等的学术权力却被边缘化，进入权力的第二阶层。部分高校由校长兼任学术委员会的主任，教学院长和教务处、科技处等部处负责人也兼任学术委员会的委员，这种行政参与领导、干涉学术发展的做法极大剥夺了学术权力的自主性。在实践中，行政权力过大，学术权力式微是高职院校存在的普遍矛盾。高职院校的行政化作为一项传统由来已久，并且行政化倾向愈演愈烈。行政人员掌握着学校的人、财、物等各种资源，用行政的思维和手段解决教学、学术问题。而教授、专业骨干（带头人）以及行业企业专家在高职院校治理中却没有充分的话语权，未能发挥其应有的作用。学校各级领导和行政机构都有相应的行政职务，使得学术权力相对于行政权力而言处于从属地位，高职院校很多领域中都出现了行政权力主导甚至代替学术权力的现象，少数行政领导不仅对学校各项重大事务具有决定权，而且对学术事务也具有决定权，造成了对教师为主体的学术权力的严重伤害，并且从发展趋势上来看学术权力的弱化还在进一步加强，这种状况不利于高职院校按照教育规律进行办学。

3. 政治权力与行政权界限模糊

我国高职院校法人治理结构是党委领导下的校长负责制，它具体表现为以书记为首的党委组织和以校长为首的行政组织。我国《高等教育法》对党委权力和校长权力做出了明确规定，现行高职院校领导体制是党委领导下的校长负责制，校长作为"高等学校的法定代表人"（自然包括高职院校事业单位的法人代表），是全面负责学校工作的第一责任人。这种规定在一定程度上确保了党对高职院校的政治领导和正确的办学方向，但由于规定是宏观性、原则性的，并不具体，导致政治权力与行政权力之间的权责关系并不明晰，使得党委"全面领导"和"校长全面负责"给师生造成两个"一把手"的困惑，这也是高职院校党政矛盾、多头领导、互相推诿等问题产生的重要原因。党委领导下的校长负责制在一些高职院校的实际应用中，演变成了党委书记决策校长担责的一种尴尬局面，造成了党委领导与校长负责的界限混淆与模糊不清，以党代政、政校不分的局面导致了很多高职院校在治理上呈现出运转不畅的状态。校一级行政权力与决策权力的模糊在院系级和其他内设机构中得到了传承、复制和放大，职能交叉、权责不明、多头管理、无人负责的现象屡屡出现，决策领域中行政与党务系统的不协调不仅造成了管理混乱、效率低下，而且还严重浪费了学校资源，致使相关政策不能得到很好的贯彻落实

4. 民主参与监督权缺失严重

高职院校的民主管理和民主监督是我国基层民主政治建设的重要组成部分。高职院校治理机制中民主参与管理权是体现民主权利，保护学生、教职工合法权益的重要途径。《中华人民共和国高等教育法》规定了教职工代表大会是教职工参与民主管理和监督的基本形式之一。但目前来看，教职工民主参与和监督的制度不健全、渠道不畅通，民主参与和监督的权力基本上流于形式，教职工民主参与和监督意识淡薄。很多高职院校的教职工代表大会作用非常有限，其监督作用已沦为一种形式上的监督，而缺乏实质内容和相应的效力，教职工代表大会的人员构成很多都具有教师和管理者的双重身份，使得教职工的意志很容易在形式上和程序上转变为校级领导的意志，因此很多时候因人数比例限制教职工

的意见而不能在程序上上升为教职工代表大会的意见，因而相应的监督力度实际上非常微弱。学生也是高职院校的主体（主人翁），对于学生来说，其主要的参与权应该体现在学校对其行使自主管理权时所具有的陈述、申辩、告知等权利，以及学生对学校管理工作的参与监督的权力。但在实践中，大多数学校仅仅把学生当作教育和管理的对象，将学生定位为"教育消费者"，学生的"主人"地位始终没有确立，学生对学校工作没有话语权。而学生会作为学生自治的组织其人员流动频率非常快，代表聚集的机会又少，因而就很难形成涉及学校事务的一致性意见，因而其履行职能的能力也很弱，对学校相关事务的监督也就无从谈起。

5. 企业行业参与共治缺失严重

高等职业院校的办学从来都不是独立于社会的，而是与社会各种组织、机构密切相关的，除了政府以外，还包括企业、行会、工会等机构。高职院校是一个利益相关者共同治理的社会组织，行业、企业作为高职院校合作者，引入行业企业参与是高职教育办学特色的重要标志。随着校企合作的不断深入，尤其是在大力提倡"四合""四共"下，企业参与高职院校的管理是十分重要的。但是，目前，高职教育校企合作机制不完善，基本流于形式，行业企业参与高职院校治理并未落到实处，企业主要限于为高职生提供实习实训岗位，而没有能真正地参与到高职院校决策、管理以及课程教学改革之中，并未发挥出高职院校治理结构中的核心利益相关者的积极作用，在高职院校治理结构中依然没有话语权。主要原因除了政府相关校企合作的规章制度缺位外，还与高职院校内部治理结构有关。现行高职院校内部的机构设置基本上沿袭政府部门以及本科高校内部的部门设置模式，体现校企合作办学、产教结合的特性不明显，使得行业企业参与高职院校治理缺乏强有力的组织保证。行业企业不能以举办者身份深层次参与公立高职院校治理，目前国家还未能出台推动行业企业参股公立高职院校的制度安排。

6. 内部制度保障不足

"治理体系是一个制度体系，现代国家的治理体系是一个有机的、协调的、动态的和整体的制度运行系统。"章程是高职院校治理的顶层设计，然而，当前高职院校自身的章程建设缓慢，比较滞后。特别是章程的内容涉及办学自主权和利益格局的博弈，许多高职院校视其为"禁区"，习惯了政府主导的管控模式，办学自主权意识不强。同时，与章程配套的内部制度体系，如绩效考核、激励机制内部分配等相关制度不健全、不配套，制度建设薄弱，导致高职院校内部治理结构整体优化不足、重叠交叉、界限不清、随意设岗、职责不明等现象严重，与高职院校的宏观发展不匹配。由于缺乏制度的指导和约束，高职院校组织机构设置随意性较强。有些院校随意增加行政岗位，出现各种"因人设岗""因人撤岗""因僧设庙""官多兵少"的怪现象，高职院校治理中的不作为、乱作为现象还在一定程度存在。

（三）高职院校内部治理结构优化的要求

建设现代大学制度，要求高职院校从更好地服务人才培养、科学研究等组织目标出发，完善治理结构，通过一系列制度安排，让治理主体到（归）位，理顺关系，回归学术组织本性。

1. 治理主体多元化

在市场经济环境下，政府、行业企业、师生等都是高职院校的利益相关者。在重构高职院校治理结构中，一方面要创新办学机制，积极引入行业企业参与学校办学，在学校重大决策中，赋予行业企业一定的决策权；另一方面要完善制度，明确行业企业的办学主体地位、党委与行政的关系、学术与行政之间的关系、学校与二级院系的关系，提高多元主体参与高职院校治理的积极性，形成治理合力。

2. 彰显学术组织特性

高职院校以人才培养和科学研究为根本任务，具有鲜明的学术组织特征。高职院校治理机构优化，要坚持学术自治和学术自由的原则，坚持教授治学。在组织治理结构中，学术权力应处于主体地位，行政权力应处于服务教学和学术发展的保障性位置。

3. 提升综合管理绩效

任何改革都是以提高绩效为目的的。高职院校治理绩效既反映在人才培养质量、专业服务产业水平、科学研究能力和产教融合程度上，又反映在高职院校内部治理进程中各组成部分的高效合作、良性运行与协同创新上。因此，高职院校要通过内部治理结构优化，完善提升规章制度，通过一系列科学的制度安全，实现组织内部各机构和谐统一，确保决策科学、政令畅通、执行高效。

（四）部分高职院校内部治理结构建设案例借鉴

1. 发达地区高职院校内部治理结构案例

就欧洲高职院校的校长集权治理模式而言，其中最为典型的是英法德三国的高职教育，在欧洲处于领先地位。三国的高职院校内部治理都体现了校长集权的鲜明特点，在校长集权治理模式下，校长是最高行政负责人，以校长为首的行政系统对学校负责进行全面管理，校长同时也是最高决策机构的负责人，集行政权、决策权、学术权三大权力于一身。德国采用的是由政府担当大学的举办者、实现教授治学的既接受国家政策指导又能实现法律框架内完全的学术自由的治理结构。由此可以看出，政府和教授在德国高校的治理中具有重要的影响力，即实现了本研究中提出的主体代表性。就美国高职院校的董事会授权治理模式而言。美国高校实行典型的兼具全面性和代表性的主体治理模式，具体来讲就是在学校的治理中尽可能全面涵盖所有相关利益群体并体现他们的利益，主要包括地方政府、董事会、校长、行政人员、教师、学生以及外部各种市场主体和社会组织,同时美国高校治理赋予董事会享有绝对领导权和决策权的能力。美国高职院校在内部治理上采用董事会授权下的校长和教授会联合负责制,董事会作为最高权力机构负责学校发展重大事项的决策与谋划,校长负责董事会决策的贯彻和落实,教授会对学校的学术性事务负责,董事会负责校长和教授会的选聘与生成,双方之间是委托代理关系,校长和教授会需要对董事会负责。这种管理体制下,美国高职院校的管理效率非常高,各司其职,权责明确。

2. 发达地区高职院校内部治理结构建设启示

构建共同治理的机制。共同治理结构是一种全新的管理模式,涵盖高校所有正式制度和规则,同时也包含各种非正式的制度安排,所欲呈现的是一套政策参与者能接受的运作模式。政府、社会、校长、教师、学生等作为高职院校相关利益群体,也是其运行的权力主体,有效的高职院校治理结构模式应该有助于相关利益群体合法权利的保护,为此就需将高职院校的行政权、决策权、监督权进行合理分离并采取某种机制进行制衡。确保知识产出收益的最大化是高职院校治理的基本目标之一,为此必须通过制度设计以合理地对相关利益群体的权力和责任及其相互之间的运行机制进行配置。

保障学术权力自由。大学作为创造知识和传播知识的场所,其内在的发展逻辑和存续基础即为学术自由,这种对自由的追求本能地排斥来自政府的控制和干预。高职院校作为高等教育的一部分,创造知识、传播知识是其最重要的功能,相应的是其内部治理结构模式必须与这一重要功能相适应,其制度设计与安排必须能够保证知识的顺利生产。在基于专业权威的教师权力与行政权力发生冲突时,校长要优先维护教授群体的学术自由与自主权,英法德美四国的高职院校内部治理模式均有助于维护教授在高职院校中进行知识生产的自主性和主体性,对于促进学科发展和知识增长具有基础性制度保障意义。

政府与高校良性互动。政府部门作为国家权威的代表，与大学之间并不是绝对隔绝的关系，而是通过自己的运行逻辑，或多或少地在大学治理过程中发挥着不同程度的作用，而政府作用发挥得好坏直接决定了高校治理结构的优劣。一般情况下，政府在高职院校发展中应利用市场手段实现公共教育资源的优化配置，避免直接使用行政手段对其进行干预。欧美国家一般通过立法、筹款、政策导向等间接的宏观调控手段影响高职院校的办学实践，至于对其办学质量、办学规范的评估、诊断和评价一般通过非政府性质的社会组织来进行，对其办学自主权给予了充分的尊重，有利于实现高职院校的自治和充分竞争，从而实现了教育资源的合理配置。

构建与市场经济相适应的治理机制。在市场经济条件下，高职院校之间的竞争不可避免，一所学校的社会声誉和办学成果会受到其治理结构和治理机制的直接影响，从而影响到社会相关力量对学校办学的支持力度和投资力度，因此构建多元化的投资主体渠道、成立董事会等，才能有助于高职院校向独立的法人实体和经济实体转变，才能构建起符合市场经济要求的内部治理结构。

三、优化高职院校治理结构途径

（一）高职院校治理结构优化的基本原则

高等职业院校治理结构优化的主要目标就是要构建系统完备、科学规范、运行高效的机构职能体系，最终形成总揽全局、协调各方党的领导体系，职责明确、依法行政的校长治校体系，行政服务于学术的教授治学体系，教师、学生等多方参与的民主管理体系，权责明确的校院二级管理体系，全面提高高校治理能力和治理水平。在推行治理结构优化的过程中，要遵循三个基本原则：

1. 坚持党委全面领导

党的全面领导是深化高校机构改革的根本保证。《中华人民共和国高等教育法》第 39 条明确，国家举办的高等学校实行党委领导下的校长负责制。党委主要职责是：执行中国共产党的路线、方针、政策，坚持社会主义办学方向，领导学校的思想政治工作和德育工作，讨论决定学校内部组织机构的设置和内部组织机构负责人的人选，讨论决定学校的改革、发展和基本管理制度等重大事项，保证以培养人才为中心的各项任务的完成。这就明确了高职院校在内部治理结构优化中，党组织是领导者与推动者，始终处于改革的前沿。

2. 坚持人本原则

人本原则指各项管理活动中都应以调动人的积极性、主观能动性和创造性为根本，促进人的全面发展。高职院校既是学术机构又是育人机构，必须坚持以人为本，一切管理机构和行政人员的根本目的就是为教学、科研和广大师生服务。因此，在进行治理机构改革优化的时候应尽量整合和减少指挥性机构，做到指挥脉络清晰，避免多头管理使其便于横向协调和纵向服务。

3. 民主性原则

治理主体的民主性在内部治理结构优化过程中体现为治理主体的多元性。在多中心治理理论的指导下，通过让更广泛的利益相关者能够有效地参与到大学治理中，使其具有利益表达及获取的渠道，进而实现治理权共享，以形成合作治理网络。

4. 精简高效原则

机构调整的目的就是要精简、效能，直接任务是压缩机构数量，减少人员，但并不是简单的做"减法"，要对工作进行系统设计，通过职能整合，使高校内部机构成为上下统一、左右协调的统一整体，避免政出多门、责任不明、推诿扯皮现象。

（二）高职院校治理结构优化的基本途径

1. 坚持内部组织结构改革和治理

学校坚持内部组织优化治理和改革，建立精简高效的内部管理运行组织机构是学院内部治理的关键。长期以来，高职院校传统的组织机构形式大多是层级的、线性的，无法适应跨部门的、柔性的合作。这就要求高职院校的组织机构能适应多元共治的需求，采用扁平化、网状式管理模式，并建立协同机制，提升学校综合治理能力。当前，我国高职院校组织结构普遍是沿着传统的办学模式设置学校内部结构的，学校内部机构存在臃肿、庞杂，部门设置过多等不足之处。一是高职院校在优化内部治理结构时要进一步提高认识，精简机构，转变观念，建立高效内部组织机构，全面推进学校治理体系建设，既要考虑到与外部衔接，便于工作，又要建立起有校本特色的高效运行内部组织机构。二是全面深化学校内部组织制度改革，集中优质资源办学。高职院校在优化内部治理结构中结合现代大学制度的建设，集中学校优质资源进行内部组织建设，围绕着人才培养、文化传承、科学研究和社会服务的职能，以改革创新为指导思想，对专业建设、课程改革，以及人才培养和学生管理就业等方面设置组织机构，既要与外面机构对口对接，又要精简高效设置内部机构，在重视学校顶层设计的时候，又要做好内部组织的布局。三是简政放权下移管理，集中整合优质资源完善二级管理体制建设。学校在优化内部治理结构过程中要集中整合优质资源，配置到内部组织机构中，优化结构提高效能，要进一步解放思想、勇于创新，转变部门的管理职能，下移管理重心，简政放权施行适度分权，让各层管理者管有实权，各负其责，最大限度地调动基层管理机构的积极性。同时，还要在党政统一领导下确立中心管理与系部二级管理的体制机制，充分发挥内部机构改革治理带来的新动力。四是高职院校优化内部治理结构会涉及学校内部各部门的权利和利益的重新调整和分配,是建立和完善新的管理体制机制的过程,会遇到很多困难和阻力,任务是艰巨的。因此,高职院校要以现代大学制度和大学章程建设为契机,以优化内部治理结构改革为突破口,不断提升学校治理能力现代化,建立现代大学治理体系,推动党委领导下的校长负责制的贯彻落实,以及实施专家治学、民主管理等方面运行机制保障。把优化内部治理结构与治理体系建设相结合,促进高职院校办学高效能、低成本地运行。

2. 推进行政权力与学术权力的平衡

在高职院校内部,行政权力和学术权力都有其存在的合理性,不可互相取代。从高职院校行政权力与学术权利相互关系看,行政权力的有效必须建立在学术权力有效的基础上,行政权力是为了更好地保障学术权力的发挥。当前正确处理行政权力与学术权力的关系,当务之急在于尊重学术(技术)规律,尊重和重视学术权力,赋予学术群体参与学校管理与决策的权力。学术委员会应当真正成为高职院校学术事务的最高决策机构,在教学评价、科研及技术推广用、专业建设、职称评定、考核评奖、课程设置、教材建设、师资培养、教师聘任等方面有关的学术事务由学术委员会进行决策管理。提倡尊重学术权力并不意味着要削弱行政管理,因为行政权力的合理使用是保障高职院校运行效率和秩序的必要条件。但高职院校的行政权力应从"管制行政"转变为"服务行政",行政部门的人员要把为师生服务作为首要职责,强化管理即服务。在高职院校内部,行政事务与学术事务本身难以分割,行政人员和专家也存有共同利益,当专家、学者进入管理层后,能提高学校对学术事务的决策能力,有利于在学校管理部门和学术领域间架起沟通桥梁,共同创造一个和谐高效的内部治理体系。应寻求高职院校内部学术权与行政权的互补、协调与平衡,使高职院校内部管理既遵循知识(技能)和学术发展的内在规律,又满足高职院校自身高效有序地运行和能动地适应外界的需要。专家治学制度的建立和完善。一要学校建立高水准的专家学术委员会，学术组织应以校内的专家为主，可以适当聘请一些校外专家担任，如专业方面的领军人才，这样突出和确保学术委员会的权威性和有效性。学校还要协调和处理好学术委员会与行政权力的关系，建立起学校与系部的两级学术组织，确立专家治校的基础，不断完善专家治校的制度和机制。学校内部行政权力与学术权力要建立平衡互补的关系，在学校工作中学术权力要准确定位，不错位，摆正自己的位置，要做到补位、不越位、不缺位，为学校发展和治理的提高发挥自己应有职责。改善学校内部的学术条件，营造学术氛围，确保学校学术权力的正常运行。

3. 优化政治与行政权力

党委与校长在高职院校治理中都属于领导层面的权力主体，在学校管理事务中具有相应决策权，但是二者在职权分工上应当具有一定的差异性，党委的权力属于政治领导权，校长的权力属于行政领导权。根据《中华人民共和国高等教育法》中的定位，在高职院校管理实践中，党委的领导权力主要体现在宏观战略决策、对学校改革和发展中重大事件的决策上，其具有的是对重大事件的决策权；校长主要负责学校的教学、科学研究与技术推广及其他具体行政管理工作，校长作为法人代表，其权力是执行决策的行政权。从本质上说，党委与校长的两种权力并不存在根本冲突，即都是为高职院校的健康发展而管理。但为了充分发挥二者的权力功能，避免权力重叠或权力缺失，必须对两种权力内容加以明确。对于涉及党建与思想政治工作、组织机构设置与人事任免、学校改革发展稳定、规划与制度的决策制定应由党委的政治权力系统完成；涉及学校定位、具体教学管理、科学研究与技术推广、行政管理等事项时则由行政权力系统实施。在党委和行政的关系上，党委要充分调动校长和其他行政领导的积极性和主动性，大力支持校长独立负责地行使职权；校长要对学校党委负责，对党委的领导负责，对党委的决议负责，独立负责地行使行政管理职权，使党委的决议在行政管理工作中得到全面贯彻。

4. 加强民主监督的落实

要建立和完善学校民主管理和监督机制，形成党政权力与民主权力的相互监督制度。学校民主管理和监督机制制度的建立和完善首要的是在党委领导下施行政务公开制度，坚持权力在阳光下运行，让学校党政权力在制度规范化下运行。加强教职工代表大会的监督。教职工代表大会是高职院校中教师职工参与学校民主管理监督的重要形式，监事会中的教职工代表由教职工代表大会选举产生，履行监事职能和法律赋予的其他监督功能。具体来说，教职工代表大会的监督内容包括：学校章程草案、学校发展中的重大问题和重大决策、审议并决定相关利益分配方案和聘任考核方案、监督评议学校领导人员以及监督学校相关政策决议的落实情况。应保障教职工代表大会的顺畅并定期召开，对于不能采纳的意见应给予说明。同时，要高度重视和发挥以学生为主体的学代会制度的作用，充分调动学生参与学校管理与建设的积极性与主动性。

5. 立足校企构建协同治理特色

高校是一种利益相关者组织的存在，具有明显跨界属性的高职院校更需要加强相关权益主体共同治理。行业企业参与程度是衡量高职院校治理结构完善与否的最重要指标。建立协同机制，促进政府、学校、企业、行业等多元利益主体的积极参与，形成多元共治结构，提升高职院校治理效率。当前构建特色治理体系亟待采取各种措施吸引行业组织和企业参与高职院校内部治理，形成多元共治的高职特色治理体系。

明确企业重要办学主体地位。学校作为办学主体一直毋庸置疑，而企业在高职院校中的办学主体地位是近年来才被确立。明确企业重要办学主体地位，一是要深刻理解企业办学主体地位的内涵，分清高职教育"立"和"办"的问题，"立"是反映学校是谁设立，"办"是反映学校谁管理；二是完善企业组织参与高职教育的利益补偿机制，地方政府制定企业参与高职办学的相关税收政策；三是构建紧密型的校企合作关系，学校设立董事会或理事会，形成校企共同体，优化治理结构，建现代职业教育体系。

充分发挥行业组织作用。行业组织在职业教育办学中占有重要地位。要充分发挥行业组织在高职教育中的作用，一是政府出台行业组织参与高职教育的相关法律法规，明确行业组织在高职教育中的权利与义务，让行业组织合法合理参与高职教育；二是建立由教育主管部门牵头，行业组织参与的高级技能型人才培养协调机制，明确行业组织与行业主管部门之间的责、权、利，鼓励和支持行业组织指导和服务高职教育；三是加强行业组织自身建设，完善行业组织内部管理制度，加强行业组织的常规性工作的统筹和规划，更好地服务于高职教育。

建立多元参与的监督评价机制。行业组织和企业参与的监督评价是多元共治的必然要求，也是高职教育"职业性"特色的充分体现。建立多元参与的监督评价机制，一是强化行业企业参与高职院校评价的重要性，教育主管部门要将行业企业对高职人才培养的评价结果纳入高职院校教育教学评价核心指标体系，作为评价优质高职院校的重要标准之一；二是行业企业全方位、全过程参与高职院校教学诊断与改革工作，科学评价高职院校人才培养、专业建设、课程设置等；三是高职院校组建有行业企业参与的监督委员会，加强对学校办学的日常监督，对学校重大项目进行监督评价和审核。

6. 围绕章程推进治理制度完善

通过加强章程建设，从根本上确立院校治理结构和治理制度，形成依法治校的工作机制，激励高职院校内部各利益方参与院校内部治理，逐步实现"去行政化"。

树立章程至上的治理理念。高职院校章程是法律精神和法律条规在高职院校的延伸和具体化，上接国家有关法律法规，下接院校规章制度的框架性文件。《中华人民共和国高等教育法》和《中华人民共和国职业教育法》都强调了章程是学校成立的根本之基。树立章程至上的理念，就是高职院校要按"章"办事，依法建立和完善高职院校内部治理结构和治理体系，使得高职院校的各项工作有章可循、有据可查。

以章程为纲优化治理结构。章程是学校的纲领性文件，具有宏观的导向性，是学校治理的议事规则和行动指南。以章程为治理之纲，优化内部治理结构，规范高职院校内部关系。一是通过章程的制定，厘清党委、校长、学术委员会、专业指导委员会等的职权范围，建立学院重大决策的议事规则、议事范围和议事程序，增强院校决策和管理的科学性和规范性。二是通过章程的制定，推动高职院校"去行政化"，发挥学术主体在处理学术事务上的重要作用，促使党政职能部门集中精力服务学校发展，将权力关进制度的笼子。三是通过章程的制定，推进校院二级管理体制改革，赋予二级学院教学、科研、人事、财务资产等管理权，理顺学校和二级学院之间的关系。

以章程为统领完善治理机制。高职院校内部治理参与主体较多，彼此之间关系复杂。高职院校要以章程为依据，制定和完善内部管理制度及规范性文件，规范院校内部治理各参与主体的权、责、利关系，为高职院校内部治理优化提供制度保障。一是分清层次，建立由根本制度（章程）、基本管理制度、具体规章制度构成，上下衔接、层层深化的管理制度体系。二是准确把握制度对象的职责范围，科学合理地设计制度对象的权责，确保每一项制度的科学性。三是规范制度制定程序，建立包括合章程审查、利益相关者意见征询、专家论证、法定决策机构审定的制度制定规程，增强制度的程序公正性。

四、小结

高职院校相较于普通高校具有自身独特的办学定位与办学特色，其兼具高等性和职业性的特征。在对高职院校内部治理结构进行优化的过程中，高职院校需要积极地建立一套完善的大学章程以及大学制度，充分保障各项规章制度的科学性以及完善性，树立科学的办学制度思想与理念，对自身的定位进行明确，大胆创新，不断地深化内部机构改革，将高职院校优质资源进行整合并配置到组织结构中，切实将学校的各种关系进行有效的协调处理，对内部治理结构的运行机制进行优化和完善，进一步深化内部治理结构改革，提升治理水平，促进高职院校治理现代化，实现高质量发展。

第五章　高职院校治理体系现代化研究

中华人民共和国成立以来,"中国高等教育治理总体上经历了从管制走向法治、从高度集中走向放管结合、从政府主导走向赋权增能的变革历程"。进入新时代,经济高质量发展转向、社会结构转型、国家战略任务调整、教育国际化推进等都要求高职教育培养新型、高端技术技能人才,这些都给高职治理现代化带来了新的挑战。同时,国内职业教育正经历重大改革,一系列政策相继出台,要求高职院校在办学体制机制、专业与课程建设、产教融合与社会服务、国际交流等方面做出重大战略调整,也为高职治理改革带来了前所未有的机遇。2019年10月,党的十九届四中全会通过中共中央关于《坚持和完善中国特色社会主义制度推进国家治理体系和治理能力现代化若干重大问题的决定》。2019年,《国家职业教育改革实施方案》中提出要"启动实施中国特色高水平高等职业学校和专业建设计划(以下简称'双高计划')"。同年4月,教育部、财政部联合发布了《关于实施中国特色高水平高职学校和专业建设计划的意见》,"双高计划"在高职院校专业建设、师资队伍建设、产教融合、社会服务和国际影响力等方面勾勒出了高职学校未来几十年的总体发展目标,为高职院校治理改革提供强大动力。推进教育治理体系和治理能力现代化是《中国教育现代化2035》的十大任务之一。中国特色的现代大学制度的特质是党的全面领导,具体体现在党委对学校工作的全面领导,在习近平新时代中国特色社会主义思想指导下,贯彻党的教育方针，推进内部治理体系现代化。高职院校是兼具职业性和高等性的办学主体，其内部治理体系具有双重特色，当前其治理体系现代化程度远低于本科院校，亟须探索和完善。

一、研究概况

（一）研究现状与进展

1. 国内研究进展

"国家治理体系和治理能力现代化"的提出为职业教育治理的理论和实践研究树立了政策指向。作为构建现代职业教育治理体系重要内容，高等职业院校治理是提升现代职业教育体系治理能力的关键。国内对治理能力现代化的研究大致可以划分为三个阶段，第一阶段：萌芽起步阶段（2011—2012年）。这一阶段主要探讨我国职业教育治理中的高等职业教育治理形式、治理策略、高职院校的现代化内部治理结构以及公共治理的基本内涵等相关研究。第二阶段：增速爆发阶段（2013—2016年）。这一时期的研究热点和范围有所扩大，主要表现为职业教育治理改革、职业教育治理现代化内涵、提升策略、路径以及治理机制研究等。第三阶段：稳定发展阶段（2017—2020年）。我国职业教育治理现代化研究内容已趋向稳定发展阶段，研究焦点主要表现为"职业教育治理对策""产教融合""职业教育治理逻辑"以及"双高计划"等。

由关注公共治理的内涵、探究高职教育现代化发展的新兴模式，再从国家宏观整体层面重点研究我国职业教育治理体系和治理框架的转变，着力研究现代职业教育治理的改革发展，最后聚焦于职业教育治理现代化的治理路径和运行机制，在新时代背景下落实在职业教育治理现代化的数据治理方面，具体研究方向有以下几个内容：

一是，研究同类型职业教育治理现代化。主要包括制度供给、治理现代化、大数据、行业协会、产教融合、对策、推进路径等方面的研究。

当前，学者们主要的关注对象为职业教育以及农村职业教育治理。乡村振兴战略的提出以及精准扶贫策略的推行推动学者们更加转向关注我国农村职业教育的治理范式以及构建路径。在职业教育治理层面，学者们主要聚焦于产教融合模式的创新型研究以及大数据背景下如何推动多元主体参与职业教育协调治理。唐智彬等人（2020）提出了基于乡村社会"善治"目标，应从乡村社会治理现代化的角度认识农村职业教育发展问题，提升农村职业教育的乡村治理价值意识，通过完善实践框架不断改进治理能力，构建多元共治的农村职业教育治理框架，实现"以教育促治理，以治理强教育"的教育与治理协同改进格局。

二是，高职院校治理现代化和治理体系的研究。目前，学者们主要从治理体系的角度来剖析高职教育的现代化治理策略。2019年，"双高计划"的提出对于推进高职院校内部治理体系现代化、引领高职院校治理体系由示范时代转向优质时代发挥着关键性作用。充分关注高职院校内部治理体系的现代化，提升高职院校治理水平，把制度文化和制度优势转化为有助于提升高职院校治理体系现代化的治理效能，着力打造具有中国特色的高水平高职院校。唐智彬（2020）提出，要坚持类型教育的发展方向、突出产教融合，重组高职院校组织形态以及以新技术赋能院校内部治理等，三大层面通过改革与创新促进高职教育系统变革，治理能力提升与院校系统变革互动互促，实现治理能力累进。

三是，职业教育治理现代化的机制与模式研究。治理模式主要为依法治理、治理理论、治理逻辑、突破路径的研究。职业教育治理现代化进程是由多元主体共生协同治理的过程，主要包括政府领导治理、职业院校主体治理、企业融合治理以及行业协会有效治理等多元共治的良性循环治理机制。学者们认为，职业教育治理现代化应由政府下放权力给职业院校、企业、行业协会等社会力量参与职业教育的规范性治理，全面落实行业协会的重要办学主体地位，有效运行"放管服"的职业教育治理现代化机制，致力于打造多主体协同共治的职业教育治理现代化网格。在职业教育治理模式上，要健全以法治为基础的职业教育治理体制机制，规范职业教育治理的法规体系，打造职业教育治理"法治"系统，实现职业教育治理现代化的良性"善治"。

四是，职业教育治理现代化的路径与策略研究。校企合作关键词表现为合作治理、运行机制、政行企校。由此可知，学者们从不同层面提出我国职业教育治理现代化的建构路径和策略。在治理能力层面，陈亮等学者（2020）提出，在职业教育治理能力现代化要素关系中，将人作为职业教育治理的出发点，在制度善的引领下明确治理过程与方式，在反思与行动的商谈中厘清责任与权力关系，进而形成自生自发的职业教育治理文化认同。在治理教育培训（VET）层面，邓卓（2020）认为，要发挥欧盟 VET 利益主体的多元化，彰显出 VET 社会伙伴关系，形成共同治理、分权制衡；面向市场、整合资源以及目标一致、合作共赢的职业教育治理局面。在职业教育治理校企合作层面，深度开展职业教育产教融合发展道路，鼓励行业企业出资兴办职业教育，参与职业教育治理全过程，通过深化产教融合提升职业教育治理价值。

2. 国外研究进展

20 世纪 90 年代以来，随着全球高等教育体系及其外部环境的变迁，以及治理理论的兴起，关于大学治理，再度成为国外高等教育领域的重要议题。利用 Google 学术搜索与 John Wiley 数据库的搜索功能，以"University Governance"为关键词，梳理文献，总结发现国外对大学治理的研究，主要特点为：理论研究上，凸显了对大学治理中"人"的因素的关注，对治理中的非正式组织、组织文化等所谓"软治理"因素的研究；内容方面，则主要集中于大学治理的基本理论、大学治理过程中特定成员群体的参与及其实效、大学治理结构及其实际效能、大学治理对大学发展的影响等方面，提出诸如"软治理""共治模式"和"21 世纪大学治理模型"等新的理论命题。与治理体系相应的治理结构的研究是国外大学治理研究的核心论题和重心，国外学界大多从外部治理结构与内部治理结构两个角度展开。

在"强调新形势下传统大学治理所面临的挑战及其调整的方向"的代表性成果有加拿大北英属哥伦比亚大学代理校长 Charles J. Jago 在该校 2009 年 1 月举办的大学治理研讨会上的主题发言《大学治理：一位前大学校长的视角》和澳大利亚新南威尔士大学学者 Leon Trakman 发表在《高等教育季刊》(2008 年第 1 期) 上的《大学治理模式》。

在研究大学如何在政府、市场和市民社会三者之间保持适当的平衡方面有著名学者马丁·特罗，他以加州大学为个案，研究了美国大学外部治理结构方面的变化及大学的调适。在《加州大学的治理：从政治到行政的转变》一文中探讨了加州抵制政府影响力的问题。他认为加州大学以市场作为政治的替代品，通过这一策略较为成功地减少了政治力量的干预，保持了大学的独立性。其结果是："加州大学在某种程度上是公立机构，但在更大程度上却像一个私人的公司。"

"共治"理念在国外大学治理研究中得到了充分的体现。尤其是美国的大学内部更加倡导多元共同参与的共享型治理模式。共享型治理一般被理解为"在董事、行政人员、教师以及学生之间就任务、预算、教学和研究等主要决策所形成的相互认同和共同责任"。美国学者 Dennis J. Gayle 等人在其论文《21 世纪的大学治理》中，在对美国大学 20 世纪 90 年代形成的共同治理模式进行修正的基础上，提出了面向 21 世纪的大学治理模型。欧洲学者 Bobert Bimbaum 和 Adrianna Kezar 认为，"加强领导和信任，建立联系应是提高改善大学组织运行状况的更好方法"。

国外的研究成果启示我们：大学治理，内部必须通过一套科学合理的制度来实现大学外部和内部的有效治理。妥善处理学者、学校领导层、行政管理人员、学生等组织成员在大学运行和管理过程中的权力义务配置及关系协调问题。对外部，要科学设计大学同政府、市场与社会之间的关系，以求大学在多种外部力量的共同影响下健康成长。

总体看来，从国外已有研究的内容来看，大部分研究者很少直接对高职院校治理能力现代化来进行理论以及实践上的研究，更多的是围绕高职院校治理体系和治理能力的内涵、高职院校内部治理结构，以及基于不同的理论视角探究高职院校治理能三个方面。对关于如何提升高职院校治理能力现代化的研究较少。但已有成果，对高职院校治理能力现代化的提升的研究也给出了丰富的内容借鉴。

（二）基本概念与理论基础

1. 基本概念

（1）体系。

体系指若干有关事务或某些意识互相联系而构成的一个整体。在百度百科中的解释为：泛指一定范围内或同类的事物按照一定的秩序和内部联系结合而成的整体，是不同系统组成的系统。按照美国学者乔万尼·阿瑞吉在其书《现代世界体系的混沌和治理》的观点，体系内存在数量化的单位，这些单位之间存在一定的互动关系，这种关系可能是支配与被支配的，或是合力的。

（2）治理体系。

对于治理体系的研究，在国家治理体系的层面，雷世平等（2015）认为，"治理体系"是进行有效治理的，紧密相连、相互协调的一系列制度体系，它涉及各相关领域的体制机制、法律法规安排，包括治理结构体系、治理功能体系、治理规则体系、治理方法体系和治理运行体系五大基本内容。王征国（2014）认为，所谓"治理体系"，是指国家对经济、政治、文化、社会、制度等方方面面进行综合治理的系统工程，它是在宪法和法律框架内，由政府主导、公民参与、社会协同的良性互动过程。在院校治理体系的层面，肖凤翔等（2016）认为，以教育决策权力的分配方式为标准，职业教育治理体系可分为层级式、分权式与协商式三种主要形式。在社会治理体系的层面，杨述明（2015）认为社会治理体系的组成，包括组织体系、制度体系、运行体系、评价体系、保障体系等。笔者认为，治理体系是在治理的基础上形成的系列安排，包括治理结构体系、治理制度体系、治理方法体系、治理保障体系、治理评价体系等。治理结构体系是治理实施的组织保障，治理制度体系是治理实施的制度保障，治理方法体系是治理实施的运行保障，治理保障体系是治理实施的思想理念保障，治理评价体系是治理实施的反馈性保障，五者之间形成了关于治理的生态系统，保障治理的有效实施。

（3）现代化。

在政治视野中，我们有"四个现代化"，即工业现代化、农业现代化、国防现代化、科学技术现代化。习近平2013年在十八届三中全会上将全面深化改革总目标设定为"完善和发展中国特色社会主义制度，推进国家治理体系和治理能力现代化"，有学者认为这是"第五个现代化"。对"现代化"一词的理解，国内外专家学者尚无完全统一的认识。当下"现代化"这个术语被广泛地应用于许多领域。有学者认为，现代化是社会变迁的一种模式，根源于欧洲国家的工业及政治革命；还有学者认为，现代化是社会转变的过程，包括农业社会、工业社会及信息社会的转变过程，表现在社会和政治的各个领域。罗荣渠归纳了各国学者的研究后指出：现代化是一个存在于世界范围内的历史变化，主要是指工业化推动了人类社会的向前发展，原有的传统农业社会形态发生了改变，逐渐向现代工业社会转变，该变化的过程可理解为现代化。总结看来，现代化是一个持续开放、不断形成的综合概念，主要通过对层次之间上升、递进的认识和实践来把握其内涵，现代化是一个紧贴历史发展脉搏，对未来进行必要的创新及探索的动态过程。

（4）大学治理体系。

我国的大学治理体系是国家治理体系的组成部分之一，大学治理体系建设在大学治理中起着根本性和决定性的作用。对治理体系的定义，学界普遍认为治理体系是科学合理、规范严谨、相互作用、相互协调的制度体系之和，涵盖治理领域的体制、机制和政策、法规安排等内容，是相对独立和完整的系统。根据治理体系的定义，我国大学治理体系可界定为大学各利益相关主体参与大学治理，坚持正确的办学方向、办学定位、办学模式及办学规律的制度体系，是大学治理的组织体系、制度体系、运行机制、质量保障体系、监督评价体系的总和。在建设和完善大学治理体系的过程中，必须和人民满意的大学定位相匹配，必须和学校的发展实际相匹配，必须和师生需求相匹配，方能为建设高质量的现代大学奠定基础。

从大学治理结构分析，大学治理体系是治理主体参与治理的体制、制度、机制的总和。大学治理体系强调通过大学组织体系的构建，明确各治理主体参与大学治理的形式和权限，具体来说就是党和国家、行政主管部门、行业、企业、社会组织等治理的主体，构建成大学治理的组织架构，采用国家宏观调控、政府行政管理、资金投入、法律法规制约等形式，通过制度、机制的构建，确保各利益主体合法参与大学治理的不同权限，以形成相互制约又相互平衡的权利运行机制，实现大学有效治理的体制、制度、机制的总和。

从大学治理过程分析，大学治理体系是包括大学内部治理的制度体系、有效运行机制和大学外部因素多方联动的协调运行机制的总和。大学治理制度体系是大学治理过程中，各治理主体共同遵循的规定和行为准则的总称，是大学科学可持续发展的体制基础。大学制度建设通过制度规范学校办学行为及发展规划，通过制度协调政治、行政、学术、民主等四个方面权力的有序运行，通过制度规范各项事务的工作流程，为治理体系有效运行提供制度保障。同时，大学治理制度体系通过明确治理的标准和规范运行，来界定治理的权利边界，调动各治理主体积极性，实现有效、规范治理。治理的运行机制是大学多利益主体通过平等的合作、协商、沟通等方式，依法依规对大学办学行为及各项事务进行管理和规范，最终实现治理效果最优化的过程。同时，大学的参与性、开放性、社会公益性等属性决定了大学治理体系还包括构建政府、社会等多方联动协调机制。大学治理体系的有效运行需要政府、社会、行业、企业的共同参与，协同联动形成合力。通过政策制定、项目资金投入、市场调控等形式参与大学治理，确保大学保持正确的办学方向。

从提升大学治理效能与质量分析，大学治理体系包括治理质量保障与多方监督评价机制的总和。大学治理的质量保障是一项系统工程，涉及大学治理的外部环境、内部制度及运行模式、治理结果等多个方面。建立大学治理质量保障体系要通过对治理目标、治理质量标准、治理质量监控办法、流程进行规范，形成对治理质量的实时监控，通过质量反馈和及时调整，确保治理质量的提升。大学治理体系的有效运行，还需构建多方监督评价机制，监督评价体系包括大学内部的监督评价机制和政府、社会、行业、企业以及大学外部的监督评价机制。构建大学治理监督与评价机制是大学治理过程中的重要环节，也是大学治理体系现代化建设与治理能力提升的有效举措。大学治理监督与评价机制的构建主要通过建立健全制度化、法制化的大学治理监督与评价管理办法，完善监督评价指标体系，创新监督与评价方式，建立长效机制，从机制上保障监督评价的可持续发展。

同时，大学治理体系的构建也影响形成治理的理念、治理文化氛围。大学治理过程中，在坚持社会主义办学方向和社会主义核心价值观的引领下，形成具有本校特色的治理理念与目标，反映治理各主体的治理诉求，从文化建设走向文化治理，引领大学走在社会发展进步的前列。

（5）高职治理体系现代化。

① 高职治理体系现代化的内涵。

高职治理现代化包括治理体系现代化和治理能力现代化两个部分。"职业教育治理体系与治理能力现代化的关系可以归结为结构与功能的关系，实现职业教育治理现代化，必须以完善的职业教育治理体系作为基础保障，而职业教育治理能力对治理体系具有反作用。"两者相辅相成，共同致力于治理价值目标的实现。治理体系现代化。高职院校治理体系包括高职院校与政府、企业、社会组织等多元主体参与构成的外部治理结构，也包括高职内部管理层、教师员工和学生等利益主体之间，以及校—院—系纵向不同层级部门之间构成的内部治理结构两个方面。一方面，高职院校治理体系现代化是一种理想状态，这体现着价值理性与工具理性的双重属性，它承载着教育价值，同时具有一定的技术性。另一方面，高职院校治理体系现代化是一个实践过程，这又表现为一个有机的、协调的、整体的和动态的制度运行系统，且这种制度体系和运作方式处于不断调整优化的实践过程之中。治理能力现代化。高职治理能力除了包括主体自身的治理能力，还包括外部和内部各主体之间的合作治理能力。高职治理能力现代化不仅要求各主体不断加强自身治理能力，更重要的是在多元协商共治的治理结构中，提升相互协调、合作制定发展目标和解决冲突的能力。高职治理现代化的内涵是以实现高等教育现代化为目标，构建政府、社会和高职以及高职内部各利益主体多元共治的治理体系，提高主体治理能力和合作共治能力。

② 高职院校治理体系现代化的特征。

高职院校治理体系现代化是一个开放系统。高等职业教育是我国高等教育的重要类型，更是职业教育的重要的层次。高等职业教育兼具高教性和职教性，从高教性出发，高职院校必须认真履行大学的四大职能，认真把握好人才培养、科学研究和社会服务、文化传承和创新的关系，形成高职院校治理的基本框架；从职教性出发，产教融合是高职院校办学的基本特征，校企合作是高职院校人才培养模式的重要特点。开放开门办学意味着要整合和引进各种社会资源，这是高职院校特色发展的基本要求，其中涉及校政、校行、校企、校会等组织间关系及其内外部运作过程，因此，高职院校治理体系是一个开放系统。如何在运行中统筹协调体现高教性的大学理念与大学精神和体现职教性的产教融合与校企合作是高职院校治理体系现代化的关键。同时，如何以治理体系现代化推进探索混合所有制办学、集团化办学和现代学徒制培养，也应纳入这一开放系统加以统筹解决，才能将已经封闭甚至僵化的组织结构再度开放出来。

第一，高职院校治理体系现代化是一个动力机制。高职院校现存的治理体系还相对落后，具体表现为办学体制机制不能适应经济社会发展需要，学校运行成本过高而效率较低，院校内部基层治理主体的自治程度偏低，师生参与治理的渠道还不够畅通，内外部主要治理群体间的关系还不够协调，动态稳定的治理机制尚未完全确立，这使得高职院校治理体系面临着诸多挑战，有些院校甚至存在明显的治理困境和局部性的治理危机，亟待重建治理体系。而这些压力、挑战、冲突、困境和危机也是高职院校治理体系现代化的动力，但最主要的动力来自于制度，因为制度具有根本性，是高职院校治理体系现代化最长久的动力机制。

第二，高职院校治理体系现代化是一个学习过程。治理体系是在办学实践中习得的。从发展阶段和环境看，20世纪90年代以来我国高职院校普遍经历了规模扩张，在专业门类、校园面积和在校生规模等方面均大为扩展。当前，内涵建设正成为高职院校发展的核心议程，如何建立一套规范、科学、高效、有序的制度体系和运作机制，助力人才培养质量，这不仅是外在的要求，更是内在的需要。在国家示范性高等职业院校建设计划实施期间，院校领导能力建设是一项重点任务；在国家示范性高等职业院校建设计划骨干院校建设期间，院校办学体制机制建设是一项重点任务，高职院校治理体系现代化是一个学习过程。

③ 高职院校内部治理体系现代化的标准

当前我国高职院校内部治理体系现代化的衡量标准应包括以下五个方面：

第一，治理理念先进。判断一所高职院校内部治理体系是否达到现代化的要求，治理理念是最重要的衡量参数。在长期办学过程中，高职院校是否坚持正确的办学思想，从而在人才培养、科学研究、社会服务和文化传承方面形成符合多元治理的核心价值观非常重要。这种价值观在高职院校内部治理中内化成"大学自治、学术自由、教授治学、民主管理"的现代高职院校内部治理核心理念,最终自觉引领院校的内部治理,自觉区分行政事务和学术事务,弱化领导权力和行政权力,提高学术权力地位,积极探寻保护保障教师和学生利益的机制,从而回归高职院校人才培养的本质属性。

第二,治理机制科学。机制原指机器的构造和工作原理,现引申为内部组织和运行变化的规律。高职院校内部治理机制即以内部治理结构为组织结构,为解决内部治理问题、达到内部治理目标而开展的内部制度设计。良好的内部治理机制是确保高职院校内部治理得以运转的基石,一所内部治理体系达到现代化的高职院校,必然有一套科学客观的治理机制来作为保障。当前,高职院校要妥善处理领导权力、行政权力、学术权力与民主权力之间的分配关系,协调各方的地位和作用,形成四种权力相互补充、相互协调和相互制衡的局面,提高广大师生在内部治理中的地位,调动师生参与内部治理的积极性,最终形成科学化的"党委领导、校长负责、教授治学、民主管理"的高职院校内部治理机制。

第三,治理过程民主。治理过程的民主即高职院校在内部治理过程中,坚持社会主义民主原则,尊重多元治理主体的意愿,尊重他们的合法权利,充分调动他们的积极性,使他们主动参与院校的办学,达到提高办学质量的目的。高职院校起源于20世纪90年代,普遍存在办学历史不长、办学文化积淀不足、内部治理经验不丰富等问题,尤其是很多高职院校由中专学校升格而来,管理者的思维仍然沿用传统的集权思维模式,内部治理过程中,忽视或摒弃国家出台的相关法律制度,以管理者的意志为转移,阻碍了院校内部治理体系现代化的进程。当前,民主理念已经成为推进高职院校内部治理的重要原则,国家先后出台了章程等法治制度,进一步完善了教职工代表大会制度、学生代表大会制度等体现民主思想的文件和制度,做到了治理过程有法可依、有章可循,同时建立健全了配套监督管理机制，扎实推进治理过程的现代化，加强对治理过程民主工作的指导、监督和检查，做好整改，确保民主治理落到实处。

第四，治理文化和谐。当前我国学术界对治理文化尚未形成统一的定义，景枫等学者认为，"所谓治理文化主要是指由国家积极地采取一定的手段或者默许民间社会采取一定的手段对国家和社会进行治理，以期达到和谐秩序的一种文化形态"，包括"治理主体、治理手段、治理对象和治理目标等若干方面"。治理文化即指高职院校的多元治理主体借助一定的手段对院校进行内部治理，达到和谐秩序的一种文化形态。治理文化的现代化是指在继承传统文化的基础上，向现代化治理不断迈进的过程。治理文化的现代化对于高职院校内部治理体系建设有着重要影响，它引领着内部治理体系建设，两者相互依存、相互交融、相互影响。一般来说治理体系与治理文化是同向的，因此在高职院校内部应培育出和谐的治理文化，为治理体系建设营造健康的生态环境，积极推动内部治理工作的开展，最终实现高职院校治理工作现代化的宏伟目标。

第五，治理结构均衡。治理结构是开展高职院校内部治理体系现代化建设的核心要素，有着举足轻重的作用。《国家中长期教育改革和发展规划纲要（2010－2020年）》提出，要从完善治理结构、加强章程建设、扩大社会合作、推进专业评价四个方面完善中国特色现代化大学制度建设，由此可见治理结构在内部治理中的重要地位。从美国、英国等高等教育发达国家关于高校治理结构改革的经验来看，先进的治理结构要实现相互均衡又协调运行，首先要去除高职院校行政化，摒弃传统的行政级别观念，在行政管理人员中实施职员制。其次要协调领导权力、行政权力与学术权力三者之间的关系，妥善处理内部权力之间的平衡。同时要通过加强章程建设，建立起系统的现代化高职院校治理结构。

④ 高职院校治理能力提升的重要意义。

治理能力现代化作为一项颇具代表性的隐性指标，对高职院校发展具有重要意义。

第一，高职治理能力提升是国家治理体系建设的重要体现。

无论是有关教育体制机制改革的文件，还是国家关于"双一流"和"双高建设"的有关文件，都将治理体系建设、治理能力提升、治理现代化等问题摆上重要议程。首先，《中国教育现代化2035》明确要求我国教育率先实现现代化，其中包括治理体系和治理能力现代化。中共中央办公厅、国务院办公厅印发的《关于深化教育体制机制改革的意见》明确指出：要健全促进高等教育内涵发展的体制机制，依法落实高等学校办学自主权，改进高等教育管理方式，不断提升治理能力。教育部、财政部发布的《关于实施中国特色高水平高职学校和专业建设计划的实施意见》明确把"提高学校治理水平"作为改革发展的十大任务之一。这些足以证明党中央、国务院对学校治理体系和治理能力建设的重视。高职院校作为一个微观单位，其治理能力和水平既是整个国家推进治理现代化的基础环节，也是国家优化治理结构和水平的重要内容。无论是从落实"五位一体总体布局"和"四个战略布局"的要求，还是从推进实现国家教育治理体系和治理能力现代化、推进高职教育的内涵建设和特色办学等要求来看，都是有意义且必要的，必须被纳入重要议事日程。

第二，高职院校治理体系现代化是教育现代化的必然要求。

改革开放以来我国教育现代化过程是一个包括教育思想、教育体制、教育活动、教育政策和教育文化在内的整体变迁。高职院校治理体系现代化既是教育现代化的必然要求，也是教育现代化的重要表征。美国教育家兰德尔·柯林斯就曾指出，学校教育发展的动力在于不同身份团体间的冲突。衡量高职院校治理体系现代化的标准包括民主、效率和协调。民主即师生等多元主体的参与、效率即教育组织运行和教学活动开展效率提高、协调即体系内外的各种制度和秩序的协同等，这对于促进高职院校更好更有效地履行人才培养、科学研究、社会服务和文化传承与创新的职责使命具有重要价值。

第三，高职院校治理体系现代化是构建现代职业教育体系的应有之义。

治理体系具有自动维持组织功能的天然作用。当人们共享相同的价值时，他们趋向于依照他们所期望于其他人行动的方式来行动。"当这种制度取得成功以后，就会为其他同类组织所模仿，而在这个时候，这种制度就成为一种'制度环境'，具有了'合法性'，从而形成'共享观念'。"高职院校治理体系现代化必须超越关于大学治理传统的学术权力与行政权力的二分法，以公平、透明、责任、高效为原则，在学校的决策、管理、监督等环节进行改革和重构，努力达致追求卓越的目标和注重策略的行动两方面统一，为构建现代职业教育体系奠定坚实基础。

第四，高职院校治理体系现代化是推动高职教育创新发展必由之路。

怀特海曾指出，大学在机构数量、规模以及组织的内在结构的复杂性的发展上，暴露出某种危险。高职院校治理体系现代化既是对过去30多年来我国高职教育发展成功经验的理论总结，也是对高职教育在新的发展阶段所面临各种挑战的主动回应。在这种情势下，拒绝顺应治理现代化的潮流而采取的"鸵鸟政策"是不明智的，不知从何处下手切入治理体系建设同样也是令人惋惜的。因此，高职院校必须依据其发展定位，加快完善发展机制，实现治理体系现代化，建设优质高职院校，推动高职教育创新发展。

第五，治理体系现代化是解决高职院校深层次矛盾的需要。

当前，高职院校存在的问题不少，分别表现在领导、教师、学生身上。诸多矛盾，究其根本，都是因为高等职业院校的管理理念落后、管理体制落后，以及由此带来的管理方式落后、管理能力落后。治理体系不完善是我国高职院校中带有普遍性的问题，与本科院校相比，确实存在很大差距。治理能力和治理水平上不来，高职院校的发展不可持续。只有加快治理体系现代化的建设，才能彻底扫除当前制约高职发展的障碍，解决高职院校诸多深层次的矛盾，确保高职院校持续健康发展，才能培养出大批政治上可靠、业务上过硬、创业精神强的与国家经济、社会发展相适应的高质量人才。

2. 理论基础

（1）多中心治理的概述。

"多中心（polycentrity）"概念，最早是由迈克尔·博兰尼1951年在《自由的逻辑》（The Logic of Liberty）一书中提出。博兰尼区分了社会的两种秩序：一是指挥的秩序，二是多中心的秩序。他认为，自由社会的特征是公共自由的范围——由此个人主义可以实现其社会功能——而不是社会上无效的个人自由之程度。反之，极权主义并不欲毁灭私人自由，而是拒绝所有对公共自由正当的辩护。在极权主义观念当中，独立的个人行动绝不会履行社会职能，而只能满足私人欲望。他引进"多中心"一词是为了证明自发秩序的合理性以及阐明社会管理可能性的限度。"多中心"只是博兰尼描述他所发现社会秩序的特征的一个词语，而经过奥斯特罗姆等人的阐述和发展，"多中心"一词已成为一种思维方式和理论框架，更成为公共物品的生产与公共事务的治理模式之一。他们通过对局部公共事务（如警察服务、池塘资源管理）治理的自组织机制，以及公共经济生产与消费属性的多年实证研究，运用制度理性选择学派的观点提出多中心理论。

该理论认为私有化不是公共事务治理的唯一有效的解决方案，应当在政府与市场之外寻求新的路径。该理论提出，通过社群组织自发秩序形成的多中心自主治理结构、以多中心为基础的新的"多层级政府安排"（具有权力分散和交叠管辖的特征）、多中心公共论坛以及多样化的制度与公共政策安排，可以最大程度上实现对集体行动中机会主义的遏制以及公共利益的持续发展。

（2）科层制理论。

"BUREAUCRACY"本义为官僚的统治，翻译为科层制或是官僚制，德国著名社会学家马克斯·韦伯提出的官僚制组织理论,不是指一种政府或其官员的类型而是一种理性的行政管理体制,通过由训练有素的专业人员依照既定规则持续运作的行政体制,合理合法的权力为基础,进行专业化分工,按照稳定的规章程序运作。科层体系里的工作人员具有非人格化的理性特征,是一种理想类型的组织结构形态及其行为模式。科层制在扩大组织规模、加强控制、提高效率等方面具有优势,但也带来了缺乏适应性、灵活性及效率低下的问题。

(3)委托代理理论。

现代经典的委托代理理论起源于20世纪30年代,美国经济学家伯利和米恩斯,因为洞悉出企业所有者兼经营者的做法存在极大的弊端,提出"委托代理理论"倡导所有权和经营权分离,企业所有者保留剩余索取权,而将经营权让渡。但是,此时的委托代理理论框架并没有真正建立起来,他们的理论还仅限于"两权分离"的问题。到了19世纪60年代末70年代初,一些经济学家开始深入"黑箱"内部,研究企业内的信息不对称和激励的问题,委托代理理论才真正发展起来。现代意义的委托代理关系的概念最早是由罗斯提出的。1973年,罗斯发表在《美国经济评论》上的文章《代理的经济理论:委托人问题》指出,"如果当事人双方,其中代理人一方代表委托人一方的利益行使某些决策权,则代理关系就随之产生了。"按照Jensen和Meckling(1976)的定义,委托代理关系是一种契约,根据这个契约,一个或多个行为主体指定雇用另一些行为主体为其提供服务,并根据其提供的数量和质量支付相应的报酬。亚当·斯密(1979)最早发现股份制公司中存在委托代理的关系。他在《国富论》中指出:"股份公司中的经理人员使用别人而不是自己的钱财,不可能期望他们会有像私人公司合伙人那样的觉悟性去管理企业……因此,在这些企业的经营管理中,或多或少的疏忽大意和奢侈浪费的事总是会流行。"普拉特和泽克豪瑟(1985)则更简化了委托代理关系,他们认为只要一个人依赖另一个人的行动,那么委托代理关系便产生了。采取行动的一方即为代理人，受影响的一方即为委托人。Hart（1987）认为委托代理关系起源于"专业化"的存在。当存在"专业化"时，就可能出现一种关系，在这种关系中，代理人由于具有相对优势而代表委托人行动。

（4）法人治理。

根据《中华人民共和国民法总则》第五十七条的规定，法人是具有民事权利能力和民事行为能力，依法独立享有民事权利和承担民事义务的组织。法人制度是世界各国规范经济秩序以及整个社会秩序的一项重要法律制度。1896年颁布的《德国民法典》首次以法律形式规定了系统、完整的法人制度，其他大陆法系国家民法典纷纷仿效《德国民法典》，英美法系国家通过制定单行的法律和条例建立法人制度。我国法人制度建立相对较晚。1986年颁布的《中华人民共和国民法通则》对法人做了专章规定以后，我国才开始建立法人制度。根据法人设立的宗旨和活动性质，我国法人分为企业法人、机关法人、事业单位法人和社会团体法人。

（5）全面质量管理。

1961年，美国著名质量管理大师费根堡姆提出了全面质量控制的理念，除了对产品进行质量管理外，还将设计、制造、成品机售后服务等项目纳入质量管理中，强调"全面""全过程"，甚至将治理管理向售后服务、顾客使用满意度延伸。尽管全面质量管理的理念由美国人首先提出，但其实践和完善在日本。"二战"后的日本面临战后恢复，推行"以质量取胜"的战略，日本科学家与工程师联合会于1950年邀请美国当时著名的质量管理大师戴明、朱兰到日本，帮助日本企业提高产品质量，形成了日本企业界称之为"全公司范围内的质量管理"模式。其特点是：确立质量第一的理念，一切以用户为中心，围绕"让用户满意"开展工作，将用户对产品的使用纳入生产工序，强调各工序的相互衔接、相互协调，防检结合，以防为主，注重发挥一线员工的积极性等。1980年美国人喊出了"请回戴明"口号，美国企业界邀请戴明等人在日本的"全公司范围内的质量管理"模式的基础上,开发改造出美国的全面质量管理,直至1989年,美国国防部正式提出了全面质量管理概念。全面质量管理最早应用于制造业,但很快就推广到服务业并且获得了巨大成功,如美国的联邦快递公司一跃成为该行业的龙头,英国玛莎百货公司成为英国当时赢利最高的百货连锁集团。根据教育的服务性特点,《世贸组织协定》第十四条款将教育定义为服务行业。由此可见,学校管理也适合全面质量管理。美国的俄勒冈州立大学和英国的胡弗汉普顿大学引入全面质量管理大大降低了教育成本,提高了教育的质量和效益,得到了美国教育部的高度好评。

二、高职院校治理体系建设现状

(一)高职治理现代化面临困境

1. 价值取向偏离

高职院校治理以协调和维护多元治理主体的利益诉求为目标,这就要求高职院校内外部多元治理主体之间形成信任、互惠、合作的关系,达成学校发展的共识。但多元治理主体有着不同的利益诉求,治理理念也不尽相同。作为公共部门的政府和学校、作为私人部门的企业,以及作为"第三方"的社会组织,在对教育这一公共物品的供给上存在着长期效益和"投入—成本"比的博弈。尽管"双高计划"为"后示范"时期的高职院校发展指明了总体方向,但具体治理过程中要达成治理价值目标共识,还需各方进一步的沟通和协调。

由于我国高职院校多由原来的中职院校合并升格而成,"在组建后的高职院校办学使命中或多或少地留下了原来学校的影子,这造成了高职院校办学使命定位与高职教育办学要求存在一定差距","路径依赖"依然存在。此外,由于社会范围内崇尚学历、轻视技能的观念作祟,许多高职院校过度追求理论教育,强调学历上升空间,忽视技能训练,在校企合作、产教融合深度和广度上拓展不足，偏离了自身培养高素质技能人才的办学目标。

2. 治理结构失衡

治理结构是治理主体配置资源、协调各方利益，进而实现治理目标的重要载体。高职治理不仅要构建高职自身与外部政府、企业、行业的治理结构，还需平衡院校内部的行政权力、学术权力和民主权利结构。

当前高职院校的治理结构失衡，首先表现在行业、企业等外部治理主体并未在平等参与的基础上相互协调与博弈。在外部治理主体中，政府长期占据绝对主导地位。尽管公立高校在法律上具有独立法人地位，但政府是高职院校办学经费的主要提供者，在学校主要领导任免、人员编制和工资福利等方面享有绝对的话语权，高职院校实际上并不具备独立的自主经营权、法人财产权和独立人事权，办学自主权没有得到有效落实。其次，高职内部治理结构普遍"泛行政化"，学术权力和民主权利遭到挤压。受政府主管部门"行政化"的影响，当前高职院校普遍采用科层制行政管理结构，行政权力一直占据强势地位，掌握着关系学校发展的重大财权和人事权。"教授治学"很大程度上停留在制度文件层面，并没有得到很好的贯彻执行，在高职院校治理的许多方面未能充分发挥学术优势。院系两级教代会、学代会在保障师生参与、管理和监督上的作用仍需进一步加强。

3. 法律制度保障缺失

首先，法律制度是高职治理现代化的重要保障，当前高职院校治理的突出困境就是关于高等教育和职业教育的法律法规数量明显不足，而且增长缓慢。从改革开放至今，只有《职业教育法》《高等教育法》《教师法》等几部法律，上位法数量不足，下位法没有凭借依据，有关机构和组织只能运用相关政策来治理，出现了"高等教育治理政策化"的现象。而政策往往具有短期效应，会因政府领导的变动而改变，这就造成了高职教育治理改革不仅没有有效的保障，而且缺乏长期稳定的环境，难以取得实效。

其次，高职院校内部依法治校的意识淡薄，依法治校的效果不尽如人意。《大学章程》（简称《章程》）是高职院校的基本制度，是各项制度的核心，《中华人民共和国高等教育法》明确规定高职院校必须依章办学，依法依规治理，因此近年来国内高职院校基本都制定了自己的《章程》。但从贯彻实施情况来看，《章程》制定出来之后，学校内部领导层重视不足，宣传力度不够，教职工对《章程》的了解也十分有限，导致《章程》被束之高阁，成了一种摆设，甚至有些制度还与《章程》有冲突，《章程》对高职院校治理的指导和保障作用未能充分发挥出来。

4. 治理能力不足

从外部治理主体来看，政府参与高职院校治理的方式以宏观指导和管控为主，对各个高职院校具体情况缺乏足够的了解，难以"因校制宜"地治理。而企业、行业协会等社会力量囿于治理主体地位的不平等和自身发展的限制，在治理过程中难以有效发挥作用。从内部治理主体来看，高职院校管理层的治理能力有待进一步加强。党委领导下的校长负责制的实施是高职院校治理能力的重要体现，大多高职院校也制定了《党委领导下的校长负责制实施细则》，但也依然存在着"党政职责界定模糊，党委的决策权力和行政的执行权力之间相互制衡不足，没有完全形成党委统一领导、党政分工合作、协调运行的工作机制"等问题。此外，作为高职院校管理中坚力量的中层干部队伍还存在着年龄结构不尽合理、专业素养和职业能力参差不齐、责任心和参与积极性不高等问题，治理能力建设也有待进一步加强。

(二) 高职院校治理体系现代化存在的突出问题

1. 外部治理体系,政校未分开,管办未分离

2010 年 7 月,教育部发布的《国家中长期教育改革和发展规划纲要 (2010—2020 年)》明确要求"政校分开、管办分离"。地方各级政府也陆续将职称评聘、人才引进等权力下放给高校,一定程度上扩大和实现了高校的办学自主权。但由于历史的惯性,政府权力仍过大、过强,高校的办学自主权受到严重挤压,社会的评估监督权难以落实,政府、高校、社会三者之间"一大二小"的权力格局并没有得到根本改善,这在高职教育中表现得尤为突出。

"一大",是指在政府、高校、社会三者关系中,政府"一头独大",占据主导地位,在高校人财物等关键要素的配置中拥有绝对话语权,掌握了办学经费、财政支持、人事编制、职称评审、招生计划等重大事项的决策权,成为政策的制定者。政府既是管理者,又是评判者,使得"管办分离"难以落实。高职院校大多由省级政府部门、行业系统或地方市级政府主办,行政上直接受本级政府领导,业务上执行上级教育主管部门的行政指令。这种一元单向的行政管理模式,大大侵占了高职院校和社会的权力空间,严重损害了利益相关方的权益。同时,由于缺乏有效的约束和监督机制,使得政府拥有权力却不承担责任。这种不受约束的行政权力,严重影响了高职院校根据市场需求自主办学的积极性和灵活性,与新形势下高职院校治理体系现代化的目标不一致。

"二小",是指在政府、高校、社会三者关系中,高校和社会处于弱势地位,完全受制于政府,高校办学自主权极其有限,社会考核评估高校的权力更是难以实现。高职院校的法人地位虽然在制度层面上早已确立,但由于缺少与之配套的政策制度,多年来一直未能落实,使得高职院校只能听从政府的指令。这不仅不利于激发高职院校办学主体的主动性和创造性,同时还养成了"等、靠、要"的习惯,其治理能力和管理

效率也得不到提升。职业教育跨越企业与学校疆界的跨界性质，要求高职院校开门办学，通过"校企合作，产教融合"等形式，与企业、行业保持密切联系并形成良性互动。在这一过程中，企业、行业不仅为学生提供专业实践锻炼的机会和就业岗位，同时对高职院校的办学水平和人才培养质量也拥有监督权。随着校企合作的不断深化和高职院校办学主体的多元化发展，企业、行业参与高职院校治理的意愿不断增强，但由于缺乏制度上的保障和路径上的设计，参与高职院校治理面临诸多困难。一是因缺乏相关制度和路径保障，作为利益相关者的企业、行业，却没有权力行使自己的监督权。二是由于长期"缺位"，导致企业、行业没有能力行使社会监督权，且企业、行业内的相关中介组织少，发育不成熟，缺乏相应的专业知识和能力，难以承担起考核评估高职院校办学水平的重任，原本属于社会的监督权也拱手让给了政府。三是企业、行业的监督权难以实现，自身权益得不到保障，对校企合作的热情不高，严重影响了校企合作的全面推进和深度开展。

2. 内部治理体系，制治理结构不合理

当前高职院校法人治理结构是党委领导下的校长负责制，推行的是"党委领导、校长负责、教授治学、民主管理"的治理结构，主要表现为政治权力、行政权力、学术权力和监督权力之间的分工协作、共同治理。在机构设置方面，高职院校基本按行政管理模式设立，分为党群组织、行政组织和教学组织三大块，组成官僚制组织结构。在这种官僚制组织结构中，各种权力之间虽然有分工，但权力的范围及彼此的边界并不十分明确，缺位、错位、越位等现象时有发生，尤其是行政权力对学术权力的不断侵蚀和挤压，导致行政权力的空间不断扩大，高职院校行政化色彩变得越来越浓。这种高职院校官僚制治理结构，不仅打破了各种权力之间的相互制衡，同时也保守僵化、效率低下，严重制约了高职院校的办学活力和未来发展，不利于校企合作及国际之间开展交流合作。

3. 治理体系中，综合监督权未实现

当前高职院校内部治理体系中监督权分属以下两个方面：一是组织监督权，由纪委组织实施，主要对高职院校的办学方向、思想政治工作及党风廉政建设等方面进行监督，一般不干涉高职院校办学的具体事务，对政治权力、行政权力和学术权力的监督与制衡的作用也极为有限。二是民主监督权，由教代会与学代会组成，是高职院校内部治理的相关利益者，代表广大师生，对高职院校的具体事务及相关权力的运行进行监督。教代会和学代会是高职院校管理体制的重要组成部分，是全体教职工和广大学生行使民主权利、依法参与高职院校治理的基本形式，也是高职院校领导听取广大师生意见与建议的重要渠道，是高职院校治理体系现代化的具体体现。但由于各种原因，教代会和学代会在高职院校治理体系中的地位未能落实，参与高职院校治理的途径不多、渠道不畅，难以真正行使民主监督权。

三、健全高职院校治理体系思路

（一）高职院校治理体系现代化的目标

构建具有民主性、法制性、系统性、生态性、发展性的治理体系，是高职院校内部治理体系现代化建设的目标使命。

1. 治理体系民主性

高职院校内部治理体系现代化首先要求民主参与，教职工和广大学生不再是学校的被管理者，而是学校治理的主动参与者，能够建言献策、积极主动参与学校事务的治理，按照少数服从多数的原则开展民主决策。这就要求高职院校通过体制机制建设激发民主参与的积极性，通过制度体系改革建立民主管理的通道，通过简政放权释放民主管理的空间，从而改变以往管理的单向性，实现治理的多向性，形成合力共同推进高职

院校发展。构建民主化的治理体系：一是有助于广开言路，了解利益相关者的合理诉求。广大教职工和学生能够从不同的层面反映学校管理过程中存在的问题，并能够对问题提出合理化的意见和建议。二是有助于形成科学决策。在全面了解各利益相关者的诉求后，决策者在共同治理、协商治理的环境中形成的决策就能够代表利益相关者的利益，实现决策的科学性。三是有助于决策实施。代表各方利益的科学性决策会得到各利益相关者的拥护，在决策实施过程中就避免了阳奉阴违、有令不行的现象，决策实施比较顺畅。四是有助于决策准确有效反馈。民主化的决策和民主化的决策实施将得到民主化的反馈，有助于决策的完善，从而形成良性的质量循环，提高治理的效率。

2. 治理体系法制性

高职院校内部治理既要依据国家的法令制度，也要依靠院校的章程和内部管理制度进行治理。从院校实践看，目前院校内部制度体系存在较多问题，主要表现在：一是制度体系不完备，制度缺位的现象比较严重。二是制度之间相互矛盾，不同的制度之间有冲突，同一制度的不同版本同时执行。制度混乱造成制度执行难，这也是有部分管理者认为"人治"比"法治"更便捷的原因。三是制度体系陈旧，无法适应新的发展形势，制度也就失去了应有的作用。四是制度体系形同虚设，得不到有效执行。在高职院校管理实践中，无"法"可依，有"法"不依和执"法"不严是三大问题。高职院校内部治理体系现代化建设要求以制度规范为依据进行治理。一切行动依靠制度，在制度的规范中实行共同治理。构建具有法制性的治理体系：一是有利于构建一套科学合理、体现民主意识的制度体系，解决因制度体系缺失、矛盾和陈旧而造成的"无法可依"的问题。二是有利于在制度体系的框架下开展院校治理，解决因以往"人治"的随意性、偏向性和武断性而形成的"有法不依"的问题。三是有利于解决制度的执行难问题。通过制定反映民意、科学合理的制度，解决制度执行难、选择性执行和不执行的"执法不严"问题。

3. 治理体系系统性

系统论的核心思想是系统的整体观念。高职院校内部治理体系具有系统性的特点，主要体现在三个方面：一是治理理念、制度、行动的系统性。高职院校内部治理体系是一个完整的系统，是一个由民主的理念、科学的制度和严格的执行组成的系统。其中，理念是引导，制度是核心，行动是保障。二是治理目标、内容和路径的系统性。高职院校内部治理既包括对当下高职院校的治理，也包括对高职院校未来发展的把握，包括短期目标、中长期目标和长远目标；既包括高职院校全局目标，也包括高职院校各部门、各二级学院的发展目标。围绕不同层次、不同时期的目标，高职院校需要细化相应的治理内容，并采用相应的策略和方法来推进治理内容的实现。三是高职院校过去、现在和未来之间的系统性。高职院校内部治理体系建设需要关注高职院校的过去、现在和未来。高职院校往往有着自己的独特历史与传统，在着眼于现在的同时，也要关注院校的发展历史和未来发展趋向。构建具有系统性的治理体系：一是有助于实现理论与实践的统一。理念、制度和行动之间的良性循环，改变了以往"想当然"的盲动局面。二是有助于实现目标、内容和路径的统一。治理体系改革形成了以目标为指向的树形结构，目标清晰、任务明确、路径合理，有利于治理的实施，解决了以往任务不清、责任不明、相互推诿、行动迟缓的局面。三是有助于实现历史、现实和未来的统一。"历史"是阶梯，"未来"是指向，"现在"是"历史"的发展，也是"未来"的基础。解决以往"人治"环境下任意否定历史和忽视未来的问题，把历史、现在和未来作为一个整体，有利于形成"向上""向前"发展的合力，从而推动高职院校内部治理目标的实现。

4. 治理体系生态性

教育生态学以生态系统的整体、系统、平衡观来重新分析和构建教育的理论框架，已经成为21世纪大学可持续发展的一种全新理念。教育生态化是指按照教育生态学的观念，致力于解决教育过程"本体自然"和"体外自然"的对抗性矛盾，以形成整体的动态平衡的教育。根据教育生态学原理，高职院校处于一个生态系统中，包括高职院校内部生态和高职院校外部生态，高职院校内部治理既要适应和促进内部生态的发展，也要适应和促进外部生态的发展。高职院校生态性治理体系主要包含两个层面：一是高职院校内部生态，高职院校内部是由学生、教师、行政人员及其他相关人员按照一定的规范和目标组成的一种特殊的社会组织，高职院校内部治理要面向内部的利益相关者，实行校务公开，内部的利益相关者共同参与决策，共同参与决策实施，共同实施反馈与决策修订，形成良性的质量循环，共同推进治理能力和水平的提升。二是高职院校外部生态，主要包括政府、行业企业和社会。首先，高职院校要与政府形成互动，积极争取职业教育政策挟持，促进办学能力的提升。其次，职业教育作为与行业企业结合最为紧密的一种教育形式，高职院校内部治理要面向行业企业，进一步开展校企合作，推进产教融合，在师资队伍建设、课程建设、实训建设等层面与企业互动发展。最后，高职院校要面向社会，发挥院校在师资、课程等方面的优势，为社会提供技术咨询、社会培训等服务，发挥院校的社会服务功能，推进地方经济社会的发展。构建具有生态性的治理体系：一是能够激发内部人员的积极性、主动性和能动性，提高民主参与意识，提升决策的科学性，促进治理水平的提升。二是能够提高政府对学校的关心和支持程度，提高办学能力，提高行业企业与高职院校的融合对接、协同发展的程度，不仅为行业企业提供优质的人力资源，而且通过需求对接，为行业企业提供政策咨询、技术研发等咨询与研发服务，成为行业企业发展的有力支撑。

5. 治理体系发展性

持续发展性是事物的本质属性。高职院校内部治理体系建设同样存在发展性，治理的最终目标要达到"善治"，高职院校内部治理体系建设要达到"善治"的境界，必须坚持发展的观点，始终保持现代性和先进性。其主要表现在以下方面：一是治理主体的发展性。高职院校内部治理首先要让教职工和学生在思想上更新观念、行为上与时俱进，否则旧思想只能成为发展的羁绊，这就要求高职院校要不断加强教职工和学生的思想观念的更新，开展经常性的讲座、研讨、参观考察等活动，让教职工和学生在活动中形成共识和动力，真正提高民主参与的科学性、有效性。二是治理结构的发展性。治理结构既影响到治理的决策，也影响到治理实施的效率和效果。在治理过程中，高职院校要根据自身实际，形成科学合理的治理结构，并在实施过程中不断优化结构，切实提升治理结构的效度。三是治理内容的发展性。不同的高职院校有不同的治理内容和治理重点，同一院校在不同的历史时期的治理内容也不一样，这就要求高职院校本着实事求是的态度，认真分析本校的实际，在尊重历史、展望未来的基础上，实事求是地确定当前的治理目标、治理内容及治理要点。四是治理方法的发展性。高职院校要针对自身的实际情况，探索有针对性的治理方法，用发展的态度审视治理方法的得当性，在不断发展变化中形成自身的治理特色。构建具有发展性的治理体系：一是有助于提升治理决策和实施的成效，解决因为治理主体认识不足而造成的管理层与广大教职员工和学生在行动上对立的问题。二是有助于提升治理的效率和效度，解决治理结构单一、混乱和烦琐的问题。三是有助于提升治理的针对性，解决以往治理内容的随意性、短浅性的问题。四是有助于高职院校在治理目标、内容、方法的改革实践中形成个性与特色，解决"千校一面"的问题。

（二）高职院校治理体系现代化建设思路

高职院校内部治理体系现代化的过程是一个持续改革的过程，不可能一步到位。从理念的变革到行动的变革，再到体系的完善是一个漫长的过程，其建设成效也是逐步显现出来的。因此，我们在治理体系现代化建设过程中，要避免急躁的心态，做好分步实施的计划和安排。我们认为，治理体系现代化建设大体可以分为三个步骤，即第一步从管理到治理的变革，第二步从治理到共治的变革，第三步从共治到善治的变革。三个阶段的目标和任务各不相同，前一阶段是后一阶段实施的基础，后一阶段是前一阶段实施成果的体现。通过三个阶段的实施，最终完成高职院校内部治理体系现代化的变革。

1. 从管理到治理的变革

从管理到治理是高职院校内部治理体系改革的逻辑起点，此阶段的主要目标是从权威依赖型向自我发展型转变。围绕这一目标，高职院校要开展以下三个方面的工作：一是从思想观念层面进行发动宣传，邀请相关领域的专家学者以讲座、研讨等形式对高职院校管理层、广大教职员工和学生进行理念更新，并组织高职院校内部利益相关者开展讨论，探讨从管理到治理的变革举措。二是在治理结构层面改变以往行政独大的结构，建立分权与制衡相统一的治理结构，在横向层面建立党委、行政和教授等民主力量的分权结构，在纵向层面建立向二级学院分权的扁平化的治理结构。三是在治理制度层面，围绕治理结构的变革开展相应治理制度体系建设，在制度体系中体现民主论参与治理的特征。通过三个方面工作的开展，逐步转变理念，完善治理结构和制度体系，不断提高决策和管理的民主化、科学化和规范化的水平。

2. 从治理到共治的变革

从治理到共治是治理体系现代化的关键一环。在治理理念、治理结构和治理制度体系逐步完善的基础上,高职院校内部治理体系建设可以进入第二个阶段。该阶段的主要目标是实施共同治理,主要任务有以下三个方面:一是在业务层面,建立民主参与高职院校业务治理的渠道,构建各类委员会,包括学术委员会、教学工作委员会、科研工作委员会、学生工作委员会、学生自治委员会等。在学术治理层面,充分授权学术委员会,发挥其在科研、专业与课程建设等方面的决策作用。在教学管理层面,发挥教学工作委员会的协商与决策作用。在学生管理层面,发挥学生工作委员会和学生自治委员会的反馈、协商、决策功能,提升民主力量的参与意识。在科学研究层面,发挥科研工作委员会的协商功能,共同形成科研的评价体系。二是在学校管理层面,充分发挥政府、学校、行业企业共同参与的咨询委员会、党委会、党代会、党政联席会议、教职工代表大会、学生代表大会、工会等各类机构的功能,在价值认同和维护公共利益的基础上,建立信任、互利与平等的协调网络,多元主体共同参与,民主协商与决策,共同实现高职院校利益最大化。三是在治理方法层面,运用共同治理、协商治理以及民主与法治相结合的方法,推动院校治理体系的现代化。通过三个方面任务的开展,从业务层面、管理层面以及方法层面推动治理体系建设,实现向利益相关者共治的跨越。

3.从共治到善治的变革

从共治到善治是治理体系现代化的终极目标。治理的最终目标是善治,其本质特征就是各方主体处于协调状态,在维护集体利益最大化的基础上实现个人利益。为此,本阶段主要立足于治理文化的形成和固化,主要任务有以下三个方面:一是把握善治的内涵与特征,实现善治需要良好的治理文化作为支撑,需要共同的心理因素和共享的价值观念,并以此作为行动的指南。二是构建具有引领作用的治理评价体系。治理评价是治理实施的指挥棒,是治理文化的最集中体现。高职院校要在实践的基础上围绕治理结构、治理制度、治理方法、治理保障等方面不断总结,形成具有高职教育特点和本校特色的治理评价体系,以此引领治理体系的改革和建设。三是不断固化治理文化。在治理改革实践中,要大胆实践、勇于改革、推陈出新、敢于否定和创新,对已经成型的经验和做法要通过制度进行固化,形成可推广的经验和文化。通过这三个方面任务的开展,明确治理改革的终极目标,并构建以善治为使命的治理评价体系,在实践中不断固化治理制度和文化。

(三) 高职院校治理体系现代化建设途径

1. 加强根本保障,推进治理环境法治化

治理体系现代化需要有一个良好的治理环境,即法治环境,因为只有做到依法治教、依法治校,才能将利益相关者权利的分配、运行和监督纳入法律框架内,确保各方对权责利的均衡追求。同时,全面依法治教和依法治校,是高职院校治理体系现代化的题中应有之义。高职院校治理环境包括外部环境和内部环境。

外部环境的法治化,是指依法治教,即通过法律法规明确政府、高职院校和社会三者的权力边界,协调三者对权责利的均衡追求,真正实现"政校分开,管办分离"。一是加强职业教育法律保障体系建设,突破法律供给不足、法治基础薄弱的瓶颈。我国教育法律法规建设滞后,法治基础薄弱,在职业教育领域尤为突出,具体表现为:职业教育法律法规建设严重滞后;《中华人民共和国职业教育法》法律条文笼统、抽象,缺乏可操作性,存在结构不合理、体例不完整等问题。因此,应构建独立的职业教育法律法规体系,以法律法规的形式明确政府、高职院校、社会三者的权力边界,落实高职院校的法人地位,彻底改变"一大二小"的权力格局,充分调动高职院校办学的主动性、灵活性和创造性,激发高职院校的办学活力。通过法律倒逼政府转变职能,将该放的放下去,该转移的转移走,该管的管起来,从"导演""裁判员"转变为"引导

员""服务员",并且做到不缺位、不错位、不越位,为推进高职院校治理体系现代化保驾护航。二是加快校企合作法律法规建设,尽快制定出台诸如《校企合作促进法》等法律,明确校企双方的权责利,将校企合作的财政补贴、税收优惠、项目开发、技术服务、学生实训等纳入法律框架内,推动校企之间的合作健康有序发展,为校企合作提供法律保障。"校企合作、产教融合"既要有微观层面的深度合作,又要有宏观层面的权责利均衡追求。地方行业协会、企业联盟等民间组织机构,可通过对高职院校办学模式和办学水平的考核评估,参与到高职院校治理过程中,以此促进高职院校的制度建设,帮助高职院校不断提高治理水平。校企合作等相关法律法规的建设,不仅有利于加强企业、行业与高职院校之间的合作,同时也有利于激发企业、行业及相关社会组织参与高职院校治理的热情,进而提高高职院校的治理能力。

内部环境的法治化,是指依法治校,即依法明确高职院校内部政治权力、行政权力、学术权力和民主监督权力的权力空间,划定彼此的边界,做到权责利的均衡统一。在具体办学活动中,高职院校作为一个独立法人,应依据《中华人民共和国职业教育法》,将《大学章程》作为高职院校的根本大法,通过权力配置和制度设计,规范和监督各种权力的分配和运行。所有的规章制度都要建立在《大学章程》的基础之上,不得与之相抵触,从而营造一个依规办事、依法治校的良好环境。这一方面需要高职院校在《中华人民共和国职业教育法》框架内,根据高职教育的发展规律和自身的办学目标,不断完善《大学章程》;另一方面需要确立《大学章程》作为高职院校根本大法的地位,并在实际治理过程中将这一地位落到实处。

加强章程、教代会、学代会等内部治理制度建设,构建依法治校的法治基础。"章程是高等学校依法自主办学、实施管理和履行公共职能的基本准则",在整个依法治校的进程中发挥着类似"宪法"的根本性作用,是"政校分开、管办分离、依法办学、社会参与"的现代大学制度的集中体现，是高职院校开展内部治理的制度基础。没有章程就没有成功的内部治理。因此对高职院校而言，当务之急是建立自己的章程，保证办学理念和办学目标得以实现。在制定章程时，既要考虑到高职院校隶属我国大学体系的实情，不能简单移植大学的章程，又要充分考虑高职院校紧密联系行业产业办学的行业特色。教职工代表大会制度、学生代表大会制度是高职院校实施内部民主治理的重要形式，同样在内部治理过程中不可或缺。教职工代表大会是以教职工为主体的学术权力行使治理权力、参与内部民主管理的途径，学生代表大会是以学生为主体的民主权利参与高职院校内部治理的窗口。高职院校要进一步对两项制度进行完善，保证正常运行，通过设立学生校长助理、教代会和学代会代表列席院长办公会、重大问题征求代表意见等方式来提高民主权力参与内部治理程度，增强民主氛围，最终在内部形成以章程为核心、两大制度为支柱的高职院校内部治理制度体系，确保内部治理机构有序、依法开展内部治理。

2. 重视思想变革，推进治理主体多元化

治理是20世纪初西方行政管理学治理理论的核心内容，全球治理委员会在1995年发布的《我们的全球伙伴关系》研究报告中提出，治理是各种公共的或私人的机构管理其共同事务的诸多方式的综合，是使相互冲突的或不同的利益得以调和，并采取联合行动的持续过程。这既包括有权迫使人们服从的正式制度和规则，也包括各种人们同意或以为符合其利益的非正式制度安排。可见，多元主体是治理的题中之意。治理主体多元化是指利益相关者在民主法治的框架内，通过平等协商达成共识并采取联合行动，既不同于以强制作为后盾的一元单向的"统治"，也不同于以行政命令为手段的自上而下的"管理"。多元共治、合作包容，是治理现代化的核心内容，关涉不同主体的权力分配、运行和监督。

高职教育与普通高等教育最大的不同在于，它不仅重视学生的专业

知识学习和专业素养提升，而且尤其重视和强化学生的专业技能学习和训练，同时还十分重视加强与地方企业、行业之间的联系。高职院校作为一个典型的利益共同体组织。就其内部而言，存在着党委、校长、教师、学生这四种治理主体，他们密切关注学院的发展，与学院的利益息息相关，一荣俱荣、一损俱损，因此高职院校的党委和校长要解放思想，勇于创新，推进内部多元治理主体参与院校的治理工作，尤其是处于弱势地位的教师和学生，更要提高他们的治理地位，建立健全相关制度，确保教师和学生可以通过学术委员会、教职工代表大会和学生代表大会等载体积极参与内部治理。对外部而言，高职院校主要通过"校企合作、产教融合"的形式，加强与企业、行业及其他社会组织的联系，为企业、行业培养和输送高素质技术技能型专门人才。政府、高职院校、企业、行业及相关社会组织，与高职教育发展息息相关，是高职教育的利益相关者和高职院校的治理主体。同时，随着高职教育的进一步开放，民间资本和社会力量越来越多地参与到高职院校办学之中，高职院校国际之间的合作办学也蓬勃发展起来，利益相关者也越来越国际化和多元化，超越了体制、地域和国别的限制。各方利益相关者为了维护自身权益，参与高职院校治理的意识和能力显著增强，在多方共治的互动中实现权责利的均衡发展。因此，作为现代治理题中之意的治理主体多元化，既是高职教育发展的结果，更是实现高职院校治理体系现代化的必然选择。

3. 优化治理理念，推进治理模式多样化

治理是由多个利益相关者依照相关法律法规，在平等协商的基础上达成共识并采取联合行动。不同治理主体与治理理念结合，构成不同的治理模式。根据不同治理主体及其治理理念的组合方式，当前高职院校主要有政府主导型、行业主导型与"政校企"协同治理型三种基本治理模式。政府主导型治理模式是以政府为主导、高职院校自主办学、社会广泛参与的共同治理。政府主导型治理模式有政府权力过大、高职院校

办学自主权和社会监督权不足、管理效率低下等缺点,公办高职院校基本采用这种治理模式。行业主导型治理模式是以非法人产学联合体的职教集团为主导,将利益相关者的共同治理分为五个层面:理事大会是职教集团的最高权力机构,常务理事会是职教集团的执行机构,秘书处是职教集团的工作机构,下设教务委员会、教学管理委员会。行业主导型治理模式有集团权力过大、秩序混乱等缺点,民办高职院校多采用这种治理模式。"政校企"协同治理模式,能有机地发挥政府、企业在职教发展中的积极作用,克服三方在合作中存在的不足,形成一个合作共治、互惠共赢的治理模式,政府与企业、行业合作办学的高职院校多采用这种治理模式。

随着我国经济社会的转型升级,对高素质技术技能型专门人才的需求愈加迫切,参与高职院校的办学主体也越来越多,既有企业、行业,也有产业联盟和社会团体;既有县级地方政府,也有国际组织和国外高校。多元办学主体形成"混合制",是时代发展的大趋势。多元主体的利益诉求和治理理念不一样,不同办学主体与办学组合,形成新的治理模式,需要积极探索不同治理模式以适应新的发展趋势,实现相关利益者对权责利的均衡追求。作为跨越企业与教育领域的高职院校,其治理主体及其治理理念多元而复杂,单一的治理模式难以满足不同利益相关者的要求。因此,治理模式多样化,既是高职院校治理体系现代化的本质特征,也是时代赋予的一个崭新课题。

4. 着重内部革新,推进治理结构层级化

当前高职院校治理结构基本沿袭中专或复制普通高校的治理结构,这种治理结构,看似分层有序,实际上却交叉分散,未能形成一个有机整体。从外部治理看,高职院校存在治理主体单一、所依托的企业、行业难以参与高职院校治理等问题;从内部治理看,高职院校存在管理机构庞杂、管理效率低下、监督反馈机制不够完善、自我反省和纠错能力弱等问题。再加上较长一段时间规模扩张式发展所带来制度机制建设的滞后，严重影响了高职院校的治理水平和管理效率，制约了高职院校治理体系现代化建设，不利于高职院校从规模扩张向内涵建设的转型发展和高素质技术技能型专门人才的培养。高职院校治理结构是一项系统工程，有其内在的逻辑关系。高职院校要立足自身办学实际，依据现代治理理念，将相关利益者的权责利纳入其结构框架内，通过机构设置和制度建设，构建一个相互制衡、执行有力、运行高效的治理结构。依据现代治理理念，权力的纵向运行可分为咨询、决策、执行和监督四个权力层次。咨询层应设置专门的咨询机构或委员会，由政府主管领导、企业代表、行业专家、职教研究学者及社区居民代表组成，为政府、企业、行业等不同治理主体参与高职院校治理提供平台，也是联系内外治理结构的关键纽带。咨询机构的意见与建议对高职院校的改革、建设和发展等重大事项有指导和监督作用。决策层由高职院校党委会成员和教代会代表组成，在咨询机构的意见与建议的基础上，研究部署高职院校重大事项并做出科学决策。加强党的领导，不断完善党委会会议制度和重大事项的议事规则，是中国特色社会主义最本质的特征，也是治理体系现代化的政治基础。执行层由高职院校院长全权负责，由院长办公会成员组成，负责研究落实高职院校党委会的决策部署。监督层由高职院校纪委成员、教代会和学代会代表组成，通过正常的组织渠道或有效途径，行使监督权。权力的横向制衡可分为政治权力与行政权力、行政权力与学术权力、决策权与监督权，其中尤为突出的是行政权力与学术权力。为了突出教学的主体地位，减少行政权力对学术权力的干预、侵占和挤压，高职院校一方面推行大部制，通过"转并撤"减少行政机构，提高工作效率，避免"政出多头""交叉矛盾"给教学带来的干扰；另一方面积极推行校院两级管理，高职院校行政部门负责做好宏观调控和服务工作，将财权、人权、职称评审、专业建设和教学改革等更多权力下放给二级学院，激发并释放高职院校办学活力，使专业建设与人才培养更加贴近市场需求。

5. 强化技术保障，推进治理手段信息化

治理手段信息化为治理体系现代化提供了技术保障。信息化管理是以信息化带动工业化，实现企业管理现代化的过程，它是将现代信息技术与先进的管理理念相融合，转变企业生产方式、经营方式、业务流程、传统管理方式和组织方式，重新整合企业内外部资源，提高企业效率和效益、增强企业竞争力的过程。高职院校治理体系现代化需要治理手段信息化提供技术保障，因为运用信息化手段进行管理，不仅能极大地提高高职院校管理效率和治理水平，同时也使权力运行变得更加规范、有序和透明，便于相关利益者和广大师生监督，真正做到公开公平公正、有序高效廉洁。另外，信息化管理所带来的无纸化办公及其对内外部资源的整合，也大大节约了管理成本。因此，可以说，一所高职院校的信息化水平，是衡量其治理水平和现代化程度的重要标尺。

伴随着新一代信息技术的进步与发展，治理理念和手段也继而发生了较大的变化，在此情况下透明性的治理也逐渐变成了可能。要推动智慧校园建设，增强治理主体应用大数据、云计算、5G、人工智能等高新技术的意识，牢固树立信息技术思维；并通过培训、继续深造等途径提高治理主体运用新技术手段的能力，提升主体技术素养。要灵活地创建融合教育部互联网与政府服务相融合的网上办事大厅，这对于有效实现政务服务统一申请以及集中办理，分步骤地进行教育政务数据的开放共享，逐步实现完善清单标准化十分有利，促使办事指南开始逐渐变得更加规范化与客观化，逐步实现审查工作细则化与业务办理协同化，逐步形成一站式的服务模式。包括建设网上事务厅，逐渐实现财务报销、项目申报、预算管理等等各种线上的办理，以此来不断提升管理服务的效率以及透明度。突破信息的孤岛，创建统一门户，以此来逐步实现校内系统的一站式访问。创建云计算、大数据与人工智能技术等技术的作用，创建智能化管理服务平台，推动管理服务运算的顺畅运行，以此来不断为管理决策给予数据上的支撑。

四、小结

加快实现学校治理体系、治理能力现代化，推进高职院校建立健全依法自主管理、民主监督、社会参与的治理结构迫在眉睫。高职院校治理体系现代化既是构建现代职业教育体系的重要基础，也是创新发展高等职业教育的根本保障。高职院校治理体系现代化是一个开放系统、动力机制和学习过程，其关系模式、实现路径及发展趋势均在实践中呈现出独特性。治理体系的现代化建设作为教育现代化的重要基础条件，可以十分有效地推动高等教育治理体系现代化建设，这也是新时代对高等教育改革以及发展的重要要求，同时也是体现出了院校高质量发展的重要趋势。

第六章 黄河水院治理能力建设实践研究

一、黄河水院基本情况

（一）学校基本办学概况

黄河水利职业技术学院（简称"黄河水院"）位于河南省开封市，是首批国家示范性高等职业院校、国家优质高等职业院校、中国特色高水平高职学校（A 档）建设单位。始建于 1929 年，先后历经国立黄河流域水利工程专科学校、黄河水利专科学校、黄河水利学院、黄河水利学校等沿革。1998 年改制为黄河水利职业技术学院，2000 年由水利部划归河南省实行省部共建。学校历经多年发展，形成了"技术人才摇篮，创新服务基地"的办学理念，和以工为主、以水为特，一体两翼、特色发展的专业定位，培养的近二十万名毕业生，活跃在祖国的大河上下、大江南北，为我国人民治黄和水利事业做出了突出贡献，被誉为"黄河技干摇篮"和"黄河流域的黄埔军校"。黄河水利委员会原主任、水利部原副部长李国英曾在视察学校时说："没有黄河水院，就没有黄河 50 多年的岁岁安澜"。

（二）治理体系建设情况

学校围绕办好新时代职业教育的要求，对标对表，推进学校综合改革，坚持依法治校、按章程办学，探索更具活力、更富效率的管理体制和运行机制，坚持以立德树人为根本任务，构建开放共治的现代职业教育治理体系，大力推进治理能力建设。

坚持党对学校工作的全面领导。始终把政治建设摆在首位，增强校党委的政治领导力，全面推进党的建设各项工作。深入学习贯彻习近平新时代中国特色社会主义思想，增强"四个意识"，坚定"四个自信"，做到"两个维护"，始终在思想上、政治上、行动上同以习近平同志为核心的党中央保持高度一致。坚持党管办学方向，党管改革发展，党管干部，党管人才，把党的领导贯穿学校办学治校、教书育人全过程。

坚持党委领导下的校长负责制。贯彻落实十九届四中全会精神和职业教育改革要求，深化办学体制与育人机制改革，打造具有黄河水院特色，能够充分发挥学校专业、人才和技术优势，服务黄河流域生态保护和高质量发展的制度体系，构建开放共治的治理结构，提升领导干部履职尽责能力，构建现代化的职业教育治理体系。

落实立德树人根本任务。把培养社会主义建设者和接班人放在中心位置，全面加强师生思想政治工作，推进"三全育人"综合改革，让学生成为德才兼备、全面发展的人才。把立德树人内化到学校工作各领域、各方面、各环节，做到以制度为根本，以治理为核心，完善治理结构、深化综合改革，扎实推进人才培养模式改革、人事制度改革、科研体制机制改革等，实现从外延式发展到内涵式发展的转变。

二、以制度管制度，打造制度全生命周期管理新模式

科学构建和运行学校制度体系，是促进职业院校内涵发展的关键因素，也是推进学校治理体系与治理能力现代化的内在要求。为规范制度建设，促进学校内部管理工作的制度化、标准化和信息化，进一步完善学校制度体系和治理体系，全面增强制度执行力、提升管理效率和质量，学校创新制定《制度建设管理办法（试行）》，探索打造一个以制度管制

度，全生命周期制度管理新模式。对各类制度的起草、研讨、审批、培训、执行、修订、废止等环节进行统一规范，有效促进了学校治理能力和治理水平的提高。

（一）制度科学分类，实施归口管理

为了推进学校内部质量保证体系建设，建立常态化自主保证人才培养质量机制，规范制度建设，在广泛调研论证的基础上，学校把管理制度科学分类，分为组织管理制度、工作管理制度、目标管理制度和绩效管理制度4种类型，各类制度的制定和修订，按部门职能进行归口管理，所有制度的解释权均归制度制定部门。

组织管理制度是规范组织行为的管理制度，包括各级各类组织章程、机构设置、职责划分、岗位设置等方面的制度。工作管理制度是规范各职能部门和教学单位各项专业职能的制度，包括各类工作及教学规定、业务流程、内部控制等制度。目标管理制度是规范各种行为标准的制度，包括学校不同层面的建设标准、工作标准或发展标准。绩效管理制度是规范各种行为实施效果及诊断与改进的制度，包括学校不同层面的工作绩效检查、监督与考核及考核性诊改制度。

合理界定制度内容，要求完整的可操作的制度应包含基本内容、操作流程等内容。制度基本内容包括制度制定的目的、适用范围、调整对象、制度正文约束条例、考核条例和档案管理。制度操作流程指为了实现特定的目的，多部门之间合作共同完成的工作过程，要求依据基本内容绘制出制度操作的流程图，流程图要体现执行部门、执行条件和标准要求。制度操作表单是依据制度基本内容与操作流程所涉及的表单。

根据管理活动的特点、性质及其范围大小等，把管理制度的文体划分为章程、条例、职责、守则、办法、制度、规定、细则等几种。章程指严格依据国家法律法规要求，规范学校行为和治理结构等方面的管理制度。条例是规范某一类对象、某一系统（过程）、某一系列活动的综合性管理制度。职责是针对工作岗位特定对象制定的管理制度，包括各管理层次、各级、各类岗位职责与相关的工作描述。守则是确定教职员工及学生行为规范方面的管理制度。办法是确定某一方面或特定管理对象、过程、活动的方法和要求的管理制度。制度是规范某一方面工作、管理活动行为准则的管理制度。规定是确定特定对象、过程、活动规范、准则方面的管理制度。细则是为实施制度、规定、守则、办法而制定的更为具体的管理制度。

制度编制、修订管理实行归口管理。党政办公室负责制度建设的管理，包括制度体系管理、制度会审、制度文件审批、文件编号、打印下发、整理建档等，并负责逐项督导落实。制度责任单位即制度的编制及督导执行单位为学校各职能部门，职能部门负责制度的制定及督导执行（包括调研、起草、征求意见、编写培训教案及制度宣讲、编制制度检查计划和制度修订等）。制度的责任单位必须对每一项制度确定制度责任人，责任人的主要职责是负责对制度进行宣讲、检查制度执行情况和建立制度档案等。制度责任人一般由部门领导指定责任人；制度责任人工作发生异动时，应及时重新指定制度责任人并进行制度档案交接。

图 6-1　制度建设全生命周期运行于"制度管理平台"上

学校开发一套制度建设线上平台，通过制度管理平台，开展制度的意见征集、审核、发布等，制度建设全部实现信息化（如图6-1所示）。

（二）加强流程管理，规范制度"废改立"

1. 制定制度编制的流程

具体流程为（见图6-2）：职能部门对制度编制需求进行识别与确认→起草初稿→组织与制度相关单位进行研讨并征求意见→党政办公室初审→根据制度的重要程度组织会审或会签→经主管校领导审批后以文件下发。

制度编制需求的识别与确认。要求各职能部门全面分析和识别制度编制的需求，了解本部门职责、国家相关规定、相关制度建设及执行情况，特别要找准存在的问题，并参考同类制度，填写制度需求识别与征求意见单。制度在初稿编制完成后，必须在学校相关部门范围内征求意见，反馈意见必须由各单位主管领导签字。若为了工作方便，提高效率，可组织与制度相关单位／部门进行研讨，研讨结果以会议纪要的形式确认，而不再另行征求意见（"会议纪要"可代替"制度需求识别与征求意见单"）。

党政办公室开展制度初审。初审的内容包括：采纳反馈意见情况；与其他制度的衔接情况；制度重要程度的判定是否正确；制度编写格式是否规范；有无相应的流程与表单；有无检查计划和培训计划表；有无制度需求识别与征求意见单（或相应会议纪要）；有无制度履历表等方面。制度审核人员要形成书面的审核意见，填写制度审核单，并随同制度文本一起提交学校审定。

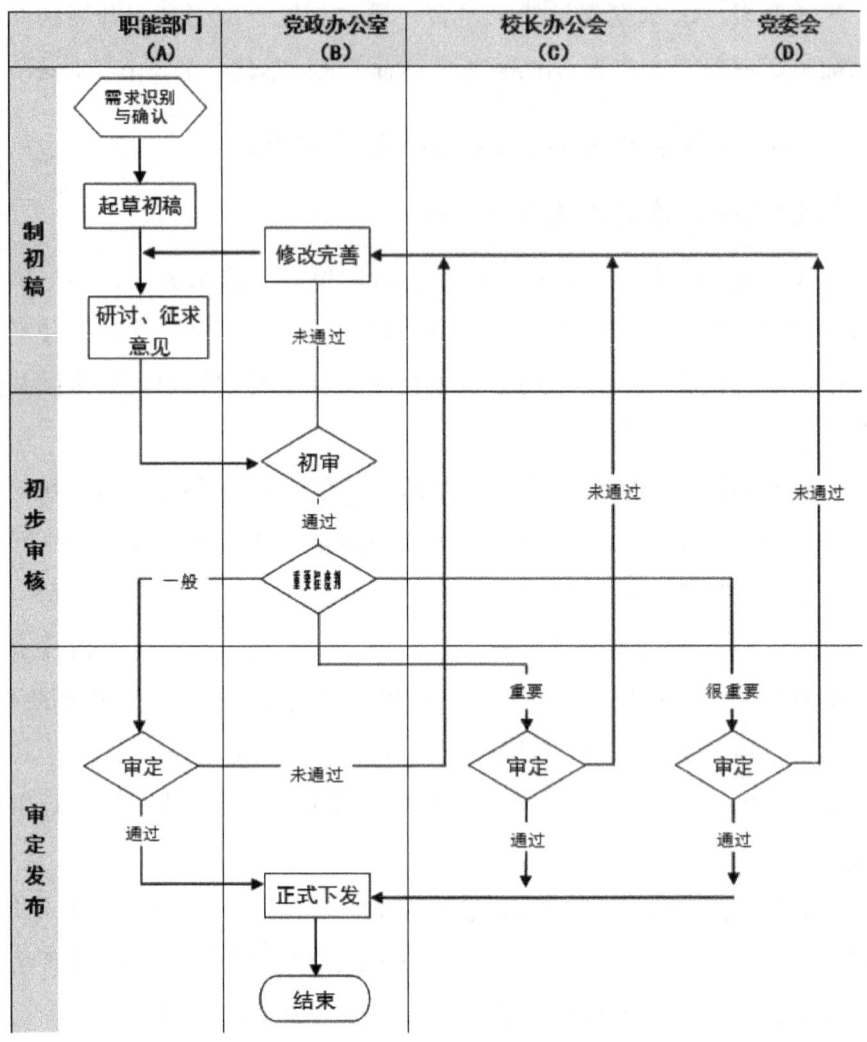

图 6-2 制度编制流程图

经党政办公室审核确认为"很重要"的制度须由党委会审定批准后下发，确认为"重要"的制度须由校长办公会审定批准后下发。确认为"一般"的制度可由校长办公会审定或由主管校领导组织会审或会签后下发。凡未征求意见或党政办公室未初审的制度，不得提交学校审定或会签。

2. 制定制度的修订流程

具体流程为（见图6-3）：编制制度的职能部门提出制度修订的书面申请或建议→党政办公室审核→提交校长办公会/党委会审定→修改完善后经主管校领导审批后以文件下发。

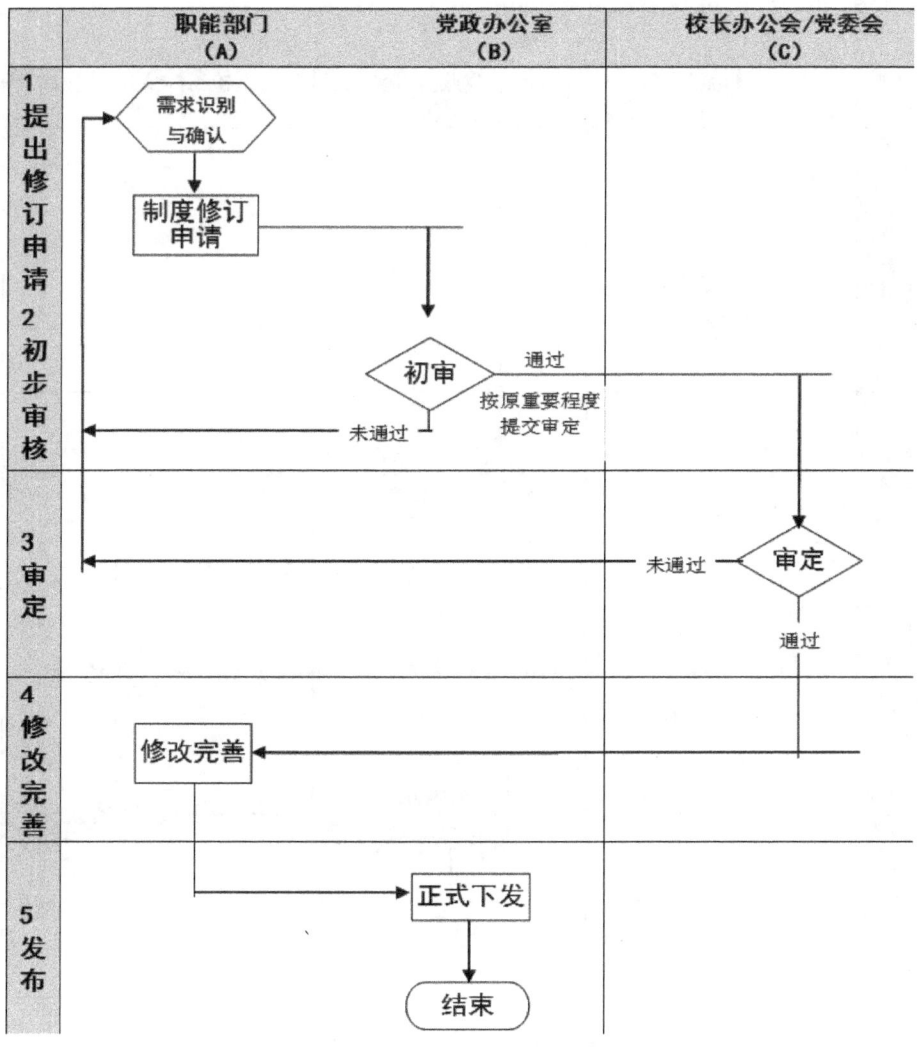

图6-3 制度修订流程图

3. 制定制度的废止流程

制度进行修订后，原制度废止；对不能适应现实状况要求的制度进行废止，流程为（见图6-4）：制度编制单位提出制度废止的书面申请，并填写制度需求识别与征求意见单→党政办公室审核→提交校长办公会/党委会审定→决定是否废止。

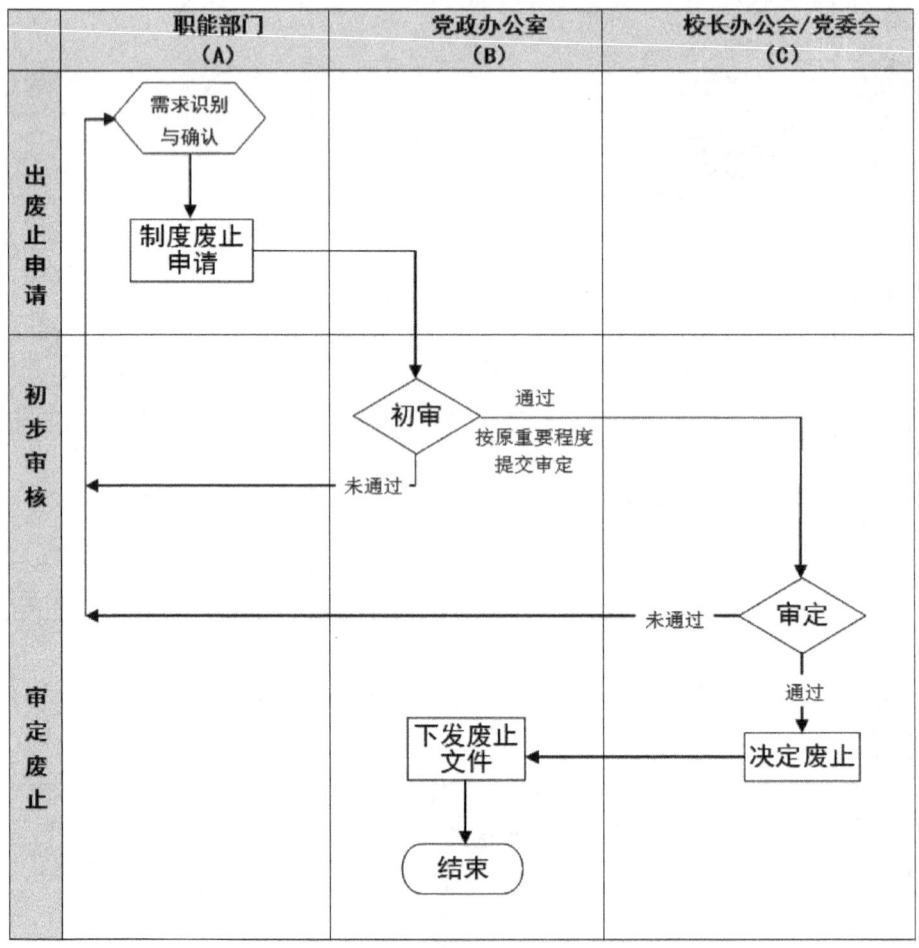

图6-4 制度废止流程图

（三）组织开展培训，严格制度执行

开展制度培训。制度下发前，制度责任人要编写制度培训教案和培训计划，填写制度培训计划单，提交到党政办公室，在制度下发15天内，党政办公室要督促制度责任单位开展制度培训。

强化制度执行。加强制度执行监督管理，各级管理制度必须严格执行，制度下发后每半年制度责任单位对制度执行情况进行全面检查；每次检查都要填写制度评审报告单或形成书面报告交给党政办公室。制度检查主要内容为制度是否得到严格贯彻执行，制度本身存在的问题。

（四）强化制度评审，做好存档管理

党政办公室组织制度评审，分定期评审和不定期评审。

定期评审。每年12月中旬，党政办公室组织学校各职能部门对制度进行一次评审，并将评审结果填入制度评审报告单。

不定期评审。时刻关注国家教育政策调整、重要法律法规实施、学校的组织机构发生的重大变化，党政办公室适时组织学校制度体系或有关制度的评审活动。

通过制度评审确定学校有关制度的培训、编制、修改、废止等事项，并将制度评审的结果作为各单位进行绩效考核的主要依据。

党政办公室设置法制与信访科，指定专人负责制度的存档管理工作，并用专门的档案盒（袋）存放各类制度。制度的档案包括：制度需求识别与征求意见单、制度初稿、制度审核单、经过会议研究讨论的会议纪要（若进行会签的，复印会签页）、制度下发文件（电子版／纸版／扫描版）、组织培训记录、制度评审报告单和制度修改申请（建议）单等。

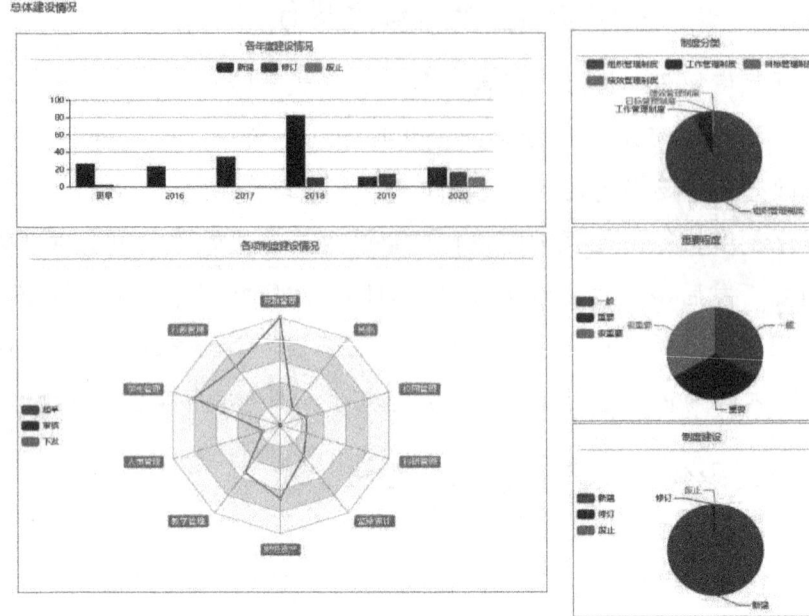

图 6-5　学校制度建设情况

截至目前，学校已经制定发布制度 202 项，初步建成了以学校章程为引领的科学、完善的制度体系（见图 6-5）。形成多元参与的治理结构，以制度管人管事的体制机制逐步健全和完善。综合运用现代信息技术，完善智慧校园管理平台，巩固教学诊断与改进建设成果，初步形成了常态化的内部质量保证体系和运行机制。基本实现了学校治理体系和治理能力现代化，为学校改革发展提供有力保障。具有黄河水院特色的治理体系和治理能力开始产生示范引领作用。

三、构建开放共治的现代职业教育治理结构

（一）建立全生命周期制度管理体系，推进治理体系现代化

制订《制度建设管理办法》，对制度的编制需求、起草、审批、执行、年度评审、修订、废止等全生命周期进行建设管理，实现以制度管制度，确保制度执行有效，推进制度建设的规范化、系统化、流程化和

信息化。

通过制度管理平台，开展制度的意见征集、审核、发布等，制度建设全部实现信息化。

紧扣《国家职业教育改革实施方案》等文件精神，以更好地引领学校改革发展为目标，修订学校章程，为构建校企命运共同体、专业特色鲜明、教育培训并重、校企"双主体"育人的新时代职业教育转变提供制度保障。厘清学校主要业务活动中的风险点，理顺内部控制工作机制，强化廉政风险防控机制建设，形成内控体系。健全和完善党政管理制度，构建职责明确的现代大学治理体系。贯彻执行党委领导下的校长负责制。健全和完善学校党委会、校长办公会、二级学院党政联席会、"三重一大"、党风廉政建设等党政管理制度。建立健全制度评审评价机制，及时优化和完善制度体系，保持制度的先进性和适应性。明晰权力边界，规范工作流程，强化权力制约，用制度管人管事。

健全和完善人才培养制度，推动学校高质量可持续发展。健全和完善能够满足学历教育和技能培训要求的人才培养制度，针对适龄学生、中职生、退役军人、下岗工人、农民工、企业职工等不同学生群体以及学历教育和短期培训等，建立和完善相应的管理制度和办法。健全和完善"现代学徒制"新型人才培养制度。适应校企"双主体"育人，完善教师考核评价、职称评聘、绩效奖励等管理办法，建立健全对接产业前沿和高端技术的教师培训管理制度，建立校企互兼互聘、双向流动的"双师型"教师管理制度。对接产业转型需求，完善专业动态调整和专业群可持续发展机制。建立以专业群为基础的新型教学单位管理制度，进一步下放管理权限，增强教学单位的资源统筹能力，扩大其办学自主权，激发其办学活力。健全和完善共建共治共享的合作办学制度，建立多元参与的综合治理体系。探索建立"理念相合、多方联动、职责明晰、渠道通畅"的利益相关者管理制度和"方法多元、动态调整"的利益共享机制。建立"1+N"中外分布式大禹学院运行管理的体制机制，开创职业教育的国际化治理模式；健全产业学院等股份制、混合所有制合作办学机构的制度体系，提供可借鉴的校企共同育人、深度融合办学的黄河水院方案和智慧。完善理事会、学术委员会、专业建设委员会和教材建设与选用委员会等章程，充分发挥其在学校民主管理和科学决策中的积极作用。

（二）优化治理要素，构建开放的治理结构

贯彻落实党委领导下的校长负责制，充分发挥理事会、学术委员会、专业建设委员会、教代会、学代会、校友会、社会评价机构等组织在学校发展中的积极作用，形成分工合作、开放共治的治理结构。充分发挥理事会在争取社会力量参与多元办学、服务行业地方、校企合作、专业设置、人才培养等重大事项上的咨询、协商、议事和监督作用。以行业企业生产需求为基础，充分发挥学术委员会在专业群建设、专业动态调整、教科研学术事务等事项中的评定、咨询、决策、审议等作用，发挥专业建设委员会和教材建设与选用委员会在专业建设教学资源建设，教材修订、开发和选用中的咨询、决策作用。发挥第三方测评机构作用。积极引入国家职业教育指导咨询委员会、麦可思公司等第三方测评机构，及时对学校的教育管理、教学质量、办学方式模式、师资培养、学生职业技能提升等情况进行评价指导。成立专家委员会，每年对学校的改革与发展做一次诊断和指导。

打通专业群内部组织，构建适应高素质技术技能人才培养需求的、多元主体参与的学校内部治理结构，构建以专业群为基础的基层治理组织和新型教学组织。建成具有水利行业特色，能够充分发挥学校人才、专业和技术优势，服务黄河流域生态保护和高质量发展的体制机制。

（三）提升治理水平，推进治理能力现代化

加快智能校园建设。促进信息技术和智能技术深度融入教育教学和管理服务全过程，改进教学、优化管理、提升绩效。综合运用现代信息

技术，推进学校管理方式变革，提升管理效能和水平。持续推进校务公开，充分发挥信息公开平台的监督作用。学校智能校园总体框架（如图6-6所示）。

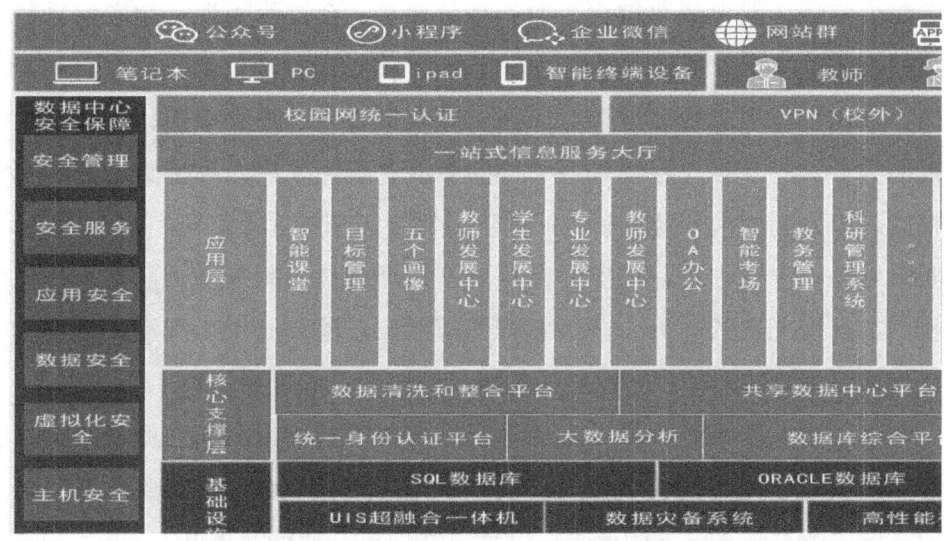

图6-6 学校智能校园总体框架

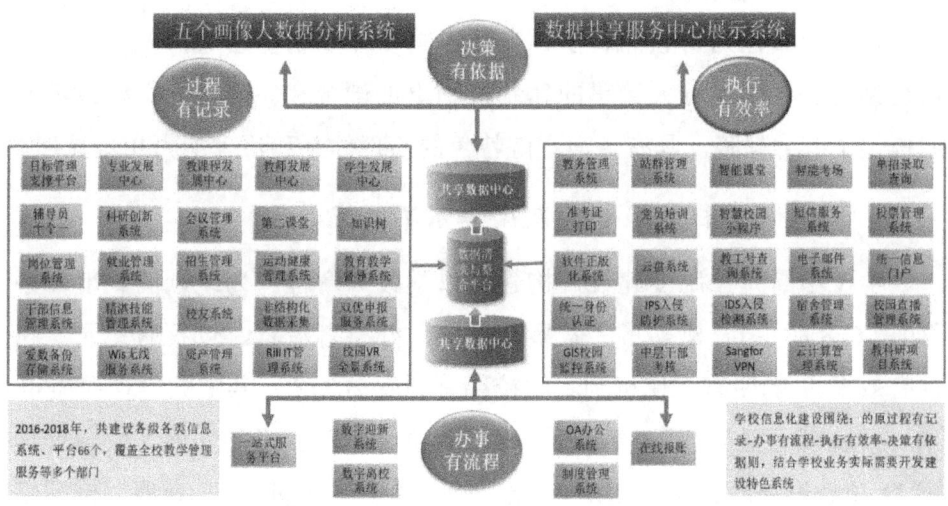

图6-7 学校内部质量保证体系

巩固教学诊断与改进试点校建设成果，形成常态化的内部质量保证体系和运行机制。构建网络化、全覆盖，具有较强预警功能和激励作用的内部质量保证体系（如图6-7所示），确保学校内部质量保证有效、可追溯，实现质量保障可控化。实施全员参与、全过程管理、全方位质量控制，实现学校治理能力现代化。

强化领导干部治理能力。加强干部队伍建设，提升干部队伍办学治校能力。进一步强化各级领导干部的制度意识，坚决做到带头维护制度权威，成为制度执行的表率。加强各级领导干部的思想淬炼、政治历练、实践锻炼、专业训练，切实提高领导干部严格按照制度履行职责、行使权力、开展工作的能力。坚持党管干部原则，落实好干部标准，把制度执行力和治理能力作为干部选拔任用、考核评价的重要依据。

注重对人才培养质量报告等第三方评价报告的分析和应用。从学生满意度和社会满足度两个维度，向社会做出质量承诺，并接受行业、企业、学生及家长等各方的监督，有针对性地提升社会满意度。

（四）治理成效

以学校章程为引领的科学、完善的制度体系初步形成，多元参与的治理结构、以制度管人管事的体制机制更加健全和完善，为学校改革发展提供了有力保障。具有黄河水院特色的治理体系和治理能力初步显现。

1. 以学校章程为统领的制度体系不断完善

学校不断完善制度建设，构建了以学校《章程》为统领的制度体系（如图6-8所示）。建立了"做事有依据、办事有流程、过程有记录、执行有效率"的四有工作机制。学校现有制度202个，其中党群管理类48项、行政管理类23项、学生管理类32项、人事管理类9项、教学管理类21项、财务资产类28项、监察审计13项、科研管理10项、校园管理10项、其他制度8项。

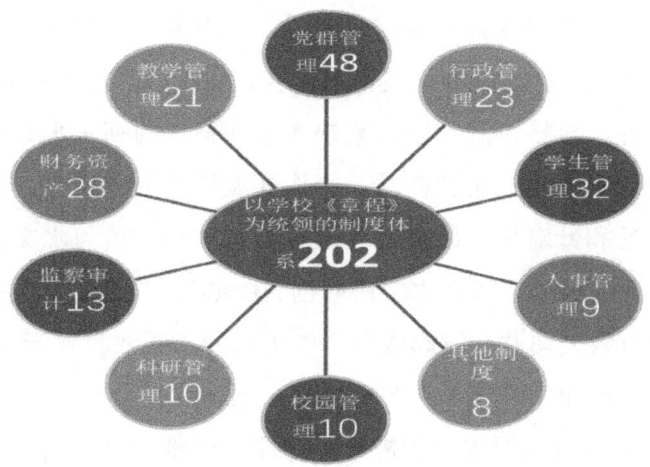

图 6-8 学校制度体系

初步建成了一套完整的制度体系。坚持动态调整和相对稳定相结合，不断完善制度进化体系，始终保持制度的先进性和适应性。及时对现行规章制度，特别是办学治校的重大关键制度进行审视和评估，对不适应学校实际、落后于事业发展需求的规章制度及时进行修订完善。各种办事程序和规则进一步健全，学校决策更加民主、法治、科学，管理与决策执行更加规范、廉洁、高效，有效保障了学校各项事业的科学发展。

2. 完善社会参与办学机制，办学活力显著增强

适应新的时代要求，强化市场化办学理念，不断完善社会参与机制，建设学校自主管理、自我约束，社会共同参与、多方协商，民主监督的现代学校制度。深化学校与地方政府、企事业单位的战略合作关系，改进和完善黄河水利职业技术学院校友会工作机制，发挥校友在学校发展中的积极作用，构建社会支持和监督学校发展的长效机制。积极拓展校企合作领域，搭建政校企合作平台，创新合作方式，探索校企深度融合新模式，构建校企命运共同体。先后与开封市人民政府、黄河水利委员会、水利部人才资源开发中心、自然资源部职业技能鉴定指导中心、中国水电第十一工程局、中国电建市政建设集团有限公司、哈工大机器人集团有限公司、三门峡黄河明珠（集团）有限公司、黄河万家寨水利枢纽有限公司等政、行、企分别签订战略合作协议，打造"优质资源共享、人才优势互补、科技协同创新、紧缺人才共育"的高水平专业化产教融合实训基地。根据行业企业需求，合作开展订单人才培养，提高了人才培养的适应性和针对性。联合水利部黄委水文局、黄河水文科技有限公司等行业企业，组建"智慧水文协同创新中心"，与开封市政府、哈工大机器人集团有限公司联合发起成立"中国机器人职业教育产教联盟"，建立时空大数据产业学院等4个产业学院，创新政、行、企、校合作机制，打造政行企校命运共同体。学校服务国家"一带一路"倡议和中资企业"走出去"发展战略，在赞比亚和南非分别成立了大禹学院，探索校企合作海外办学新模式。

3.完善学校治理结构，民主管理机制更加健全

学校不断完善党委领导下的校长负责制，党委会、校长办公会、党政联席会议议事规则健全，决策程序规范，重大事项、重要干部任免、重要项目安排、大额度资金的使用等"三重一大"情况，均由党政领导班子集体研究决定。不断完善参与式管理机制，教代会、学生代表大会在学校民主决策和管理中的作用得到充分发挥。学校理事会、学术委员会、教学工作委员会等职责清晰、运行规范，形成了科学民主的决策机制。

学校不断深化探索二级学院混合所有制改革，下移管理重心，下放人、财、物的管理权，突出院部办学主体地位，形成了学校宏观管理和调控，院（部）质量主体责任，自主办学、自我发展、自我约束的校院（部）两级管理体系，充分调动了院（部）工作主动性，激发办学活力，使院（部）成为富有生机和活力的教学、科研、技术服务、人才培养的主体，不断提高学校办学水平。加强与行业企业、科研院所等社会力量的合作，拓展共同发展职业教育的利益共同体，有利于人才培养质量提

升的多元办学主体运行机制初步形成。

4. 推进体制机制改革创新，管理内涵进一步强化

深化人事分配制度改革，全面推行教职工全员聘用制和岗位管理制度，实行教师岗位聘用制分类管理，以岗位职责任务为核心，将教职工收入与学校发展、所聘岗位及个人贡献挂钩，调动教职工积极性。逐步建成以岗位绩效工资制为主体，年薪制、项目工资制等多元并存的收入分配体系建设。实施专任教师与专业技术人才和高技能人才股份合作制工作室或大师工作室，形成向双师素质教师倾斜的内部绩效分配方案和行业企业有效参与学院治理的治理结构，初步建成能够吸引人才、稳定人才、合理流动的制度。

以培养职业素养与技术技能高度融合、适应水利行业和"一带一路"倡议等国家战略要求、具有创新能力的高级技术技能人才为目标，深化学分制教学管理制度改革，推进与学分制相配套的课程开发和教学管理制度改革。积极应对招生形势变化，科学编制招生计划，创新招生宣传模式，完善多种形式的考试招生办法。

5. 推进智慧校园建设，信息化管理水平不断提升

通过学校智慧校园管理平台（如图6-9所示），以大数据挖掘分析为基础，提供实时、全景式的数据分析挖掘和展现渠道，及时发现管理与教学活动中的问题和规律，建立"用数据说话靠数据决策"的常态机制，为学校决策提供科学依据，有效地推进了学校管理方式变革，提升了管理效能和水平。不断促进信息技术和智能技术深度融入教育教学和管理服务全过程，将学校各项工作与信息化平台结合，不断完善业务系统功能，优化管理、提升绩效。

图6-9 学校智慧校园管理平台

构建了网络化、全覆盖、具有较强预警功能和激励作用,以"五纵五横一平台"架构和"8字形质量改进螺旋"为特征的内部质量保证体系,全员参与、全过程管理、全方位质量控制,不断提升学校治理水平。

6. 坚持目标导向,办学治校成效显著

学校以黄河为魂、水利为根、工程为基、育人为本,坚定不移地走职业教育发展之路。坚持目标导向,细化工作任务,签订目标责任书,强化工作落实。各项事业取得突飞猛进的发展。

现拥有国家级精品专业2个,国家级教学改革试点专业2个,国家重点、骨干专业10个,省级示范、综合改革试点等重点专业13个。拥有国家级专业教学资源库2个,国家级精品资源共享课程13门,国家级精品在线开放课程4门,省级精品在线开放课程9门。近三年,学生在各类职业技能大赛中获省部级以上奖项783项。其中,世界级团体及个人奖19项、国家级团体及个人奖277项。毕业生就业率保持在98%以上。荣获全国文明单位、全国职业教育先进单位、全国教育系统先进集体、全国毕业生就业典型经验高校、全国深化创新创业教育改革示范高校、国家技能人才培育突出贡献单位、全国学生资助工作"优秀单位案例典型"等称号。2个党支部入选"全国党建工作样板支部",建筑工程技术专业教学团队获得首批国家级职业教育教师教学创新团队。学校荣获全国高职院校"育人成效50强""服务贡献50强""国际影响力50强""教学资源50强""学生管理案例50强"等5个"50强"。

四、推进民主管理，践行依法治校

依法治校是高校落实"全面依法治国"基本方略的必然要求,也是"全面依法治国"在高等学校治理中的具体体现。黄河水利职业技术学院以创建依法治校示范校为契机,深入宣传中国特色社会主义法律体系,推进学校全面、深入开展普法工作,实施依法治校,切实维护广大师生权益。学校在遵守我国宪法、法律法规的前提下,遵循国家方针政策,贯彻学校总体工作思路,制定完成了包括《黄河水利职业技术学院章程》在内的202项学校管理制度,已初步建立了一套完善的规章制度体系,为学校开展依法治校提供有力的制度保障。在依法治校建设过程中,学校在党的组织架构、运行机制、明晰校长权责、校长办公会议事规则、"三重一大"监督实施、规范学术评价等方面出台了一系列的制度,完善了学校制度管理体系,提高了工作效率,在依法依规办事的同时有效避免了违法违规事件的发生,逐步形成自由平等公正法治的育人环境。学校将依法治校的理念融入工作的点点滴滴,规范办学,规范治校,规范科研,规范服务,学校各项工作全面提升。在校党委的积极组织下,全院师生员工齐心协力,坚持社会主义办学方向,坚持以人为本,立德树人,通过依法治校示范校的创建,完善了一批制度,解决了一些问题,明确了一些职责,学校办学更加有章可循、有法可依,学校办学质量显著提高,管理水平不断攀升,获得了社会认可,师生认可,学校硬实力和核心竞争力显著增强。

依法治校是推动我国高等教育发展、规范高校各项建设、完善教育规章制度、维护广大师生权益的必然要求，也是依法治国基本方略的必然要求。为深入学习宣传中国特色社会主义法律体系，推进我校全面、深入开展普法工作，实施依法治校，切实维护广大师生权益，我校严格按照《法制宣传教育的第六个五年规划》，开展了形式多样的"普法"教育和依法治校活动。自2011年，学校"六五"普法工作和依法治校示范校创建工作开展以来，学校认真对照教育部2012年下发的《全面推进依法治校实施纲要》有关要求，周密组织，不断加强"普法"宣传教育，完善、强化依法治校工作，高标准完成依法治校示范校创建任务，使我校广大师生法治观念和依法治校理念得到进一步提高，学校于2014年获得河南省依法治校示范校荣誉称号。

（一）做法与过程

1. 开展"普法"教育，宣传依法治校理念

学校根据法制宣传教育计划，加强法制宣传，深入开展法律法规学习。每年定期组织我校法律顾问、政法纪检部门权威人士开展不同形式的讲座和座谈。充分利用各种宣传手段，通过网络、新媒体、校园广播、宣传栏、板报、主题班会等形式，分阶段、分层次在党员干部、教职员工和广大学生及各学生组织中开展全方位的依法治校宣传，从法律知识普及开始，将依法治校的理念、意义、目的进行广泛的宣传，统一了认识，提高了各部门教职员工的重视程度，为学校开展"普法"和依法治校工作营造了良好氛围。

学校高度重视教职员工法制意识培养，广泛宣传依法治校理念，不断提高教职员工法制意识，制订了一系列规章制度规范部门与教学院（系）部的依法办事工作行为，坚持依法决策、民主监督、民主管理工作机制。法制教育学习内容制度化，加强对部门法规执行情况的检查、监督和激励，对先进部门和个人进行表彰奖励，对违法违纪部门与个人进

行批评教育或纪律处分，坚决遏制各种违法违纪现象。

学校将《思想道德修养与法律基础》课程作为必修基础课程，纳入到全院学生的教学计划中，使学生能够在学习掌握基本法律知识的同时，提高维权意识。学校各院（系）部通过组织学生参加安全教育大会、消防安全知识讲座、新生法制教育专题报告会等法制教育活动，将理论与实际相结合，促使学生真正学习法律知识、增强法律意识。

2. 制定学校章程，完善依法办学制度体系

学校坚持依法治校，依法办学。作为河南省章程建设和现代大学制度建设的试点高校，学校依据《中华人民共和国宪法》《中华人民共和国教育法》、《中华人民共和国高等教育法》等法律法规制定了《黄河水利职业技术学院章程》，依法完善内部法人治理结构，坚持民主集中制原则，严格执行党委领导下的校长负责制，认真贯彻落实"三重一大"事项相关管理规定。

当前，我校依法治校已上升为一种自觉，深深植根于学校的各项工作中。学校各部门根据要求，认真修改完善本部门的各项规章制度，由党政办公室牵头，对学校制度汇编进行了重新修订，以确保学校各项工作，在依法依规的前提下，顺利推行。

学校不断完善内部管理体制与运行机制，推进学校依法治校进程。学校在符合宪法、法律法规的规定下，遵循国家方针政策，贯彻学校总体工作思路，保障全院各部门和师生员工的合法利益，充分体现公正和效能的原则下，立项起草、征求意见、会签、审核、审定（议）、发布、解释等程序制订规章制度。学校规章制度制定符合法律和章程的原则和要求；规章制度体现公开、透明和民主参与原则；规章制度完备，包括教学、科研、学生、人事、资产与财务、后勤、安全、对外合作等方面；办事程序规范，议事规则明确。学校将章程与规章制度汇编成册，并在学校网站公布。目前，学校已经制定完成管理制度202项，其中党群管

理类 48 项、行政管理类 23 项、学生管理类 32 项、人事管理类 9 项、教学管理类 21 项、财务资产类 28 项、监察审计 13 项、科研管理 10 项、校园管理 10 项、其他制度 8 项。学校已初步建立了统一完整的规章制度体系，为学校开展依法治校提供了制度保障。

3. 健全民主管理机制，完善学校治理结构

学校实行党委领导下的校长负责制。党委会实行民主集中制，议事规则健全，决策程序规范；学校定期召开党代会，实行党代表常任制。学校党委下辖 18 个党总支，3 个直属党支部，共 64 个党支部，基层党组织健全，并积极开展工作。学校党委会、校长办公会、党政联席会议按规则和程序决策，重大事项、重要干部任免、重要项目安排、大额度资金的使用等"三重一大"情况，均由党政领导班子集体研究决定。学校实行党政分工合作、共同负责的领导体制，通过党政联席会议讨论和决定本部门重要事项，制定有《黄河水利职业技术学院系、部党政联席会议制度》。

学校依法设置有学术委员会，建立有《黄河水利职业技术学院学术委员会章程》《黄河水利职业技术学院学术规范及管理条例》等相关制度保证学术组织运行规范，形成了科学民主的决策机制。学校共设置有 25 个行政部门、15 个教学院（系）部和 1 个继续教育学院，内设机构分工明确、职责清晰，学校每年通过《麦克思报告》、《高等职业院校人才培养工作状态数据采集与管理平台》等数据及时对各项重大决策执行效果进行评估。建立健全了《黄河水利职业技术学院关于"三重一大"事项决策失当或失误的追责规定》等一批责任追究制度。

通过制定和实施《黄河水利职业技术学院院（系）部党政联席会议制度》《黄河水利职业技术学院党务公开实施办法》《黄河水利职业技术学院政务公开实施办法》保证对重要部门、岗位权利的监督与制约。通过建立健全《黄河水利职业技术学院实行党风廉政建设责任制》《黄河水

利职业技术学院执行内部审计工作实施办法》等制度和签订党风廉政建设工作责任目标任务书等方式预防职务犯罪和商业贿赂。

4. 规范监督机制，不断提升治理能力

学校考核机制健全，依法治校工作情况作为学校对干部进行年度考核的重要内容，是干部任免提拔、评优评先的重要参考。学校由党政办公室专门负责法律事务，对学校出台的有关管理措施、对外签订的合同、实施的改革方案等进行合法性审查。

学校把党务公开、政务公开工作列入学校重要议事日程，印发了《黄河水利职业技术学院党务公开实施办法》《黄河水利职业技术学院政务公开实施办法》。工会每年组织一次对党务政务公开工作的民主评议，并将评议结果通报全校，组织部门把开展党务、政务公开工作情况列入干部考核中。学校在网站首页上开设了信息公开意见箱（校长信箱），设置了党务和政务信息公开专栏，对信息进行及时更新，并通过校长信箱听取对学校工作的意见和建议。针对学生比较敏感的奖助学金等问题，学生处依法依规以各种形式公开学生的奖学金、助学金、学费减免、助学贷款与勤工助学的申请、管理等情况，确保信息公开透明。

学校建立了校内纠纷处理机构，建立校内信访、调解、申诉、争议解决机制，制定了《黄河水利职业技术学院教职工申诉处理暂行办法》。学校校内纠纷处理机构能够积极应诉学校与师生发生的法律争议，依法履行义务，针对无法解决的纠纷，学校及时提交相关社会组织和司法机关，依法解决。学校构建了完善的校园安全风险管理体制，制定了各种校园安全管理制度，如《黄河水利职业技术学院安全防范管理规定》《保卫处安全检查制度》《门卫制度》《校园治安巡逻制度》《安全防范制度》等，在健全的制度保障下，学校校园安全管理工作平稳有序开展。

(二) 成效与反响

1. 依法办学，形成了自由平等公正法治的育人环境

健全的制度是依法治校工作的基石。在创建依法治校示范校的过程中，学校在党的组织架构、运行机制、明晰校长权责、校长办公会议事规则、"三重一大"监督实施、规范学术评价等方面出台了一系列的制度，完善了学校制度管理体系，提高工作效率，依法依规办事的同时有效避免了违法违规事件的发生。逐步形成自由平等公正法治的育人环境。

学校先后制定和完善了《黄河水利职业技术学院党务公开实施办法》《反腐倡廉工作制度汇编》等一系列规范治校办学的规章制度，形成了按制度办事、靠制度管人的机制。党风廉政建设进一步加强。构筑拒腐防变的思想道德防线，构建党风廉政建设制度体系，确保党风廉政建设责任制落实。校党委严格贯彻《党政领导干部选拔任用工作条例》，将《干部选拔任用工作程序》等文件精神贯穿和体现在识人、选人、用人、管人的各个环节。

依法维护学生受教育权，尊重学生人格及其他人身权利和财产权利。制定了《黄河水利职业技术学院关于进一步加强两级教育教学督导工作的意见》《黄河水利职业技术学院教育乱收费责任追究制度》《黄河水利职业技术学院学生申述处理办法》等一系列的教育监控、教学质量督导管理制度，规范了教学秩序，提升了办学质量，维护了师生的合法权益。

2. 依法治校，促进了学校办学硬实力提升

学校高度重视依法治校工作，认真组织实施，将依法治校的理念融入学校工作的点点滴滴，规范办学，规范治校，规范科研，规范服务，学校各项工作全面提升。在校党委的积极组织下，全院师生员工齐心协力，坚持社会主义办学方向，坚持以人为本，立德树人，通过依法治校示范校的创建，完善了一批制度，解决了一些问题，明确了一些职责，

学校办学更加有章可循、有法可依，令行禁止、使命必达。学校办学质量显著提高，管理水平不断攀升，取得了一些荣誉，得到了一些鼓励，获得了社会认可，师生认可，学校硬实力和核心竞争力显著增强。办学条件极大改善，学校硬实力显著增强。社会美誉度高，精神文明建设成效显著，2015年荣获全国文明单位荣誉称号。近年来，学校先后获得全国职业教育先进单位、全国教育系统先进集体、全国毕业生就业典型经验高校、全国深化创新创业教育改革示范高校等称号。专业和课程建设与改革促进了教学质量提高。建设13门国家级精品资源共享课程，数量位居河南省高职院校第一。河南省和教指委精品课程达到了15门。我校教师主编了61种国家规划教材，92门优质核心课程教学文本和活页讲义。

产教融合校企合作机制，促进校企互动双赢。构建了以真实职业体验为特色的校企合作模式、以生产岗位学徒为特点的校企合作模式和以企业业务周期为中心的校企合作模式。以现代学徒制为核心理念，创新校企合作模式，实现"校中厂，厂中校"；通过企业管理模式进校园、企业产品进实训、企业专家进课堂的"三引进"，构建集生产、教学、科研、实习实训为一体的多功能生产性实训中心；以企业业务周期变化为中心，通过企业业务需求与教学计划执行实时互动，实现教育教学和生产实践一体化。

（三）存在问题与不足

我校依法治校虽然取得了一定成效，但囿于历史与现实等多种因素影响，仍然存有个别问题，制约了学校依法治校的工作进程。

1.学校管理存在行政化现象

当前，我校依然存在管理行政化现象。学校作为一个共同体，其管理运行理应尊重教育规律和学术规律。然而，在当下的制度设计下，往往采用行政管理的手段来处理学术事务。无论是教学效果评价、科研项目评审还是职称评定，都可以看到行政权力干预的影子。行政化的根源在于从上到下非"科学规范透明"的资源配置体系以及行政权力越权干涉学术事务。

2. 法制规章的执行力有待加强

政策的制定，关键在执行。目前我校在学校治理中存在个别"人治"现象，学校部门和院系部分领导民主决策、公开决策和依法决策的意识不强。人们习惯于由党政领导拍板决定关于学校治理的重大事宜，即便召开学校专门会议，也存在有法不依、法制规章执行力不强的情况。这既有学校管理传统的问题，也有社会文化背景的问题。大学依法治校，首先就是要变"人治"为"法治"，按照规章制度办事，学校领导和各部门的决策都应依照相关的规章行事。

（四）对策与建议

1. 树立依法行政的法治理念

依法治校，其实质是将依法治校的基本原则、内在要求和精神实质高度升华为法治理念。学校管理者、师生应强化法治观念，广泛调动各方面积极因素，这将有利于通过法律手段妥善协调学校内外各方面的利益关系，正确处理各种矛盾；有利于维护广大师生的合法权益；有利于全面推进素质教育。提高学校管理者的法治意识，转变学校管理理念。学校管理者特别是领导层的管理者要有很强的法治意识，树立法律的"人本精神"。学校管理者只有牢固树立依法治校的办学理念，把依法治校纳入学校工作的重要议事日程，充分认识到依法治校的重要性、必要性和紧迫性，依法治校才能成为学校管理的一种自觉行为，行政管理才能在法治轨道上顺利前行。

2. 大力推进校园法治文化建设

依法治校，不仅仅是一种制度模式，更是一种文化意识、一种理性精神，学校师生员工通过对学校理念的认同、制度的遵守，实现依法治校的文化在学校各个方面的植入、渗透和扎根，从而逐步培育出一种法治的文化和传统，为高水平现代大学建设目标下的优良管理，提供理念支撑、制度保障和文化培养。建设法治化的校园文化环境，关键在于根据学校文化传统、办学定位，开展符合学校自身特点的依法治校系统工作，这样才能使法治真正融入师生员工的生活之中，使法律法规、规章制度内化为人们"心中的法"，进而让法治精神在大学里生根发芽，开花结果。

五、健全和完善以学校章程为引领的制度体系

（一）完善制度体系，推进治理体系现代化

学校修订完善《黄河水利职业技术学院章程》。紧扣《国家职业教育改革实施方案》等文件精神，以更好地引领学校改革发展为目标，修订学校章程，为构建校企命运共同体，打造专业特色鲜明、教育培训并重、校企"双主体"育人的新时代高水平职业院校提供制度保障。

健全和完善党政管理制度，构建职责明确的现代大学治理体系。贯彻执行党委领导下的校长负责制。健全和完善学校党委会、校长办公会、二级学院党政联席会、"三重一大"、党风廉政建设等党政管理制度。建立健全制度评审评价机制，及时优化和完善制度体系，保持制度的先进性和适应性。明晰权力边界，规范工作流程，强化权力制约，用制度管人管事。

健全和完善人才培养制度，推动学校高质量可持续发展。健全和完善能够满足学历教育和技能培训要求的人才培养制度，针对适龄学生、中职生、退役军人、下岗工人、农民工、企业职工等不同学生群体以及学历教育和短期培训等，建立和完善相应的管理制度和办法。健全和完善"现代学徒制"新型人才培养制度。适应校企"双主体"育人，完善教师考核评价、职称评聘、绩效奖励等管理办法，建立健全对接产业

前沿和高端技术的教师培训管理制度，建立校企互兼互聘、双向流动的"双师型"教师管理制度。对接产业转型需求，完善专业动态调整和专业群可持续发展机制。建立以专业群为基础的新型教学单位管理制度，进一步下放管理权限，增强教学单位的资源统筹能力，扩大其办学自主权，激发其办学活力。

健全和完善共建共治共享的合作办学制度，建立多元参与的综合治理体系。探索建立"理念相合、多方联动、职责明晰、渠道通畅"的利益相关者管理制度和"方法多元、动态调整"的利益共享机制。建立"1+N+M"中外分布式大禹学院运行管理的体制机制，开创职业教育的国际化治理模式；健全产业学院等股份制、混合所有制合作办学机构的制度体系，提供可借鉴的校企共同育人、深度融合办学的黄河水院方案和智慧。完善理事会、学术委员会、专业建设委员会和教材建设与选用委员会等章程，充分发挥其在学校民主管理和科学决策中的积极作用。

（二）黄河水院制度体系

目前，学校已经制定完成管理制度 202 项，其中党群管理类 48 项、行政管理类 23 项、学生管理类 32 项、人事管理类 9 项、教学管理类 21 项、财务资产类 28 项、监察审计 13 项、科研管理 10 项、校园管理 10 项、其他制度 8 项。基本覆盖全校职能部门和相关事项。

黄河水院制度体系如下（按制度牵头部门分类）：

1. 党政办公室

黄河水利职业技术学院章程

黄河水利职业技术学院党委领导下的校长负责制实施细则（试行）

黄河水利职业技术学院党委会议制度

黄河水利职业技术学院校长办公会议制度

党委会议事规则（修订）

校长办公会议事规则（修订）

黄河水利职业技术学院"三重一大"制度实施办法

落实党风廉政建设党委主体责任和纪委监督责任的 实施意见（试行）

黄河水利职业技术学院党风廉政建设"一岗双责"实施办法（试行）

黄河水利职业技术学院评先选优实施办法（修订）

中共黄河水利职业技术学院委员会关于督查督办工作的实施意见

黄河水利职业技术学院公文处理办法

黄河水利职业技术学院外宾接待管理办法

黄河水利职业技术学院国内公务接待管理办法

黄河水利职业技术学院公务用车管理办法

黄河水利职业技术学院会议管理办法

中共黄河水利职业技术学院委员会履行全面从严治党主体责任清单

黄河水利职业技术学院制度建设管理办法（试行）

黄河水利职业技术学院贯彻落实中央八项规定实施细则精神的办法

黄河水利职业技术学院领导干部请销假管理制度（修订）

黄河水利职业技术学院印章使用管理办法

黄河水利职业技术学院对外合作协议管理办法

黄河水利职业技术学院理事会章程

黄河水利职业技术学院校务公开实施办法

2.党委组织部（机关党总支）

黄河水利职业技术学院院（部）级单位党政联席会议制度（修订）

中共黄河水利职业技术学院委员会院（部）级单位党组织会议议事规则（试行）

黄河水利职业技术学院教职工挂职期间补助管理办法（试行）

黄河水利职业技术学院组织员选聘和管理办法（试行）

中共黄河水利职业技术学院委员会关于加强学校党校工作的意见

（修订）

中共黄河水利职业技术学院委员会基层党组织工作细则（修订）

中共黄河水利职业技术学院委员会党建研究会章程（修订）

中共黄河水利职业技术学院委员会关于改进和加强党内组织生活的若干规定（修订）

关于加强服务型党组织建设的实施意见

中共黄河水利职业技术学院委员会党员领导干部谈心谈话制度

中共黄河水利职业技术学院委员会关于对领导干部进行提醒、函询和诫勉的实施办法

黄河水利职业技术学院基层党组织党建活动经费管理办法（试行）

中共黄河水利职业技术学院委员会科级干部选拔任用管理办法（试行）

中共黄河水利职业技术学院委员会中层干部选拔任用管理条例（试行）

黄河水利职业技术学院关于领导干部调查研究工作的实施意见

3. 党委宣传部（统战部、文明办、新闻中心）

中共黄河水利职业技术学院委员会关于进一步加强和改进宣传思想工作的实施意见

中共黄河水利职业技术学院委员会关于意识形态工作责任制的实施细则

"我们的节日"主题活动实施意见

关于教师参与志愿服务活动的指导意见

黄河水利职业技术学院关于加强和改进校园文化建设的实施意见

黄河水利职业技术学院新闻宣传管理办法

黄河水利职业技术学院新媒体建设与管理办法（试行）

精神文明建设奖考评与发放管理办法

关于加强校内哲学社会科学报告会、研讨会、讲座、论坛和艺术展演管理的意见

中共黄河水利职业技术学院委员会理论学习中心组学习制度

中共黄河水利职业技术学院委员会关于加强网络评论员队伍建设的实施意见

中共黄河水利职业技术学院委员会网络意识形态工作责任制实施细则

4. 纪委（监察处）

黄河水利职业技术学院 选拔任用干部征求纪委意见制度

黄河水利职业技术学院领导干部任前廉政谈话制度

中共黄河水利职业技术学院委员会践行监督执纪"四种形态"实施办法（试行）

中共黄河水利职业技术学院委员会关于党风廉政建设巡察工作的实施办法

中共黄河水利职业技术学院委员会关于贯彻落实纪检监察部门"三转"的实施办法

黄河水利职业技术学院关于建立健全惩治和预防腐败体系的实施意见

黄河水利职业技术学院实行党风廉政建设责任制规定

中共黄河水利职业技术学院委员会关于专（兼）职纪检监察员工作的实施办法

中共黄河水利职业技术学院委员会重点领域、重要岗位、关键环节廉洁风险防控制度

党员领导干部办理婚丧喜庆事宜的暂行规定

黄河水利职业技术学院公务用车节假日封存及使用暂行规定

黄河水利职业技术学院纪检监察工作规程

黄河水利职业技术学院贯彻落实"三重一大"制度监督检查实施办法（试行）

黄河水利职业技术学院干部选拔任用工作监督暂行办法

中共黄河水利职业技术学院委员会 领导干部容错纠错实施办法

5. 学生工作部（学生处、学生资助管理中心）

黄河水利职业技术学院学生管理规定

黄河水利职业技术学院学生考核办法

黄河水利职业技术学院学生先进集体与个人奖励办法

黄河水利职业技术学院学生日常管理规定

黄河水利职业技术学院学生证管理办法

黄河水利职业技术学院学生宿舍文化建设管理办法

黄河水利职业技术学院学生违纪处分办法

黄河水利职业技术学院家庭经济困难学生认定办法

黄河水利职业技术学院学生奖学金评选管理办法

黄河水利职业技术学院国家助学金评审与管理办法

黄河水利职业技术学院国家助学贷款管理办法

黄河水利职业技术学院生源地信用助学贷款管理办法

黄河水利职业技术学院应征入伍学费补偿、贷款代偿管理办法

黄河水利职业技术学院学生勤工助学管理办法

黄河水利职业技术学院 家庭经济特殊困难学生学费减免管理办法

黄河水利职业技术学院学生临时困难资助管理办法

黄河水利职业技术学院贷款学生还款救助管理办法

黄河水利职业技术学院学生申诉处理办法

黄河水利职业技术学院辅导员队伍建设管理办法

6. 教师工作部（人事处、教师发展中心）

黄河水利职业技术学院引进高层次人才的暂行办法

黄河水利职业技术学院待聘人员管理暂行办法（修订）

黄河水利职业技术学院教师在职攻读 博士研究生管理暂行办法

黄河水利职业技术学院教职工在校服务期管理规定

黄河水利职业技术学院工勤技能人员岗位聘任管理暂行办法

黄河水利职业技术学院人事代理人员聘任管理暂行办法

黄河水利职业技术学院工勤技能岗位竞聘暂行办法

7. 保卫部（保卫处、武装部）

黄河水利职业技术学院平安校园建设工作实施办法

8. 离退休党总支（离退休工作处）

黄河水利职业技术学院 关心下一代工作委员会工作细则（修订）

9. 教务处（质量管理办公室）

黄河水利职业技术学院基层教学组织设置及管理办法（试行）

专业设置与调整管理办法

精品资源共享课建设实施办法

教学团队建设管理办法

特色专业建设管理办法

教材建设与管理办法

专业教学资源库建设专项资金管理实施细则

黄河水利职业技术学院学生职业技能竞赛管理办法（修订）

黄河水利职业技术学院教学质量与改革工程项目建设与管理办法（试行）

青年教师课堂教学准入条例

教学事故认定及处理办法

重修课程教学管理办法

学生职业资格认证管理办法

校外单位使用教室管理规定

黄河水利职业技术学院教学工作委员会章程（试行）

黄河水利职业技术学院实验实训室建设及改造项目管理办法

10. 发展规划处（高等职业教育研究室）

黄河水利职业技术学院高等职业教育研究项目管理办法（试行）

黄河水利职业技术学院专项资金项目管理办法

11. 计划财务处

黄河水利职业技术学院社会服务收入管理办法（试行）

黄河水利职业技术学院预算管理办法

黄河水利职业技术学院预算执行分析与考核管理办法

黄河水利职业技术学院中外合作办学经费管理办法（试行）

黄河水利职业技术学院公务卡管理办法

黄河水利职业技术学院收费管理办法

黄河水利职业技术学院学生收费管理办法

黄河水利职业技术学院暂付款管理办法

黄河水利职业技术学院科研经费管理办法（试行）

黄河水利职业技术学院差旅费管理办法（试行）

黄河水利职业技术学院有关劳务报酬标准规范（试行）

黄河水利职业技术学院培训费管理办法

黄河水利职业技术学院会议费管理办法

黄河水利职业技术学院货币资金内部控制管理办法

黄河水利职业技术学院基本建设财务管理办法

黄河水利职业技术学院经费支出审批管理办法

12. 审计处

黄河水利职业技术学院资金管理内部审计办法

黄河水利职业技术学院兼职审计人员聘用及管理办法

黄河水利职业技术学院审计整改工作办法

黄河水利职业技术学院内部审计工作规定（修订）

黄河水利职业技术学院财务收支审计实施办法

黄河水利职业技术学院基建、修缮工程项目审计实施细则

黄河水利职业技术学院内管领导干部经济责任审计实施办法

黄河水利职业技术学院大额物资设备、图书（教材）采购内部审计暂行办法

黄河水利职业技术学院科研经费审计暂行办法

黄河水利职业技术学院审计档案管理办法

13. 科技处

黄河水利职业技术学院纵向科研项目管理办法（试行）

黄河水利职业技术学院纵向科研经费管理办法（试行）

黄河水利职业技术学院横向科研和技术服务项目管理办法（试行）

黄河水利职业技术学院横向科研和技术服务项目经费管理办法（试行）

黄河水利职业技术学院科技创新平台建设与管理办法（试行）

黄河水利职业技术学院专利管理办法（试行）

黄河水利职业技术学院科技成果转化管理办法（试行）

黄河水利职业技术学院高层次科研和技术服务项目奖励办法（试行）

黄河水利职业技术学院校内科研基金项目管理办法（试行）

黄河水利职业技术学院科研项目间接费用管理办法（试行）

14. 国有资产管理处

黄河水利职业技术学院国有资产管理办法

黄河水利职业技术学院固定资产管理办法

黄河水利职业技术学院大型精密贵重仪器设备管理办法

黄河水利职业技术学院闲置资产调剂使用管理办法

黄河水利职业技术学院国有资产处置管理实施办法

黄河水利职业技术学院招投标采购管理办法
黄河水利职业技术学院政府采购代理机构管理办法
黄河水利职业技术学院招标采购评审专家管理办法
黄河水利职业技术学院公用房使用管理办法
黄河水利职业技术学院合同管理办法
黄河水利职业技术学院国有资产管理员管理办法
黄河水利职业技术学院固定资产验收管理实施细则
黄河水利职业技术学院固定资产损坏丢失赔偿处理暂行办法

15. 对外联络与合作处

黄河水利职业技术学院关于加强校企合作、产教融合体制机制建设的实施办法
黄河水利职业技术学院因公出访管理办法
黄河水利职业技术学院校企合作管理办法
黄河水利职业技术学院境外办学出国任教教师待遇管理办法
黄河水利职业技术学院中外合作办学项目管理办法
黄河水利职业技术学院中外合作办学项目经费管理办法
黄河水利职业技术学院中俄合作项目学生出国学习（实习）管理办法（试行）
黄河水利职业技术学院来华留学生管理办法（试行）
黄河水利职业技术学院来华留学生招生管理规定
黄河水利职业技术学院来华留学生学籍管理规定
黄河水利职业技术学院来华留学生学习管理规定
黄河水利职业技术学院来华留学生教学管理规定
黄河水利职业技术学院来华留学生奖学金管理规定
黄河水利职业技术学院来华留学生违纪处分管理规定
黄河水利职业技术学院来华留学生公寓管理规定

黄河水利职业技术学院 来华留学生课外活动及联谊团体管理规定
黄河水利职业技术学院来华留学生工作突发事件应急预案
黄河水利职业技术学院外籍教师聘任与管理制度
黄河水利职业技术学院大禹学院任教教师选拔培育管理办法

16. 招生就业服务中心

黄河水利职业技术学院顶岗实习管理办法
黄河水利职业技术学院优秀新生奖学金实施办法
黄河水利职业技术学院招生计划分配管理办法
黄河水利职业技术学院关于生源基地建设的实施办法
黄河水利职业技术学院招生宣传工作绩效考核奖励办法
黄河水利职业技术学院毕业生就业工作绩效考核奖励办法（修订）

17. 图书馆（档案馆、校史馆）

黄河水利职业技术学院档案管理制度

18. 信息化管理办公室（大数据管理中心）

黄河水利职业技术学院信息化建设管理规定
黄河水利职业技术学院网络信息安全管理办法
黄河水利职业技术学院信息数据资产规范化管理办法

19. 基本建设办公室

黄河水利职业技术学院基本建设工程项目管理暂行办法

20. 后勤管理服务中心

黄河水利职业技术学院师生公寓房屋管理规定
黄河水利职业技术学院师生公寓地热水、住房管理服务费管理规定
黄河水利职业技术学院师生公寓装饰装修管理规定
黄河水利职业技术学院师生公寓环境管理规定

黄河水利职业技术学院师生公寓安全管理规定

里仁居小区师生公寓维修基金管理暂行办法

21. 创新创业学院

黄河水利职业技术学院大学生创新创业基地管理办法（试行）

黄河水利职业技术学院大学生创新创业项目培育工作管理办法（试行）

黄河水利职业技术学院黄河之星创新创业种子基金管理办法（试行）

黄河水利职业技术学院创新创业工作考核办法（试行）

22. 继续教育学院

黄河水院高等学历继续教育工作管理办法（试行）

23. 教育教学督导室

黄河水利职业技术学院教育教学督导管理办法

24. 学报编辑部

黄河水利职业技术学院学报业务费收支管理办法

25. 双高校建设办公室

黄河水利职业技术学院"双高计划"建设资金管理办法

黄河水利职业技术学院"双高计划"建设项目管理办法

(三) 黄河水院党政管理制度（部分）

1. 黄河水利职业技术学院章程

黄院〔2015〕4 号

序　言

黄河水利职业技术学院始建于 1929 年，前身是河南省建设厅水利工程学校，历经河南省立水利工程专门学校、国立黄河流域水利工程专科学校、黄河水利专科学校、黄河水利学院、黄河水利学校等历史沿革。1998 年在黄河水利学校和黄河职工大学的基础上建立黄河水利职业技术学院，黄河水利技工学校同时并入。2000 年由水利部划归河南省，实行省部共建。学校秉承"守诚、求新、创业、修能"的校训，遵循以人为本的办学理念，努力办成"技能人才的摇篮、技术服务的基地"、"国内一流、国际知名"的高等职业技术学院。

第一章　总　则

第一条　根据《中华人民共和国宪法》、《中华人民共和国教育法》、《中华人民共和国高等教育法》、《中华人民共和国职业教育法》、《高等学校章程制定暂行办法》等法律法规，结合学校实际，制定本章程。

第二条　黄河水利职业技术学院，简称黄河水院，英文译名为 Yellow River Conservancy Technical Institute，简写为 YRCTI。

第三条　学校的网址是 http://www.yrcti.edu.cn。

第四条　学校法定住所为河南省开封市东京大道 1 号。

第五条　学校是河南省人民政府举办的非营利性事业单位，具有独立法人资格，依法享有办学自主权，独立承担法律责任。

第六条　学校高举中国特色社会主义旗帜，以马克思列宁主义、毛泽东思想、邓小平理论、"三个代表"重要思想和科学发展观为指导，贯彻党的教育方针，遵守法律法规，遵循职业教育规律和技术技能人才成长规律，坚持以人为本，全面实施素质教育，培养德智体美全面发展的社会主义合格建设者和可靠接班人。

第七条 学校坚持"立足河南，面向全国。依托水利，服务社会"的办学定位，坚定不移地走内涵发展之路，以提高质量为核心，不断创新体制机制，全面提升办学水平，扩大学校的国际影响。

第八条 学校以服务国家科教兴国、建设人力资源强国战略为己任，以服务水利行业和区域经济社会发展为立足点，以服务为宗旨，以就业为导向，产学研结合，培养高素质的技术技能人才，全面履行人才培养、科学研究、社会服务和文化传承创新职能，推进学校的信息化和国际化。

第九条 学校的校训为"守诚、求新、创业、修能"。

第十条 学校校徽包括徽志和徽章。

徽志为圆形，黄边蓝底，中间为双 H 变形黄色标志，下方红色数字 1929 为学校建校年份。

徽章为题有校名的长方形证章。教职工徽章为红底白字，学生徽章为白底红字。

第十一条 学校校旗为矩形，长、宽比为 1.5:1，旗面海蓝色底，旗面左上角为学校徽志，徽志为纯黄色。在校外使用时，可在旗面正中添加"黄河水利职业技术学院"10 个字，字为纯黄色。

第十二条 学校校歌为《黄河水利职业技术学院校歌》。

第十三条 学校确定每年的 10 月 20 日为校庆日。

第二章 学生及校友

第十四条 学生是指被学校依法录取、取得入学资格，接受学校培养的受教育者。分为具有学校学籍的学生和不具有学校学籍的学生。

本章程中规定的学生是指具有学校学籍的中国学生。该类学生依照本章程的规定享有权利、履行义务。对于海外留学生和不具有学校学籍的学生，由学校或学校授权相关职能部门依法另行制定相关规定，该类学生依照相关规定享有权利、履行义务。

第十五条 学生享有下列基本权利：

（一）平等地接受学校教育、使用学校公共教育资源以及获得在校学习生活所必需的基本保障条件。

（二）依照法律、行政法规和学校规定组织和参加学生社团，参加合法的社会活动及文体活动。

（三）公正地获得学业和道德上的评价，按照规定获得各级各类荣誉称号和各种奖励。

（四）按照相关规定，公平地参与奖助学金评定，申请国家助学贷款。

（五）对纪律处分和涉及其权益的相关决定表达异议，提出申诉，并请求处理。

（六）了解涉及个人切身利益的事项，对教学活动、校园文化、后勤服务、校园安全等工作提出意见和建议，参与民主管理。

（七）按规定公平获得交流学习和深造的机会。

（八）获得就业指导和职业生涯规划指导。

（九）法律、行政法规、规则、章程以及学校规章制度规定的其他权利。

第十六条　学生应当履行下列义务：

（一）遵守宪法和法律，维护国家荣誉和利益。

（二）珍惜学校声誉，维护学校利益，遵守学校的各项管理制度，尊师守德。

（三）努力学习，按规定完成学业。

（四）遵守学术规范，恪守学术道德。

（五）按规定缴纳学费及有关费用。

（六）法律、行政法规、规则、章程以及学校规章制度规定的其他义务。

第十七条　学校依法对学生个体和集体进行管理、培养、奖惩等，具体办法由学校或学校授权相关职能部门依法另行制定。

第十八条　学校建立学生听证、申诉等权利保护机制，保障学生的合法权益。

第十九条　学生在学校规定的期限内取得教育教学计划规定的全部学分，达到毕业要求的，学校准予毕业并颁发毕业证书。

第二十条　学校校友包括在学校学习、工作、培训过的学生、学员和教职工，以及被学校授予各种荣誉职衔的各界人士。

第二十一条　学校设立"黄河水利职业技术学院校友总会"，鼓励和支持校友成立具有界别、行业、地域特点的校友会和校友分会。

校友会依照国家有关规定及章程开展活动。

第三章　教职工

第二十二条　学校的教职工由教师为主体的专业技术人员、管理人员和工勤人员等组成。

第二十三条　学校的教职工享有下列权利：

（一）依法开展教学、科研和岗位要求的工作，进行教育教学改革，参加学术团体，开展学术活动。

（二）公平获得自身发展所需的机会和条件。

（三）在品德、能力和业绩等方面获得公正评价。

（四）公平获得各种奖励及荣誉称号。

（五）了解学校改革、建设、发展和其他涉及教职工切身利益的重大事项。

（六）参与学校民主管理，对学校工作提出意见、建议和批评。

（七）对职称、待遇、纪律处分等涉及其切身利益的相关决定表达异议，提出申诉，并请求处理。

（八）法律、法规、规章规定及合同约定的其他权利。

第二十四条　教职工应履行下列义务：

（一）遵守宪法和各项法律法规。

（二）爱岗敬业，恪尽职守。

（三）珍惜和维护学校名誉，维护学校权益，遵守学校规章制度。

（四）尊重、爱护、关心、服务学生，保护学生权益，促进学生全面发展。

（五）遵守职业道德和学术规范，为人师表。

（六）法律、法规、规章规定及合同约定的其他义务。

第二十五条　学校按照依法制定的人事管理制度对教职工定期进行考核，考核结果作为续聘、解聘、晋升、奖励或者处分的依据。

第二十六条　学校实行岗位聘用和岗位管理制度，依法自主聘任各类人员。健全公开招聘制度、竞聘上岗制度和考核奖惩制度，开展人事管理和人力资源配置工作。

第二十七条　学校实施岗位绩效工资制度，稳步提高教职工收入。

第二十八条　学校对教职工进行有计划的培养和培训，提升教职工综合素质和业务能力。

第二十九条　学校建立各类表彰奖励制度，对为国家及学校做出突出贡献的教职工给予表彰、奖励。

第三十条　学校鼓励和支持教职工参与学校的民主管理和监督，对学校的工作提出意见或建议。

第三十一条　教职工符合国家规定的退休（退职）条件的，应当退休（退职），退休（退职）后享受相应待遇。学校对离退休（退职）人员按照国家和学校的有关规定进行管理和服务。

第四章　管理体制与组织机构

第三十二条　学校实行党委领导下的校长负责制。学校党委是学校的领导核心，履行党章等规定的各项职责，把握学校发展方向，决定学校重大事项，监督重大决议执行，支持校长依法独立负责地行使职权，保证以人才培养为中心的各项任务完成。

第三十三条　学校实行依法治校，以"党委领导、校长负责、教授治学、民主管理、社会参与"为基本准则，建立和完善内部治理结构。

第三十四条　学校实行校、系（部）两级管理为主的内部管理体制，保障和支持系（部）在学校授权范围内的管理自主权，并可在国家法律、法规许可的范畴内，视情形调整管理模式。

第三十五条　学校附属的具有独立法人资格的单位，依照法律、法规，在学校统一指导下，按照各自的机构章程自主运营和管理。

第三十六条　学校工会、共青团、学生会等群团组织和各民主党派，依照各自章程开展活动。

第三十七条　学校党委的主要职责是：

（一）全面贯彻执行党的路线方针政策，贯彻执行党的教育方针，坚持社会主义办学方向，坚持立德树人，依法治校，依靠全校师生员工推动学校科学发展，培养德智体美全面发展的中国特色社会主义事业合格建设者和可靠接班人。

（二）讨论决定事关学校改革发展稳定及教学、科研、行政管理中的重大事项和基本管理制度。

（三）坚持党管干部原则，按照干部管理权限负责干部的选拔、教育、培养、考核和监督，讨论决定学校内部组织机构的设置及其负责人的人选，依照有关程序推荐校级领导干部和后备干部人选。做好老干部工作。

（四）坚持党管人才原则，讨论决定学校人才工作规划和重大人才政策，创新人才工作体制机制，优化人才成长环境，统筹推进学校各类人才队伍建设。

（五）领导学校思想政治工作和德育工作，坚持用中国特色社会主义理论体系武装师生员工头脑，培育和践行社会主义核心价值观，牢牢掌握学校意识形态工作的领导权、管理权、话语权。维护学校安全稳定，促进和谐校园建设。

（六）加强学校精神文明和文化建设，发挥文化育人作用，培育良好校风学风教风。

（七）加强学校党委自身建设。加强对学校系（部）等基层党组织的领导，做好发展党员和党员教育、管理、服务工作，发展党内基层民主，充分发挥基层党组织的战斗堡垒作用和党员的先锋模范作用。

（八）领导学校党的纪律检查工作，落实党风廉政建设主体责任，推进惩治和预防腐败体系建设。

（九）领导学校工会、共青团、学生会等群众组织。做好统一战线工作。

（十）讨论决定其他事关师生员工切身利益的重要事项。

第三十八条 学校党委由中国共产党黄河水利职业技术学院党员代表大会选举产生，每届任期5年。党委对党代会负责并报告工作。

学校党委会的议事规则另行制定。

第三十九条 中国共产党黄河水利职业技术学院纪律检查委员会是学校党组织的党内监督机构，其职责是围绕学校中心工作，对学校各级党组织和党员贯彻执行党的路线、方针、政策和决议的情况进行监督、检查。协助学校党委抓好党风廉政建设和反腐败斗争。开展对党员领导干部和党员的党性、党风、党纪、廉洁自律等方面的教育。调查和处理党的组织和党员违反党纪的案件和其他重大案件。接待群众来信来访，受理群众对党组织和党员的揭发检举，根据具体情况和分级负责的原则，给予妥善处理。协助党委做好领导班子和干部队伍建设，配合党委组织部做好对党员干部的考察工作。在干部任用、职务评聘、选派出国、奖先评优等工作中，就党员有关党风、党纪方面的问题提出意见等。

第四十条 校长是学校的法定代表人，在学校党委领导下，贯彻党的教育方针，组织实施学校党委有关决议，行使高等教育法等规定的各项职权，全面负责教学、科研、行政管理工作。校长、副校长由举办者按国家有关规定任免。

第四十一条 校长的主要职责是：

（一）组织拟订和实施学校发展规划、基本管理制度、重要行政规章制度、重大教学科研改革措施、重要办学资源配置方案。组织制定和实施具体规章制度、年度工作计划。

（二）组织拟订和实施学校内部组织机构的设置方案。按照国家法律和干部选拔任用工作有关规定，推荐副校长人选，任免内部组织机构的负责人。

（三）组织拟订和实施学校人才发展规划、重要人才政策和重大人才工程计划。负责教师队伍建设，依据有关规定聘任与解聘教师以及内部其他工作人员。

（四）组织拟订和实施学校重大基本建设、年度经费预算等方案。加强财务管理和审计监督，管理和保护学校资产。

（五）组织开展教学活动和科学研究，创新人才培养机制，提高人才培养质量，推进文化传承创新，服务国家和地方经济社会发展，把学校办出特色、争创一流。

（六）组织开展思想品德教育，负责学生学籍管理并实施奖励或处分，开展招生和就业工作。

（七）做好学校安全稳定和后勤保障工作。

（八）组织开展学校对外交流与合作，依法代表学校与各级政府、社会各界和境外机构等签署合作协议，接受社会捐赠。

（九）向党委报告重大决议执行情况，向教职工代表大会报告工作，组织处理教职工代表大会、工会会员代表大会、学生代表大会和团员代表大会有关行政工作的提案。支持学校各级党组织、民主党派基层组织、群众组织和学术组织开展工作。

（十）履行法律法规和学校章程规定的其他职权。

第四十二条 学校实行校长统一领导、副校长分工负责、职能部门组织实施的行政工作机制。

第四十三条 校长召集并主持校长办公会议，处理学校行政工作中的重要事项。

校长办公会议的议事规则另行制定。

第四十四条　学校依法设置学术委员会，由学术委员会主任主持开展工作并依据法律、行政法规的相关规定和章程组建、运行。学术委员会作为校内最高学术机构，统筹行使学术事务的决策、审议、评定和咨询等职权。

学术委员会负责人和成员的产生办法由其章程规定。

第四十五条　学术委员会的主要职责是：

（一）对学校学术发展规划、科学研究和学科建设中的重大问题提出建议和意见。

（二）审议科研计划方案，审议推荐科研项目，审查评定科研成果。

（三）讨论审议校内科研机构的设置。

（四）制定学术规范，维护学术道德，处理学术纠纷等事项。

（五）完成校长委托的其他学术事项。

（六）其他需要学术委员会决策的重大事项。

第四十六条　学校设置教学工作委员会，在分管教学副校长的领导下，对学校教学改革及教学管理工作开展规划、指导、评议和决策等活动。

教学工作委员会负责人和成员的产生办法由其章程规定。

第四十七条　教学工作委员会的主要职责是：

（一）教学工作委员会委员应坚持实事求是的工作作风和调查研究的工作方法，加强业务学习和思想建设，掌握最新教学理念和教改信息。

（二）贯彻落实党的教育方针政策及上级有关教育教学工作的文件精神，制定学校有关教学及教学管理工作的指导思想、政策、规划，审议和论证学校的教学及教学管理规章制度和教学改革方案。

（三）审议学校的专业建设和发展规划，审核各专业人才培养方案，为专业建设与评估、课程建设、教学工作评估等教学基本建设工作提供指导、咨询和建议。

（四）根据生源变化特征、第三方评价和用人单位意见，围绕高职教育教学质量与教学改革工程，对重大项目的立项和建设进行专题调查研究，并提出解决方案。

（五）参与评审、鉴定和推荐教学改革研究项目以及各类教学奖项等。

（六）督促、检查学校教学管理制度及教学任务的执行情况，处理需要由教学工作委员会审查的申诉案件。

（七）指导教学管理部门开展教学管理和教学研究工作。

（八）对其他涉及教学工作的问题进行调查、研究和决策。

第四十八条　学校工会是学校党委和上级工会组织领导下的教职工自愿结合的群众组织，按照《中华人民共和国工会法》和《中国工会章程》独立自主地开展工作，履行工会职责。

学校建立健全校、系（部）两级工会组织。

第四十九条　学校教职工代表大会是教职工依法参与学校民主管理和监督的基本形式，学校依法建立和完善教职工代表大会制度。

第五十条　学校教职工代表大会在学校党委的领导下开展工作，其组织原则为民主集中制。教职工代表大会代表由学校全体教职工依法选举产生。

第五十一条　教职工代表大会的主要职责是：

（一）听取学校章程草案的制定和修订情况报告，提出修改意见和建议。

（二）听取学校发展规划和教职工队伍建设、教育教学改革、校园建设以及其他重大改革和重大问题解决方案的报告，提出意见和建议。

（三）听取学校年度工作、财务工作、工会工作报告以及其他专项工作报告，提出意见和建议。

（四）讨论通过学校提出的与教职工利益直接相关的福利、校内分配实施方案以及相应的教职工聘任、考核、奖惩办法。

（五）审议学校上一届（次）教职工代表大会提案办理情况的报告。

（六）按照有关工作规定和安排评议学校领导干部。

（七）通过多种方式对学校工作提出意见和建议，监督学校章程、规章制度和决策的落实，提出整改意见和建议。

（八）讨论法律、法规、规章规定的以及学校与学校工会商定的其他事项。

教职工代表大会的意见和建议，应以会议决议的方式作出。

第五十二条 学校工会为教职工代表大会的工作机构，负责教职工代表大会的日常工作，检查、督促教职工代表大会决议的执行。教职工代表大会闭会期间，确有急需解决的重要问题，可由学校工会委员会临时召集教代会主席团、代表团团长和相关专门工作委员会负责人联席会议协商处理，并向下一次教代会报告情况，予以确认。

第五十三条 学校各二级单位建立相应的教职工代表大会或本部门全体教职工参加的民主管理大会制度，二级单位的教职工代表大会（或民主管理大会）在本单位党总支（或直属党支部）的领导下开展工作。

第五十四条 学生代表大会是全校学生组织的最高权力机构，是学生行使民主权利和参与学校民主管理的基本形式，是拓宽学校和学生联系的重要渠道。学校依法建立和完善学生代表大会制度。

第五十五条 学生代表大会在学校党委领导下、在学校团委的指导下开展工作，执行民主集中制的组织原则。

第五十六条 学生代表大会代表由全校学生依据《黄河水利职业技术学院学生会章程》选举产生，学生代表大会的主要职责是：

（一）听取并审议学生会的工作报告，讨论并决定学生会的工作方针和工作任务。

（二）审议、修订学生会章程。

（三）配合学校工作，收集、反映同学意见，向学校有关方面提交大会提案，并将提案的答复反馈给代表。

（四）选举产生学生会委员。

（五）讨论和决定应当由学代会决议的其他重大事项。

第五十七条　学校设置素质教育与学生工作委员会，对学生的教育、管理和服务等工作开展研究、指导、监督和决策等活动。

第五十八条　素质教育与学生工作委员会的主要职责是：

（一）统一领导学生思想政治工作和日常管理工作，围绕学生培养目标，贯彻落实党和国家的相关方针、政策，研究制定学校学生工作的政策，审定学生工作条例、改革方案和各项规章制度。

（二）研究探索学生教育管理工作的规律，掌握学生工作最新动态，审定学生教育和管理工作计划，组织、协调、检查和督促各部门做好学生工作。

（三）分析解决学生教育管理过程中出现的普遍性、热点性问题，接受处理学生申诉案件。

（四）集中处理学生在学习、生活、安全、卫生等方面出现的突发性事件。

（五）组织召开学生工作的研讨和交流，促进学校学生工作健康开展。

第五十九条　教学系（部）在学校授权范围内实行自主管理。学校根据人才培养、社会服务及学校发展的具体情形设置和调整系（部）。

第六十条　系（部）重要事项的决策形式是系（部）党政联席会议制。系（部）党组织与行政机构共同决定本系（部）的重要事项、共同负责落实本系（部）各项工作、共同接受学校工作考核、共同推进系（部）事业发展。

第六十一条　教学系（部）的职责是：

（一）组织制订并实施系（部）发展规划。

（二）提出专业设置或调整计划、专业招生意见。

（三）组织制订并监督实施专业人才培养方案，开展人才培养过程监控和绩效评价。

（四）组织实施人才培养模式改革、课程改革、教学改革。

（五）负责专业教学团队建设，培养专业带头人、骨干教师和青年教师。

（六）负责专业实训教学条件建设，开展校内实训室和校外实践教学基地的规划、建设与管理。

（七）根据专业特点，在学校指导下，依托行业，联合企业，校企合作进行人才培养、教师培养，开展社会服务活动。

（八）负责学生的教育和管理，做好学生就业创业服务与指导，服务学生的成长和成才。

（九）提出专业教学团队、教研室、实训室、研究（开发、服务）中心等内部机构的设置或调整方案，并进行有效管理。

（十）制定系（部）内部工作分配、绩效考核、收入分配的规则和办法，管理系（部）人员。

（十一）管理和使用学校核拨的办学经费、设备和资产。

（十二）行使学校赋予的其他职权。

第六十二条　系（部）设主任1人，是系（部）的行政负责人，由校长按组织程序任免。视需要设置副主任，协助系（部）主任履行职责。系（部）主任全面负责本系（部）的发展规划、招生就业、教学改革、教科研、师资队伍建设、校企合作、社会服务和其他行政管理工作，定期向本系（部）教职工或教职工代表大会汇报工作。

第六十三条　系（部）党总支（或直属党支部）负责本系（部）的思想政治工作和党的建设工作，保证党和国家的各项方针、政策及学校的决定在本系（部）的贯彻执行，支持系（部）主任履行其职责。系（部）党总支（或直属党支部）的职责是：

（一）领导系（部）的思想政治，党的思想、组织、作风建设，师德师风，精神文明，反腐倡廉和安全稳定工作。

（二）培育和践行社会主义核心价值观，落实校园核心价值体系建设和校园文化建设措施。

（三）建设辅导员和班主任队伍，组织开展学生政治、思想、道德、心理健康和就业创业教育。

（四）做好学生奖学金、助学金评定和贷款、勤工俭学等服务工作。

（五）负责本单位党支部建设，党员教育、管理、发展以及干部培养工作。

（六）领导本单位工会、共青团、学生会等群团组织。

第六十四条　学校的专业设置应根据高等职业教育的培养目标，紧密结合产业发展需要，以服务为宗旨，以就业为导向，以科学的人才需求预测为基础，从学校的性质、办学定位、服务方向和实际办学条件出发，针对行业和区域经济社会发展的要求，按照技术领域和职业岗位群的实际需求进行设置。

专业设置应符合教育部和河南省教育厅的相关规定，按学校规定程序办理。

学校对专业设置实施动态调整机制。学校定期组织各专业系（部）开展调查研究，根据内部和外部评价，对专业建设和发展定期进行检查、评估。以专业评估结果为依据，对所设置专业进行调整、改造、重组，并建立退出机制。

第五章　举办者与学校

第六十五条　学校的举办者是河南省人民政府，业务主管部门是河南省教育厅。

第六十六条　学校举办者依据法律、法规的规定对学校享有以下权利：

（一）依法监督和规范学校的办学行为，确保学校实施高等教育活动的公益性。

（二）根据学校的实际情况，推动学校的教育体制改革。

(三) 依法监督评估学校的办学水平和教育质量。

(四) 法律、法规规定的其他权利。

第六十七条 学校举办者依据法律、法规对学校履行以下义务：

(一) 保障学校依法自主办学，为学校的科学发展创造良好的环境。不得在法律、法规无明文规定的情形下任意限制学校的办学自主权。

(二) 为学校提供办学资金，保障学校办学经费来源。

(三) 维护学校权益，支持和引导学校科学发展。

(四) 法律、法规规定的其他义务。

第六十八条 学校依据法律、法规的规定享有以下权利：

(一) 根据社会需求、国家政策以及学校办学的实际情况，自主进行专业设置和调整，并自主确定学校的招生方案和招生计划。

(二) 根据学校实际情况，自主开展人才培养活动，包括自主制定教学计划、选编教材、组织实施教学活动等。

(三) 根据社会需要和学校实际情况，自主开展各种科技开发、产学研合作、社会服务及文化传承创新活动。

(四) 与行业企业、科研机构和境内外高校等合作开展人才培养、科技开发、文化交流等活动。

(五) 依据学校发展的实际需要，自主设置和调整教学、科研、行政部门等内部组织机构。

(六) 依法自主管理和使用举办者提供的财产、国家及河南省政府财政性资助、受捐赠财产以及其他由学校合法拥有的财产。

(七) 法律、法规及本章程所规定的其他权利。

第六十九条 学校依据法律、法规的规定履行以下义务：

(一) 遵守国家的法律、法规，贯彻国家教育方针，执行国家教育政策。

(二) 维护受教育者和教职工的合法权益。

(三) 依法接受举办者的管理，依法接受社会监督和评议。

（四）执行国家和河南省的教育收费规定，并公开收费项目和收费标准。

（五）认真开展人才培养、科技开发、社会服务等工作。

（六）法律、法规及本章程所规定的其他义务。

第六章 资产、经费与后勤

第七十条 学校资产是指流动资产、对外投资、固定资产、知识产权等无形资产以及依法认定为学校所有的其他权益。学校对拥有的资产享有法人财产权，依法进行自主管理和使用。

第七十一条 学校建立健全国有资产管理制度，依据事业发展规划合理配置资源，防止国有资产流失，不断提高资产使用效益。

第七十二条 学校的经费来源以财政拨款为主，其他多种渠道筹措办学经费为辅。学校教育经费来源主要包括：

（一）财政补助收入。

（二）事业收入。

（三）上级补助收入。

（四）附属单位上缴收入。

（五）经营收入。

（六）其他收入。

第七十三条 学校坚持勤俭办学，实行统一领导、集中核算、统一管理的财务管理体制，建立健全各项财务管理制度。构建财务监督体系，严格控制和管理财务预算，防范财务风险，提高资金的使用效益。

第七十四条 学校依法接受社会捐赠，本着节俭高效的原则对社会捐赠加以使用，确保捐赠目的的实现。

第七十五条 对于财政拨款、办学收入、社会捐赠等财务信息，学校按照法律、法规、规章制度的规定予以公开，接受有关部门和社会各界的监督。

第七十六条 后勤工作不断提高管理水平和服务质量，为教学科研服务，为师生员工服务。

第七十七条 后勤工作积极创新体制机制，不断优化资源配置，形成新型的后勤保障体系。向后勤服务的社会化、专业化、现代化和质量后勤、节约后勤、平安后勤的目标努力迈进。

第七章 社会服务与交流合作

第七十八条 学校加强与政府部门、社会团体、行业组织、科研院所以及企事业等单位多形式的沟通与合作，发挥学校人才、人力资源和技术优势，为行业和区域发展提供服务。

第七十九条 学校根据行业及区域经济社会发展对人才的需求，依托优质专业资源，开展成人继续教育与职业培训。按照有关规定和约定与有关高校合作开展继续教育，拓展继续教育层次。

第八十条 学校依托政府、行业批准设置的职业技能鉴定所（站），开展职业技能培训和鉴定。

第八十一条 学校加强与行业、企业的合作，努力实现校企双方在设备、技术上的优势互补和信息、资源共享，推进校企双方合作办学、合作育人、合作发展，促进毕业生就业工作。

第八十二条 学校支持校办产业的发展和建设。校办产业实行产权明晰、责权明确、自主经营、科学管理的现代企业制度。

第八十三条 学校积极开展国际国内学术和教育合作，引进国内外优质教育资源，与国内外大学、科研机构和行业企业开展人才培养、技术研发、学术交流与合作。

第八章 附则

第八十四条 本章程的制定和修改经校长办公会审议，由教职工代表大会讨论通过，学校党委会审定，校长签发，报河南省教育厅核准。

第八十五条 本章程是学校的基本规范，学校其他规章制度若有与本章程的规定不一致的，均以本章程的规定为准。

第八十六条 本章程由学校党委会负责解释。

第八十七条　本章程经核准后,自发布之日起施行。

2.黄河水利职业技术学院党委领导下的校长负责制实施细则（试行）

黄院党〔2016〕40号

第一章　总则

第一条　根据《中国共产党章程》《中华人民共和国高等教育法》《中国共产党普通高等学校基层组织工作条例》等有关规定，按照《关于坚持和完善普通高等学校党委领导下的校长负责制的实施意见》（中办发〔2014〕55号），结合学校实际，制定本实施细则。

第二条　学校实行党委领导下的校长负责制。中共黄河水利职业技术学院委员会（以下简称校党委）统一领导学校工作。校长作为学校的法定代表人，在校党委的领导下，依法独立地行使职权，全面负责学校的行政管理工作。

第三条　学校党委领导实行民主集中制，其基本原则是：按照集体领导、民主集中、个别酝酿、会议决定的原则，由党委会集体讨论决定。学校行政工作实行校长负责制，其基本原则是：集体讨论，校长决定。

第四条　党委书记是学校党委的第一负责人，全面主持党委工作，在集体领导中负主要责任。校长是学校的法定代表人，全面负责学校行政工作。学校党政副职对正职负责。副书记协助书记做好党委工作，副校长协助校长做好行政工作。书记和校长要充分调动副职的积极性，副职要在正职领导下做好分管工作，积极地创造性地开展工作。

第五条　建立领导、专家、群众相结合的民主决策机制。充分发挥教职工代表大会、学术委员会、教学指导委员会等组织和专家、教授的作用，提高决策的科学性。

第二章　党委职责

第六条　党委是学校的领导核心，履行党章等规定的各项职责，把握学校办学方向，决定学校重大问题，监督重大决议执行，支持校长依法独立负责地行使职权。

第七条　党委实行集体领导与个人分工负责相结合，坚持民主集中制，集体讨论决定学校重大问题和重要事项，党委班子成员按照分工履行职责。

第八条　党委的主要职责：

（一）全面贯彻执行党的路线方针政策，坚持社会主义办学方向。坚持立德树人，按照社会主义核心价值观培育全面发展的合格人才；坚持依法治校，推动学校可持续发展。

（二）讨论决定事关学校改革发展稳定及教学、科研、行政管理中的重大事项和基本管理制度。

（三）坚持党管干部原则，讨论决定学校内部组织机构的设置，按照干部管理权限负责干部的推荐、选拔、任用、教育、培养、考核和监督并做好老干部工作。

（四）坚持党管人才原则，讨论决定学校人才工作规划和重大人才政策，优化人才成长环境，统筹推进人才队伍建设。

（五）领导学校思想政治工作和德育工作，培育和践行社会主义核心价值观，牢牢把握学校意识形态方向，维护学校的安全稳定和谐。

（六）加强校园文化建设，发挥文化育人作用，培育良好校风学风教风。

（七）加强学校党委自身建设，抓好基层党建工作，严把党员的质量关和教育关，充分发挥党委的核心作用、基层党组织的战斗堡垒作用和党员的先锋模范作用。

（八）认真落实全面从严治党主体责任，全面推进党风廉政建设。

（九）领导学校工会、教代会、共青团等群众组织开展好工作，团结民主党派和无党派人士做好统战工作。

（十）按照上级有关政策做好外事工作。

（十一）讨论决定其他事关师生员工切身利益的重要事项。

第九条　校党委要加强对院（系、部）工作的领导，建立健全院（系、部）党政集体领导、分工合作、共同负责的领导体制。院（系、部）要通过党政联席会议，讨论和决定本单位教学、科研、行政管理工作中的重要事项，支持本单位行政领导班子和负责人在其职责范围内独立负责地开展工作。

第三章　校长职责

第十条　校长是学校的法定代表人，在学校党委领导下，主持学校行政全面工作，组织实施学校党委有关决议，依法依规行使各项职权，全面负责教学、科研、行政管理工作。

第十一条　校长的主要职责：

（一）组织拟订和实施学校发展规划、年度工作计划、基本管理制度、重要行政规章制度、重大教学科研改革措施、重要办学资源配置方案。

（二）组织拟订和实施学校内部组织机构的设置方案，按照国家法律和干部选拔任用工作有关规定，向党委推荐副校长人选和内部组织机构的负责人人选。

（三）组织拟订和实施学校人才发展规划、重要人才政策和重大人才工程计划。负责师资队伍建设，依据有关规定聘任与解聘教师以及内部其他工作人员。

（四）组织拟订和实施学校重大基本建设、年度经费预算等方案。加强财务管理和审计监督，管理和保护学校资产。

（五）组织开展教学活动、教学改革及科学研究，创新人才培养机制，提高人才培养质量，提高办学水平，争创国内一流、国际知名的高职院校。

（六）做好招生宣传、就业指导以及学籍、奖惩、资助等学生管理工作。

(七)做好学校安全稳定和后勤保障工作。

(八)组织开展学校对外交流与合作,依法代表学校与各级政府、社会各界和境外机构等签署合作协议,接受社会捐赠。

(九)向党委报告重大决议执行情况,向教职工代表大会报告工作,处理教代会和学代会有关行政工作的提案,做好校务公开接受群众以及各级组织的监督。

(十)支持学校各级党组织、民主党派基层组织、群众组织和学术组织开展工作。

(十一)履行法律法规和《黄河水利职业技术学院章程》规定的其他职权。

第四章 议事决策制度

第十二条 学校按期召开党员代表大会,学校党委对党员代表大会负责并报告工作。党委会在党代会闭会期间,贯彻执行党代会决议,讨论决定学校党的建设和思想政治工作、学校改革和发展以及教学、科研、行政管理中的重大问题。

第十三条 党委会的议事范围:

(一)学习讨论党的路线、方针、政策和上级的指示、决定及重要会议精神,并结合学校实际,研究贯彻落实意见。

(二)研究决定学校党的建设、思想政治工作、意识形态工作、精神文明建设、党风廉政建设、安全稳定工作、老干部工作、统一战线工作的重要措施;研究工会、共青团、学生会等群众组织和教职工代表大会工作中的重要问题。

(三)讨论确定学校办学方向、办学理念、办学定位与办学指导思想,研究制定学校改革、发展、稳定的重大措施;研究制定学校发展战略规划、专业建设和师资队伍建设规划、校园建设规划;讨论通过校党政年度工作总结和年度工作计划;讨论决定学校基本管理制度和重要规章制度。

（四）研究决定学校的机构设置和调整；研究决定学校中层干部的任免、考核、培训、调动；研究决定科级干部的任免调整；研究决定校学术委员会等校级学术机构的调整及章程的修订完善。依照有关程序推荐校级领导干部和后备干部人选。

（五）研究决定具有高级职称或博士学位人员及处级干部的调出；研究决定人才引进计划和所有人员的引进、调入；研究决定职称评聘方案、年度考核方案和考核结果；讨论决定教职工党员发展及教职工违反党纪政纪的处分意见；研究决定高级职称人员、处级以上干部出国及组团出国等事项。

（六）审定学校年度财务预决算、年度基建项目的立项、年度设备购置计划、年度预算外20万元以上投资和支出事项。

（七）审定专业设置及调整方案、年度招生计划、对外合作办学方面的意见或方案。

（八）审定增加教职工收入、津贴分配办法、住房、教育收费等涉及师生员工切身利益的意见或方案。

（九）审定市级以上各类先进集体、先进个人的推荐名单和校级先进集体、先进个人名单。

（十）听取纪委和党委各部门重要工作的汇报；听取党委委员向会议所作的重要事项汇报；听取校长办公会对重要事项所作决议的汇报。

（十一）党委书记或校长认为应提交党委会讨论的其他事项。

第十四条　党委会议制度：

（一）党委会须定期举行，由党委书记召集并主持。党委书记因故不能出席时可委托是中共党员的校长或副书记主持。会议一般每两周召开一次，根据工作需要可随时召开。

（二）党委委员出席会议，根据会议议题，非中共党员校长和其他相关人员可列席会议。党委办公室负责人作为秘书人员列席会议。

（三）会议必须有半数以上委员到会方能召开，讨论决定干部任免等重要事项时，应有三分之二以上委员到会方能召开。表决事项时，以超过应到会委员人数的半数同意为通过。

第十五条 党委会议事规则另行规定。

第十六条 决议形成与贯彻：

（一）党政办公室安排专人负责会议记录，各种意见和主要理由应如实记录。会议结束后，党政办公室主任审核会议记录，并将会议决定及时报党委书记审定，根据需要整理印发会议纪要或简报，将会议做出的决定、决议向下属党组织和党员通报，保障党员的知情权和监督权。也可根据实际情况，以适当方式向全校公开。

（二）凡经党委集体讨论决定的问题，党委成员必须认真贯彻执行，按照分工负责组织实施。决策执行和工作进展情况，应及时向书记和党委会汇报，并在一定范围内通报。在执行中如有新的问题，应及时向党委反映。在党委没有新的决定之前，任何人都无权更改或拒绝执行。如不遵守、不执行集体的决定，或未能按照集体决定和分工履行职责给工作造成损失的，要追究其责任。确需改变的决定，须有2位以上的委员提议（附议），提交党委会讨论决定。

（三）党政办公室负责会议决定的督办落实，根据工作需要，向承办单位发送"党委会决定事项通知"，承办单位应在规定时间内办理、反馈情况。

第十七条 校长办公会是校长研究和处理学校日常行政工作的办公会议。讨论学校教学、科研、行政管理中有关问题，决定有关事项，组织实施党委会有关决议，酝酿需提交党委会讨论的行政工作中重大问题和重要事项方案。

第十八条 校长办公会的议事范围：

（一）贯彻执行党和国家的路线、方针、政策及法律法规，落实上级部门有关行政工作的重要指示、决定或会议精神。

（二）贯彻落实校党委决定的需由校长办公会办理的决策事项。

（三）拟定和实施学校发展规划，制定学校具体规章制度，制定和落实学校年度工作计划、学期工作安排、校长工作报告和向上级的重要请示报告。

（四）拟定科、处级行政单位的设置或调整方案，拟定校级学术机构调整方案，按规定程序推荐副校长人选，对副校长分工提出意见，任免学校处级行政干部。

（五）审定校级教学、科研成果及校级行政先进集体、先进个人的表彰、奖励；批准学生学籍注销及给予学生开除学籍处分。

（六）拟定职称评审委员会及职称评审办法和程序，聘任和解聘教师以及校内其他工作人员，讨论决定对教职工行政处分的意见。

（七）拟定和执行年度经费预算方案，审议年度决算报告，拟定大额融资、租赁、借贷项目的实施办法和还贷计划，审定5～20万元的预算外项目开支。

（八）对学校教学、科研和技术服务、专业建设、师资队伍建设、财务、人事、学生工作、审计与监察、行政管理、资产管理、后勤保障、基本建设、生产、安全、福利等全校行政工作中的重要问题进行决策，属于"三重一大"事项的，由学校党委会讨论决策。

（九）听取各院（系、部）及行政职能部门的工作汇报，研究决定其请示事项。

（十）研究讨论学校的招生和就业工作。

（十一）研究学校对外交流与合作工作，审定对外的重要合作交流协议和合同。

（十二）研究处理学校安全稳定方面的工作。

（十三）审议学校章程的制定和修改意见，讨论学校各专门委员会的组织规程、委员会成员及主任人选，并提交党委会研究决定。

（十四）校长认为应提交校长办公会讨论的事项。

第十九条　校长办公会议制度：

（一）一般每周召开一次，根据工作需要可随时召开。

（二）校长办公会议由校长（或校长委托的副校长）召集并主持，副校长和党政办公室主任及有关部门负责人参加。根据会议内容和相关议题，有关职能部门负责人到会列席，汇报情况，回答询问。列席人员按会议议题参会。如议题涉及其他分管校领导，可根据情况参加会议。会议议题由行政班子成员提出，校长确定。会议必须有半数以上成员到会方能召开。校长应在广泛听取与会人员意见基础上，对讨论研究的事项作出决定。

第二十条　校长办公会议事规则另行规定。

第二十一条　校长办公会决定形成与贯彻：

（一）党政办公室根据校长办公会的决策拟写会议纪要，经校长签发后，根据会议内容在一定的范围内发送。

（二）凡经校长办公会决定的事项，必须坚决执行，任何单位或个人不得以任何理由推诿、拖延或拒绝执行。

（三）党政办公室负责会议决议的督办，并将决议的落实情况及时报告校长或校长办公会。确遇新情况、新问题，不适宜或不可能按原决议或决定执行时，由有关校领导提出，校长同意后提交下次校长办公会讨论决定。

（四）校长办公会提交校党委会议的议题，一般由校长或主管副校长依照校长办公会的最终意见向校党委会议汇报。

第二十二条　党委会和校长办公会要坚持科学决策、民主决策、依法决策，防止个人或少数人专断和议而不决、决而不办。讨论决定学校重大问题，应在调查研究基础上提出建议方案，经领导班子成员沟通酝酿且无重大分歧后提交会议讨论决定。对干部任免建议方案，在提交党委会议讨论决定前，应在党委书记、校长、分管组织工作的副书记、纪委书记等范围内进行充分酝酿。对专业性、技术性较强的重要事项，应经过专家评估及技术、政策、法律咨询，必要时还要进行文字审核和安全稳定风险评估。对事关师生员工切身利益的重要事项，应通过教职工代表大会、规范性文件听证、重大事项决策听证、重大制度意见征求与解读平台或其他方式，广泛听取师生员工的意见建议。对会议决定的事项如需变更、调整，应根据决策程序进行复议。

第五章 协调运行机制

第二十三条 建立健全学校党委统一领导、党政分工合作、协调运行的工作机制。合理确定校领导班子成员分工，明确工作职责。校领导班子成员要认真执行集体决定，按照分工积极主动开展工作。

第二十四条 党委书记和校长建立定期沟通制度，及时交流工作情况。党委会议有关教学、科研、行政管理工作等议题，应在会前听取校长意见；校长办公会的重要议题，应在会前听取党委书记意见。意见不一致的议题暂缓上会，待进一步交换意见、取得共识后再提交会议讨论。集体决定重大事项前，党委书记、校长和有关校领导班子成员要个别酝酿、充分沟通。

第二十五条 校领导班子应经常沟通情况、协调工作。党委书记、校长要发扬民主，充分听取和尊重班子成员的意见，支持他们的工作。校领导班子成员要相互理解、相互支持，对职责分工交叉的工作，要注意协调配合。

第二十六条 学校坚持领导干部双重组织生活会制度，提高组织生活质量。认真开好民主生活会，积极进行批评和自我批评，运用好"四种形态"。落实谈心谈话制度，党委书记和校长要定期相互谈心，定期同其他校领导班子成员谈心，对在思想、作风、廉洁自律等方面出现的苗头性倾向性问题，要早提醒、早纠正。校领导班子成员之间要经常交流思想、交换意见，努力营造团结共事的和谐氛围。

第二十七条 加强学术组织建设，健全以学术委员会为核心的学术管理体系与组织架构。

第二十八条 发挥教代会及群众组织作用，健全师生员工参与民主管理和监督的工作机制。实行党务、校务公开，及时向师生员工、群众团体、民主党派、离退休老同志等通报学校重大决策及实施情况，自觉接受群众监督。

第六章　组织保障

第二十九条　党委书记和校长应在领导班子能力建设中充分发挥模范带头作用。学校领导干部应认真履职尽责，正确处理领导管理工作和个人学术研究的关系，确保有足够的时间和精力投入学校管理工作。

第三十条　加强学校基层党组织建设，完善院（系、部）党政联席会议制度，集体讨论决定重大事项。大力创建基层服务型党组织，不断提高基层党组织的创造力、凝聚力和战斗力，保证党的路线方针政策和学校各项决定的贯彻落实。

第三十一条　加强和改进思想政治工作，深入开展社会主义核心价值观和中国梦宣传教育，引导师生员工坚持正确的政治方向，坚定中国特色社会主义道路自信、理论自信、制度自信、文化自信。深入开展党风党纪教育，进一步深化师生员工对党委领导下的校长负责制的理解和认同，增强坚持和完善这一制度的自觉性和坚定性。

第三十二条　党委应加强对领导班子成员贯彻执行党委领导下的校长负责制情况的总结、检查和监督，发现问题及时纠正。领导班子成员在民主生活会上，要将本人执行党委领导下的校长负责制的情况作为重要内容，如实报告，开展批评与自我批评，不断增强执行党委领导下的校长负责制的自觉性。

第三十三条　充分发挥学校党的纪律检查委员会的监督职能，对坚持民主集中制、三重一大制度、党委领导下的校长负责制有关情况进行监督检查。加强党代会对党委会、教代会对校长的监督。

第七章　附　则

第三十四条　本办法由党委办公室负责解释。

第三十五条　本实施细则自发布之日起施行。

3.黄河水利职业技术学院党委会议制度

黄院党〔2015〕5号

第一章 总 则

第一条 根据《中国共产党章程》、《中国共产党普通高等学校基层组织工作条例》、《中华人民共和国高等教育法》等有关法律法规,结合我校实际,制定本会议制度。

第二条 学校实行党委领导下的校长负责制,党委统一领导学校工作,支持校长依法积极主动、独立负责地开展工作,保证教学、科研、行政管理等各项任务的完成。

第三条 党委会议议事遵循"民主集中制"原则。凡属重大问题都要按照集体领导、民主集中、个别酝酿、会议决定的原则,集体讨论,作出决定;党委成员要根据集体的决定和分工,切实履行自己的职责。

第二章 会议召开及议事范围

第四条 党委会一般每2周召开1次,如遇重大突发事件和紧急重要情况可以随时召开。

第五条 党委会由党委书记或书记委托的副书记主持,党委委员出席。根据会议议题,监察处处长、团委书记等相关人员可以在讨论有关议题时列席会议,党政办公室派人作为秘书人员列席会议。

第六条 党委会必须有半数以上的党委委员到会方能召开,讨论决定干部任免等重要事项时,必须有三分之二以上的委员到会方能召开。

第七条 党委会的议事范围为:

(一)学习贯彻党的路线、方针、政策,传达上级组织的重要文件、重要会议和重大工作部署,结合学校实际,研究贯彻落实的意见。

(二)讨论决定学校的办学指导思想、发展规划、年度工作计划、管理体制、重大改革方案、国内外合作项目以及教学、科研、行政管理中的重大问题;审定学校章程。

(三)研究决定学校党的建设、思想政治工作、德育工作、精神文明建设和党风廉政建设等重要问题。听取学校纪委的工作汇报,讨论决定纪委提交党委审议的有关事项。

(四)讨论决定学校内部组织机构的设置和调整方案,研究决定学校科级以上干部的任免、考核、培训、调动、奖惩;研究决定校、处级后备干部人选。

(五)研究决定民主党派工作的重大问题及民主党派干部、后备干部人选,工会、共青团、学生会等群众组织和教职工代表大会工作中的重大问题。

(六)研究决定教职工因公出国(境)、中层以上领导干部因私出国(境)、学校组团出国(境)等事项。

(七)审定学校年度经费预决算、分配政策、大额资金使用、招生计划、重大基本建设项目等重大问题以及重要规章制度和涉及师生员工切身利益的重要事项。

(八)研究学校涉及国家安全、保卫、保密工作的有关问题,讨论决定处置各类突发事件、维护学校稳定的基本原则和工作方案。

(九)讨论决定校长办公会议提请党委会议讨论的问题和学校有关部门请示党委的有关全局和重大的问题。

(十)其他需要由党委集体讨论决定的重要问题。

第三章 议事规则及规定

第八条 需要提交党委会讨论的议题必须事先进行调查研究,基础数据准确,政策依据可靠,有可供选择的建议方案,分管校领导对该议题的内容认真审核;议题内容涉及多个分管校领导负责的工作,必须由牵头校领导与相关校领导会前沟通协调后提交会议讨论。

第九条 分管校领导根据工作需要提出的议题和有关材料(内容包括所提出议题需讨论决定的事项以及可供选择的解决问题的建议或方案等)送党政办公室汇总(一般至少提前3天),最终由党委书记或书记指定的副书记审定。未经会前审定、会前准备不充分、没有成熟意见和具体解决方案的议题不提交党委会，党委会不讨论临时议题。

第十条 每次党委会的日期和议题，除临时召集的会议外，由学校党政办公室至少提前3天通知每位与会人员，相关材料提前送达会议各成员，以便阅研，做好议事准备。

第十一条 党委会议应一题一议，有议有决。提出议题的分管校领导或委托有关职能部门负责人就议题的初步研究意见、方案及有关政策依据应作简要说明，与会人员围绕议题充分发表意见，言简意赅、明确表态。会议主持人根据会议讨论情况进行归纳集中，根据多数人的意见形成结论性意见，并作出决定。

会议主持人认为需要表决的事项可采取表决的方式决定，经应出席会议委员的半数以上通过方为有效。表决可采用口头、举手或无记名投票等方式进行。

对重要问题发生争论或意见分歧较大，分歧双方人数接近，如无时限要求，一般应暂缓作出决定，待进一步调查研究、交换意见，或向上级组织请示后，提交下次会议再进行讨论决定。

第十二条 党委会推荐、提名干部和决定干部任免、奖惩事项时，党委书记、校长和分管校领导没有出席会议一般不讨论。在讨论相关议题时，按规定应当回避的，有关人员必须回避。

第十三条 与会人员必须自觉遵守党的纪律，严守保密制度，不准随意泄露党委会研究、决策的过程。党委会议做出的决议，在党委未正式公布以前，除党委委托有关同志办理外，其他党委委员和列席会议的同志如有泄密、失密行为，要追究责任，并视其情节给予批评教育或纪律处分。

第四章 决议执行与监督

第十四条 凡会议讨论决定的事项，任何个人无权擅自改变。有不同意见允许保留，但在行动上必须执行，并以会议的决定对外表态。

第十五条 党委会议纪要和会议决议的信息发布、情况通报由党政办公室负责。会议决定事项，由党政办公室以会议纪要形式在办公自动化系统上公开（涉密事项除外），干部任免由党委组织部负责通知。对未能出席会议的人员，会后由主持人或主持人委托的同志向其通报本次会议的有关决定。

第十六条　党委会决定的事项，需要发文的由提出议题的有关职能部门拟文，经分管校领导签发。

第十七条　经党委会讨论确定需要完成的工作或处理的问题，由党政办公室督办。党政办公室要及时将督办事项进展情况告知分管校领导，并适时向党委会议汇报全部督办事项办理进展情况。

第十八条　党委会决定实施的重大事项，由分管校领导组织有关部门和单位落实，并将落实情况向主要领导汇报，必要时向党委会汇报。实施中如确需调整，须由分管校领导提出调整理由、调整建议，并报党委会讨论决定。未能如期完成实施任务的，应向党委会报告原因、责任等。

第十九条　党委加强对党政领导干部执行本制度情况的监督检查。凡属下列情况给学校造成重大损失和严重影响的，要依纪依法追究责任人的责任：

（一）未向党委会提供真实情况而造成决策失误。

（二）未经党委会集体讨论决定而个人决策。

（三）不执行或擅自改变党委会决定。

（四）执行决策后发现问题未及时报告，造成重大损失和不良社会影响。

第五章　附　则

第二十条　本制度由校党委负责解释。

第二十一条　本制度自发布之日起实施，《关于印发＜黄河水院党委会会议制度＞的通知》（黄院党〔2002〕15号）同时废止。

4. 黄河水利职业技术学院校长办公会议制度

黄院党〔2015〕5号

第一章 总 则

第一条 为实施依法治校，贯彻落实党委领导下的校长负责制，进一步促进学校行政决策和管理的科学化、民主化、规范化，提高会议质量和议事效率，根据《中华人民共和国教育法》、《中华人民共和国高等教育法》和有关政策法规，结合我校实际，制定本会议制度。

第二条 校长办公会议是学校行政议事决策机构，主要研究提出拟由党委讨论决定的重要事项方案，具体部署落实党委决议的有关措施，研究处理教学、科研、行政管理工作。

第二章 会议召开及议事范围

第三条 校长办公会议由校长或校长委托的副校长召集并主持，副校长、纪委书记和党政办公室主任及有关部门负责人参加。根据会议内容和工作需要，党委书记、副书记出席会议。议题涉及教职工利益的，工会主席列席会议；议题涉及有关单位和部门的，该单位和部门负责人列席会议。

第四条 校长办公会议一般每周召开1次，如有重要事项需要讨论决定的，可临时召开。

第五条 校长办公会的议事范围为：

（一）研究讨论学校的发展规划、基本管理制度、重要行政规章制度、重大教学科研改革措施、重要办学资源配置方案、年度工作计划等，并提交党委会研究决定。

（二）研究讨论学校内部组织机构的设置方案及人员编制等重大问题，并提交党委会研究决定。

（三）研究学校人才发展规划、重要人才政策、教师队伍建设，讨论教职工职务聘任、工资调整方案等，并提交党委会研究决定。

（四）研究学校重大基本建设、年度经费预算等方案、财务管理和审计监督；审定国内外的重要合作交流协议和合同。

（五）研究专业与学科设置、实验实训室建设规划等教学活动以及服务国家和地方经济社会发展等科研和技术服务活动。

（六）研究讨论学生的学籍管理、奖励或处分等。

（七）研究讨论学校的招生和就业工作。

（八）研究制定学校安全稳定和后勤保障工作方案。

（九）审议学校章程的制定和修改意见，讨论学校各专门委员会的组织规程、委员会成员及主任人选，并提交党委会研究决定。

（十）校长认为应提交校长办公会讨论的其他事项。

第三章 议事规则及规定

第六条 需要提交校长办公会议讨论的议题，应由各部门事先报告主管校领导同意，校领导也可直接提出议题，党政办公室负责汇总并报校长决定是否列入校长办公会议议题。

第七条 凡上级或学校已有明确具体规定以及职能部门和主管校领导在自己职权范围内可以决定或协调解决的问题不列入校长办公会议议题。

第八条 提交校长办公会议讨论的议题，相关部门应在认真调查研究和论证的基础上，提供简明的背景材料，内容包括汇报要点，需讨论决定的事项以及对所提问题解决办法的建议和方案等。涉及几个部门的议题，应先由相关部门进行沟通，提出解决预案。

第九条 相关部门应将提请上会的议题及相关材料应提前3天送党政办公室。党政办公室根据校长意见确定校长办公会议议题，提前1-2天通知与会人员，并将相关材料事先送达，以便研阅，提前做好议事准备。对特别复杂和重要的议题，主管校领导应提前向会议组成人员通报议题内容和拟处理方案。

第十条 校长办公会议应按拟定的议题议事，一般不得临时动议。

第十一条　校长办公会议应一题一议，有议有决。作出决定的过程，必须充分体现决策科学化、民主化、规范化的要求。其议事程序为：一般先由提出议题的主管校领导报告情况，提出解决问题的建议和方案，需要时可由相关单位和部门负责人作补充说明，然后与会成员就该议题发表意见，展开讨论。会议主持人归纳、集中与会人员意见并作出明确决定。对于暂不能作出决定的事项，主持人可根据情况，授权有关员领导召集专题会议进一步深入研究，结果通报校长办公会议审定。

第十二条　讨论决定学校有关学术方面问题时，应充分咨询院学术委员会的意见；讨论决定涉及师生员工的切身利益的重大事项时，应当征求校工会的意见或邀请教代会代表列席会议。

第十三条　校长办公会议是学校行政的主要工作例会，与会者应按时参加会议。因特殊情况不能与会者，应事先向主持人请假。

第十四条　与会人员必须自觉遵守会议纪律，不准随意泄露会议研究、决策的过程。对会议做出的决议，除按规定履行职能及授权传达者外，其他与会人员不得外传会议议题议决情况。不得在会后发表与会议议决结论不一致的意见。

第四章　决议执行与监督

第十五条　校长办公会议纪要和会议决议的信息发布、情况通报由党政办公室负责。会议决定事项，由党政办公室以会议纪要形式在办公自动化系统上公开（不宜公开事项除外）。对未能出席会议的人员，会后由主持人或主持人委托的同志向其通报本次会议的有关决定。

第十六条　校长办公会议的决议、决定由党政办公室负责督办。对决议、决定的办理情况，党政办公室应及时将信息反馈给校长或校长办公会议。对于没有落实或落实不力的决议、决定，党政办公室应及时反馈至主管校领导和相关部门。

第十七条　校长办公会议形成的决议和决定，各有关部门和人员必须认真贯彻执行。

第十八条　在情况发生变化或执行决议过程中出现新问题，不适宜或不可能按原决议、决定执行时，应由主管校领导提交校长办公会议进行复议。紧急情况下需临时调整原决议，须由校长在征求有关校领导意见后进行调整，但应在下次校长办公会议上通报。

第十九条　校长办公会议决议、决定的事项，由与会成员根据分工负责的原则予以落实。明确由部门负责的，则由党政办公室传达和催办，并及时将执行情况报告主管校领导。

第五章　附　则

第二十条　本制度由校长办公会议负责解释。

第二十一条　本制度自发布之日起实施，《关于印发＜黄河水院校长办公会会议制度＞的通知》（黄院〔2002〕49号）同时废止。

5. 党委会议事规则（修订）

黄院党〔2018〕43 号

第一章　总则

第一条　为切实加强党对学校工作的全面领导，推进党委决策科学化、规范化和制度化，根据《中华人民共和国高等教育法》、《中国共产党普通高等学校基层组织工作条例》、中共中央办公厅《关于坚持和完善普通高等学校党委领导下的校长负责制的实施意见》及有关法律法规和政策，结合学校实际，特制定本规则。

第二条　中共黄河水利职业技术学院委员会会议（以下简称党委会）是校党委对学校改革、发展、稳定等重大问题和重要事项进行集体研究和决策的会议。

第三条　党委会在讨论问题和制定决策过程中，必须坚持以下原则：

（一）坚持以习近平新时代中国特色社会主义思想为指导，深入学习贯彻党的十九大精神，落实全面从严治党要求，全面执行党的教育方针，按照办好让人民满意的高等职业教育的要求，坚持科学治校、民主治校、依法治校，正确认识和把握高等职业教育规律，按照科学的思想、理论、制度和方法领导学校，认真执行党的代表大会、教职工代表大会制度，逐步实现学校管理工作的规范化、制度化，不断提高管理能力和办学水平。

（二）坚持党委领导下的校长负责制。学校党委统一领导学校各项工作，总揽全局，把好方向，抓好大事，管好干部，认真履行管党治党主体责任，扎实推进"两个责任"落实，支持校长独立负责地开展教学、科学研究和其他行政管理等各项工作。校长在党委集体领导下依法行使职权，重视和支持党建工作。其他行政领导要自觉接受党委领导，认真贯彻"一岗双责"，认真执行党委决定。

（三）坚持民主集中制原则。按照"集体领导、民主集中、个别酝酿、会议决定"的要求，对学校重大问题和重要事项的决策，要充分酝酿、协商、沟通和讨论，广泛听取意见，并严格按照少数服从多数的原则做出决定。

（四）坚持集体领导和个人分工负责相结合。党委书记要带头执行民主集中制，支持班子成员在职责范围内切实负责地开展工作。领导成员要按照集体决定和各自的分工认真履行职责，全体班子成员要牢固树立"四个意识"，坚定"四个自信"，坚决做到"两个维护"，讲政治、顾大局，增强集体领导意识、分工负责意识和主动配合意识。党委书记和校长在班子团结协调方面负主要责任，要相互尊重、相互信任、严于律己、做好表率。

（五）建立党委书记和校长工作沟通制度。党委工作一般由党委书记主动与校长沟通，行政工作一般由校长主动与党委书记沟通，书记和校长对重要事项要事先沟通，日常工作要经常沟通，紧急情况要及时沟通。

（六）坚持回避制度。党委会按照规定实行回避制度，凡涉及与会人员的配偶、子女及亲属的事项，本人应回避。

第二章　议事范围

第四条　党委会议事范围主要包括以下几个方面：

（一）学习讨论党的路线、方针、政策和上级的指示、决定及重要会议精神，并结合学校实际，研究贯彻落实意见。

（二）研究决定学校党的建设、思想政治工作、意识形态工作、精神文明建设、党风廉政建设、安全稳定工作、老干部工作、统一战线工作的重要措施；研究工会、共青团、学生会等群众组织和教职工代表大会工作中的重要问题。

（三）讨论确定学校办学方向、办学理念、办学定位与办学指导思想，研究制定学校改革、发展、稳定的重大措施；研究制定学校发展战略规划、专业建设和师资队伍建设规划、校园建设规划；讨论通过校党政年度工作总结和年度工作计划；讨论决定学校基本管理制度和重要规章制度。

（四）研究决定学校的机构设置和调整；研究决定学校中层干部的任免、考核、培训、调动；研究决定科级干部的任免调整；研究决定校学术委员会等校级学术机构的调整及章程的修订完善。依照有关程序推荐校级领导干部和后备干部人选。

（五）研究决定具有高级职称或博士学位人员及处级干部的调出；研究决定人才引进计划和所有人员的引进、调入；研究决定职称评聘方案和评审结果、年度考核方案和考核结果；讨论决定教职工党员发展及教职工违反党纪政纪的处分意见；研究决定高级职称人员、处级以上干部出国及组团出国等事项。

（六）审定学校年度财务预决算、年度基建项目的立项、年度设备购置计划、年度预算外20万元以上投资和支出事项。

（七）审定专业设置及调整方案、年度招生计划、对外合作办学方面的意见或方案。

（八）审定增加教职工收入、津贴分配办法、住房、教育收费等涉及师生员工切身利益的意见或方案。

（九）审定市级以上各类先进集体、先进个人的推荐名单和校级先进集体、先进个人名单。

（十）听取纪委和党委各部门重要工作的汇报；听取党委委员向会议所作的重要事项汇报；听取校长办公会对重要事项所作决议的汇报。

（十一）党委书记或校长认为应提交党委会讨论的其他事项。

第三章　议事程序

第五条　党委会原则上每两周召开一次，一般周二上午召开。如遇特殊情况，可提前或推迟召开。

第六条　党委会由党委书记或书记委托的副书记主持，党委委员出席，非党员校领导和党政办主任列席，必要时请有关部门负责同志列席。列席人员无表决权。

第七条　党委会必须有半数以上的党委委员到会方能召开。讨论决定干部任免事项时，必须有三分之二以上的委员到会。书记、校长如有一人缺席，一般不研究干部问题。不准临时动议决定干部任免。

第八条 党委会召开的日期和议题，一般应提前1天由党政办公室通知与会人员，需要讨论通过的文件应事先传阅或分发。

第九条 党委会的议题一般应由党委委员依照议事范围的规定和职责分工适时提出，也可由校长办公会、有关工作小组或基层组织适时提出，经党委书记或受委托主持会议的副书记审定后，列入会议议程。除特殊情况外，重要议题的提出均应留有会前充分酝酿、调研、论证的时间，一般不少于3天，否则将视为临时动议。凡行政提交党委会讨论的重大问题，党委会应在15日内列入议题。意见不一致的议题暂缓上会，待进一步交换意见、取得共识后再提交会议讨论。

第十条 正确处理集体领导与分工负责的关系，党委会与校长办公会的关系，学校与上级的关系。下列问题不列入党委会议题：

（一）按照分工应由党委成员负责处理或协调解决的问题；

（二）校长办公会职权范围内可以议定的问题；

（三）上级或学校已有明确指示和具体规定的问题。

第十一条 需要由学校党政领导班子共同研究决定的问题，可召开党委扩大会议。会议议题由党委书记、校长在充分交换意见的基础上确定。参加人员一般为党委委员、校长、副校长、工会主席及相关人员。

第十二条 拟提交和被确定的党委会议题，分管领导、工作小组及有关部门要认真做好准备工作，事先应进行充分的调研、协调和论证，提交初步意见或拟办方案供党委会决策参考。

第十三条 凡涉及几个部门的议题，在提交拟办方案前，应由主办部门与有关部门协商，形成初步意见和方案。涉及学校改革发展稳定和教职工切身利益的重要问题，应征求教代会主席团、民主党派、离退休老同志代表等的意见和建议；涉及法律法规问题或对外签署协议的事项，应向纪委、监察处和学校法律顾问进行必要的咨询；属于学校专门委员会职责范围内的，应先通过专门委员会讨论，专家提出明确意见后再提交会议讨论。所有讨论的议题应有详细的书面材料或名单、图表等。凡拟提交党委会讨论通过的文件资料，应先经分管校领导审阅。重要议题的有关材料在会议讨论前，应先经书记或校长审阅。

第十四条　与会同志应提前做好准备。因故不能出席会议的，须向会议主持人对会议议题提出有关意见或建议。

第十五条　党委会应按预先确定的议题依次进行。除紧急情况外，不讨论临时提出的问题。

第十六条　党委书记要充分发扬民主，防止"一言堂"。党委委员要积极主动，在党委会上讲真话、讲实话，讲切题的话；要自觉从党委工作全局出发思考和处理问题，不受分工局限；要注意避免片面强调个人分管工作或掩饰分管工作中的矛盾和问题的现象。

第十七条　讨论议题的一般顺序是：（1）汇报情况和提出初步意见。先由分管校领导汇报议题的准备过程、主要内容、形成的初步意见等，列席会议的相关职能部门负责人可作补充发言。（2）展开讨论和注意兼听。讨论时，党委成员应紧密围绕议题内容，充分发表意见，明确表示个人态度。讨论议题时，先后发言的同志要相互尊重，认真听取其他同志的发言和意见，使每位委员都能平等地表述意见。（3）主持人总结概括和表明个人态度及意见。由会议主持人总结概括多数同志的意见，并表明自己的态度及意见。（4）付诸表决。每位委员逐一对总结概括的结论性意见进行表决。（5）尊重少数。会议和主持人对于少数人的不同意见，应认真考虑。（6）形成决议。按照少数服从多数的原则，形成集体决议。

第十八条　党委会对讨论的问题，应及时做出明确的结论，尽量避免议而不决。会议表决时，赞成者超过应到会人数的半数为通过。表决可根据讨论事项的不同内容，分别采取口头、举手、无记名投票等方式。口头表决时，可表示同意或不同意或另提新的意见或保留个人意见，但一般不宜弃权。个别或少数委员对决议有不同意见，允许保留，可以会后向上一级党组织提出，但在上级组织未表示支持前，必须服从和执行党委的决议决定。如果在表决中对重要问题产生重大分歧，且不同意见双方人数接近，除在紧急情况下必须按多数意见形成决定外，应暂缓做出决议决定，待进一步调查研究和交换意见后，再上会讨论决定。

第四章 会议纪律

第十九条 出席会议应准时。因故不能到会应由本人事先向会议主持人请假。

第二十条 会议期间，无特殊情况，与会人员均须关闭通信工具，不接待来访，不处理其他公务。

第二十一条 党委会议事决策的具体细节，任何与会人员无权向会外人员传达泄露。党委会做出的决议，在党委未正式公布以前，除党委委托有关同志办理外，其他党委委员和列席会议的同志不得外传。如有泄密、失密行为，要追究责任，并视其情节给予批评教育或纪律处分。查阅党委会记录，须经学校党政办公室负责同志批准。

第五章 会议的通报、落实与督办

第二十二条 党政办公室专人安排负责会议记录，各种意见和主要理由应如实记录。会议结束后，党政办公室主任审核会议记录，并将会议决定及时党委书记审定，根据需要整理印发会议纪要或简报，将会议做出的决定、决议向下属党组织和党员通报，保障党员的知情权和监督权。也可根据实际情况，以适当方式向全校公开。

第二十三条 凡经党委集体讨论决定的问题，党委成员必须认真贯彻执行，按照分工负责组织实施。决策执行和工作进展情况，应及时向书记和党委会汇报，并在一定范围内通报。在执行中如有新的问题，应及时向党委反映。在党委没有新的决定之前，任何人都无权更改或拒绝执行。如不遵守、不执行集体的决定，或未能按照集体决定和分工履行职责给工作造成损失的，要追究其责任。确需改变的决定，须有 2 位以上的委员提议（附议），提交党委会讨论决定。

第二十四条　党政办公室负责会议决定的督办落实，根据工作需要，向承办单位发送"党委会决定事项通知"，承办单位应在规定时间内办理、反馈情况。

第六章　附　则

第二十五条　本规则由党政办公室负责解释。

第二十六条　本规则自公布之日起施行，原《党委会议事规则》（黄院党〔2016〕27号）同时废止。

6.校长办公会议事规则（修订）

黄院党〔2018〕43号

第一章 总 则

第一条 为更好地贯彻执行党委领导下的校长负责制，进一步规范校长办公会议的议事范围、程序和方法，促进行政决策的科学化、民主化、规范化，提高行政水平和工作效率，根据《中华人民共和国高等教育法》和《河南省高等学校坚持和完善党委领导下的校长负责制暂行规定》，结合学校实际，特制定本规则。

第二条 黄河水利职业技术学院校长办公会议（以下简称校长办公会）是校长在校党委领导下实行行政管理和决策的基本形式，是学校最高行政决策机构。

第三条 校长办公会实行民主基础上的校长负责制。

第二章 议事范围

第四条 校长办公会的议事范围一般包括：

（一）贯彻执行党和国家的路线、方针、政策及法律法规，落实上级部门有关行政工作的重要指示、决定或会议精神。

（二）贯彻落实校党委决定的需由校长办公会办理的决策事项。

（三）拟定和实施学校发展规划，制定学校具体规章制度，制定和落实学校年度工作计划、学期工作安排、校长工作报告和向上级的重要请示报告。

（四）拟定科、处级行政单位的设置或调整方案，拟定校级学术机构调整方案，按规定程序推荐副校长人选，对副校长分工提出意见，任免学校处级行政干部。

（五）审定校级教学、科研成果及校级行政先进集体、先进个人的表彰、奖励；批准学生学籍注销及给予学生开除学籍处分。

（六）拟定职称评审委员会及职称评审办法和程序，聘任和解聘教师以及校内其他工作人员，讨论决定对教职工行政处分的意见。

（七）拟定和执行年度经费预算方案，审议年度决算报告，拟定大额融资、租赁、借贷项目的实施办法和还贷计划，审定 5～20 万元的预算外项目开支。

（八）对学校教学、科研和技术服务、专业建设、师资队伍建设、财务、人事、学生工作、审计与监察、行政管理、资产管理、后勤保障、基本建设、生产、安全、福利等全校行政工作中的重要问题进行决策，属于"三重一大"事项的，由学校党委会讨论决策。

（九）听取各院（系、部）及行政职能部门的工作汇报，研究决定其请示事项。

（十）研究讨论学校的招生和就业工作。

（十一）研究学校对外交流与合作工作，审定对外的重要合作交流协议和合同。

（十二）研究处理学校安全稳定方面的工作。

（十三）审议学校章程的制定和修改意见，讨论学校各专门委员会的组织规程、委员会成员及主任人选，并提交党委会研究决定。

（十四）校长认为应提交校长办公会讨论的事项。

第五条　下列事项不列入校长办公会议题：

（一）上级或本校已有明确、具体规定的事项。

（二）分管校领导或职能部门职权范围内能够处理的问题。

（三）分管校领导之间可以协调解决的问题。

（四）职能部门没有提出拟办方案或分管校领导没有明确意见的问题。

（五）临时动议的问题。

第三章　议题程序

第六条　校长办公会议题一般由校长提出（或由分管校领导提出，经校长审定），并报党委书记同意后，由党政办公室安排会议议程。

第七条　校长办公会议题也可由相关部门提出，经分管校领导签署

上会意见,报校长确定。具体程序为:

各相关部门根据工作需要向学校提出的工作请示,分管校领导认为不宜直接答复,需提交校长办公会讨论决定的事项,由分管校领导签署上会意见,党政办公室报校长批准后备案。

第八条　经校长同意提交办公会的议题,须由职能部门在充分调研论证的基础上,提出 1～2 个拟办方案供会议决策参考,涉及两个以上单位工作的议题,在提交拟办方案前应互相协商一致。没有拟办方案的议题,校长办公会不予受理。

第九条　已确定的校长办公会议题,有关职能部门要做好准备工作。与议题相关的文件、资料、图表,由有关职能部门提前 2 个工作日(即办公会前一周星期四)报送党政办公室,由党政办公室提前 1 个工作日通知与会人员并分发传阅会议资料。

第十条　与会人员应提前研究会议资料,准备好讨论意见,因故不能出席会议时,对会议议题的意见和建议,可在会前以书面形式提交党政办公室。

第四章　会议组织

第十一条　校长办公会原则上每周召开 1 次,一般安排在星期一下午召开。如遇特殊情况,可提前或推迟召开。

第十二条　校长办公会议由校长(或校长委托的副校长)召集并主持,副校长和党政办公室主任及有关部门负责人参加。根据会议内容和相关议题,有关职能部门负责人到会列席,汇报情况,回答询问。列席人员按会议议题参会。如议题涉及其他分管校领导,可根据情况参加会议。

第十三条　校长办公会应有半数以上出席人员到会方可召开。

第十四条　党政办公室具体负责校长办公会的组织工作。

第十五条　校长办公会成员应遵守会议纪律。出席人员和列席人员应按要求准时到会,因故不能到会人员,应事先向会议召集人请假,经批准后报党政办公室备案。如无特殊情况，会议期间与会人员应关闭手机等通信工具，不接待来访，不处理其他公务；对于会议的研究、决策过程，任何与会人员无权向会外任何人员泄露。

第十六条 校长办公会应按预先确定的内容和程序依次进行。会议发言应紧密围绕议题，实事求是，畅所欲言，明确表态。校长办公会议在广泛听取意见、充分发扬民主的基础上，由校长（或校长委托的副校长）作出决策。

第十七条 党政办公室负责安排做好会议记录，对会议基本情况、研究过程的记录尽可能详细，对议题的结论性意见必须记录全面、清晰、准确。校长办公会记录分年度归档。调阅校长办公会记录须经党政办公室主任批准，且有党政办公室专人监阅。

第五章 决议办理

第十八条 党政办公室根据校长办公会的决策拟写会议纪要，经校长签发后，根据会议内容在一定的范围内发送。《黄河水利职业技术学院校长办公会议纪要》与学校文件具有同等效力。

第二十条 凡经校长办公会决定的事项，必须坚决执行，任何单位或个人不得以任何理由推诿、拖延或拒绝执行。

第二十一条 党政办公室负责会议决议的督办，并将决议的落实情况及时报告校长或校长办公会。

第二十二条 校长办公会提交校党委会议的议题，一般由校长或主管副校长依照校长办公会的最终意见向校党委会议汇报。

第六章 附 则

第二十三条 本规则由党政办公室负责解释。

第二十四条 本规则自公布之日起施行，原《校长办公会议事规则》（黄院党〔2016〕27号）同时废止。

7. 黄河水利职业技术学院"三重一大"制度实施办法

黄院党〔2016〕20号

第一章　总　则

第一条　为认真贯彻落实中共中央关于建立健全"三重一大"制度（即"重大事项决策、重要干部任免、重要项目安排、大额度资金的使用"，必须经集体讨论作出决定）和《河南省高等学校落实"三重一大"制度实施办法》，进一步健全领导班子科学民主决策机制，实现领导干部决策科学化、民主化和规范化，推动学校教育事业健康发展，结合我校实际，特制定本办法。

第二章　"三重一大"事项的主要内容

第二条　重大事项决策

凡涉及学校改革、发展和稳定，关系教职工切身利益的重大问题，均属于重大决策的范围。主要内容包括：

（一）党和国家的路线、方针、政策，上级有关会议和文件精神的贯彻落实。

（二）办学指导思想、总体思路、发展战略、发展规划的制定和调整。

（三）涉及学校全局的重大改革方案和改革措施的制订。

（四）学校年度党政工作计划和总结的审定。

（五）学校年度经费预算和决算方案的审定。

（六）学校专业设置和调整，教育教学改革方案的审定。

（七）学校办学规模、年度招生计划以及相关政策的制定和调整。

（八）学生工作中重大问题的处理和相关政策的制定。

（九）全校性规章的制订、修改和废止。

（十）学校内部组织机构的设置和调整及人员编制。

（十一）学校人事分配制度改革、职称评定政策、住房、医疗等涉及教职工切身利益的重大事项的政策制定与调整。

（十二）学校作出的重要奖惩事项，推选市、省（部）级以上等荣誉称号的授予及奖励事宜。

（十三）重大人身伤亡、责任事故、突发事件、法律纠纷的处理。

（十四）国内外重要合作和交流事项。

（十五）基础设施等办学资源的配置和重大调整。

（十六）学校党的建设和思想政治工作中的重大问题。

（十七）纪委提交审议的重大问题，重大案件涉及党纪政纪的处理。

（十八）其他应当由集体研究决定的重要问题。

第三条　重要干部任免

（一）中层副职以上干部的任免、调动、考核、监督等。

（二）校级及以上后备干部的推荐。

（三）各级人大代表、政协委员候选人的推荐。

（四）校学术、教学等涉及学校整体工作的各委员会负责人和成员的确定或调整。

（五）向上级和其他单位推荐的领导干部人选。

（六）其他重要干部的任免事项。

第四条　重要项目安排

（一）学校重大基本建设项目、重大修缮工程项目和校园建设项目、大宗物资和设备采购。

（二）国内外合资、合作重大项目（含合作办学项目）及对外投资项目。

（三）不动产购置、置换，学校土地、房屋以及大宗设备器材等资产的出租和转让及无形资产的授权使用等项目。

（四）学校大型庆典等重要活动事项。

（五）其他需要学校集体讨论决定的重要事项。

第五条　大额度资金使用

（一）用于学校建设的大额投资、融资项目。

（二）学校年度资金计划和贷款及还贷计划的审定。

（三）未列入学校财务预算、单项支出 20 万以上（含 20 万）的临时性项目。

（四）受赠的大额资金及物件的使用方案。

（五）学校对外重大合同的审批、签订。

（六）其他需要学校集体讨论决定的大额度资金的使用。

第三章 决策机制和程序

第六条 决策机制

学校实行党委领导下的校长负责制。校党委会和校长办公会是学校"三重一大"事项的决策机构。

校党委会、校长办公会议事范围和规则，按照《黄河水利职业技术学校党委会会议制度》、《黄河水利职业技术学校校长办公会会议制度》执行。

第七条 决策程序

凡属"三重一大"事项，在提交党委会和校长办公会决策之前，要经过必要的民主程序进行论证。

依照《高等学校教职工代表大会暂行条例》及学校的有关规定，应交教代会讨论通过的重要事项，在党委会和校长办公会决策之前要提交教代会审议通过或审议决定。

依照《中华人民共和国高等教育法》的有关规定，应由学术委员会审议的重大学术事项，在校长办公会决策之前要提交学术委员会审议。

中层副职以上干部任免，党委会决策之前要严格按照中央《党政领导干部选拔任用工作条例》及学校制订的实施意见确定的程序执行。

其他"三重一大"事项，在决策之前，要依照法律、法规和学校规章规定的程序，广泛调查研究，充分听取群众和专家意见，深入进行论证和协调，提交论证报告或立项报告。

第四章　决策的实施

第八条　党委会决定的事项，由领导班子成员按照分工组织实施；校长办公会决定的事项，由校长办公会成员按照分工组织实施，个人不得擅自改变或拒绝执行。

第九条　执行"三重一大"决策过程中如发现新情况、新问题，要按照相关程序进行复议，及时修正完善决策后，执行新的决策。

第五章　监督检查

第十条　集体决定的事项，必须明确落实实施部门和负责人，党政办公室负责督办，并及时将落实情况向书记、校长汇报。

第十一条　"三重一大"事项应按照校务公开原则予以公开，接受师生员工监督。

第十二条　校纪检、监察、审计、工会等部门根据职责权限对"三重一大"事项的决策和执行情况进行监督。

第十三条　"三重一大"制度的执行情况，列为学校党风廉政建设责任制和干部考核的重要内容，列为学校领导班子民主生活会和干部述职述廉报告的重要内容。

第六章　责任追究

第十四条　凡属下列情况，给国家、学校造成重大经济损失和严重政治影响的，要追究相关责任：

（一）不遵守、不执行或不正确执行"三重一大"集体决策制度，不执行或擅自改变集体决定的。

（二）未经集体讨论决定而由个人决策、事后又不通报的。

（三）未向领导集体提供真实情况而造成错误决定的责任人。

（四）执行决策后发现可能造成损失，能够挽回而不采取措施纠正的。

（五）其他因违反本规定而造成失误的。

第十五条　责任追究主要依据本人职责范围，明确集体责任、个人责任或直接领导、主要领导责任。

第十六条 对给学校造成重大损失和严重政治影响的责任人，根据事实、性质、情节应承担的责任，依法依纪追究。

第十七条 本规定自发布之日起执行。此前有关规定与本办法不一致的，以本办法为准。

8.落实党风廉政建设党委主体责任和纪委监督责任的实施意见（试行）

黄院党〔2016〕32号

为深入贯彻党的十八大，十八届三中、四中、五中全会和中央纪委三次、四次、五次、六次全会精神，落实党风廉政建设党委主体责任和纪委监督责任，深入推进学校党风廉政建设和反腐败工作，根据中共河南省委《关于落实党风廉政建设党委主体责任和纪委监督责任的意见（试行）》、《中共教育部党组关于落实党风廉政建设主体责任的实施意见》和《中共教育部党组关于深入推进高等学校惩治和预防腐败体系建设的意见》等文件精神，结合学校实际，制定本实施意见。

一、总体要求

1.重要意义。落实党风廉政建设党委主体责任和纪委监督责任（以下简称"两个责任"）是党章赋予的重要职责，是《中共中央关于全面深化改革若干重大问题的决定》提出的明确要求。"两个责任"厘清了党委、纪委在党风廉政建设中的责任定位和职责分工，是新形势下党要管党、从严治党的必然要求，是加强党的执政能力建设和先进性建设的重要举措，是依法治国、依规治党的具体体现，是推进反腐败体制机制创新和制度创新的重要保证。认真贯彻并坚决落实好"两个责任"，对于深化我校事业改革发展、健全反腐败领导体制和工作机制，深入推进党风廉政建设和反腐败斗争，推动党风廉政建设责任制落实，具有十分重要的意义。

2.基本要求。学校各级党组织要深刻认识落实"两个责任"的重要性和紧迫性，坚持党要管党、从严治党的方针，把"两个责任"与学校事业改革发展同部署、同落实、同检查、同考核，以健全体制机制为重点，以完善规章制度为支撑，以创新载体为突破，着力构建权责对等的责任分解机制、科学规范的责任落实机制、惩教结合的责任考核机制、完整闭合的责任追究机制，保障中央、省委和上级主管部门关于党风廉政建设和反腐败工作的决策部署得到贯彻落实。

（1）中共黄河水利职业技术学院委员会（以下简称"学校党委"）要切实担负起全面领导党风廉政建设的主体责任，坚持集体领导与个人分工负责相结合，做到权责对等，有错必纠，有责必问。领导班子要对职责范围内的党风廉政建设负主体责任，主要负责人履行好第一责任人职责，班子其他成员认真履行"一岗双责"。

（2）中共黄河水利职业技术学院纪律检查工作委员会（以下简称"学校纪委"）要在学校党委、省高校纪工委的双重领导下，认真履行监督职责，协助学校党委加强党风廉政建设和组织协调反腐败工作，明确职责定位，聚焦中心任务，突出主责主业，强化监督执纪问责，全面贯彻落实监督责任。

二、党委主体责任

3.党委领导班子责任。学校党委是党风廉政建设的领导者、执行者、推动者，对学校的党风廉政建设负全面领导的集体责任。

（1）加强组织领导。每年召开全校党风廉政建设工作会议，分析研判学校党风廉政建设面临的形势和任务，贯彻落实中央、省委、省高工委和上级主管部门关于党风廉政建设的部署要求，对学校党风廉政建设作出专门部署，明确领导班子、领导干部职责和任务分工。学校党委每年至少组织2次廉洁从政专题学习；每学期召开一次党风廉政建设专题会议，听取学校纪委工作情况汇报，及时协调解决重大问题，制定工作计划和具体措施，扎实推动责任落实。

（2）健全工作机制。落实党风廉政建设领导体制和工作机制。调整学校党风廉政建设领导小组，负责落实省委、高校工委和学校党委关于党风廉政建设决策部署，检查考核学校党风廉政建设责任制执行情况。组长由校党委书记担任，副组长由校长、党委副书记和纪委书记担任，小组成员由党政办公室、组织部、宣传部、纪委、计划财务处、教务处等部门主要负责同志组成，党风廉政建设领导小组办公室设在党政办公室，负责日常工作。建立健全各项工作制度，明确职责任务，完善责任体系，形成上下贯通、层层负责的工作格局和抓党风廉政建设的强大合力。

（3）严格落实责任。坚持"党政同责、一岗双责"，党委书记、校长要认真履行第一责任人责任，定期听取班子成员、学校基层党总支（直属党支部）和校属各部门主要负责人党风廉政建设工作情况的汇报，对重要工作亲自部署、重大问题亲自过问、重点环节亲自协调、重要案件亲自督办，每半年至少与班子成员进行一次谈心活动，定期与下属部门主要负责人谈心，发现违反党纪党规的现象和苗头，及时谈话提醒，发现问题严肃处理。班子成员要认真落实"一岗双责"，对职责范围内的党风廉政建设工作负主要领导责任，督促分管部门、联系院（系）领导班子及其成员认真落实责任，至少每半年约谈一次分管部门、联系院（系）主要负责人，每年至少两次听取专题汇报，发现问题随时约谈。

（4）深化宣传教育。加强党性党风党纪教育和廉洁从政教育，大力推进廉政文化建设，促进廉政文化进课堂、进教材，持续开展廉政文化主题教育周活动，培育廉洁价值理念，营造崇廉尚廉氛围。

（5）选好用好干部。严格执行《党政领导干部选拔任用工作条例》，健全科学选人用人机制，深化干部人事制度改革，加强对干部选拔任用工作的监督。落实领导干部廉政谈话、提醒谈话、诫勉谈话制度，实行干部带病提拔责任倒查机制，坚决整治、严厉查处选人用人上的不正之风和腐败问题。加强干部专项审计、任期审计和离任审计，坚持抓早抓小、防微杜渐。

（6）加强作风建设。牢固树立党的意识和纪律观念，严明党的政治纪律和组织纪律。大力弘扬党的优良作风，强化宗旨观念和服务意识，坚持为民务实清廉。持之以恒贯彻落实中央八项规定和省委、省政府若干意见，坚决纠正"四风"，以优良的党风政风带校风、促教风、正学风。

（7）维护广大师生员工合法利益。规范学校办学行为，加强师德建设，完善维护广大师生员工权益机制，畅通群众诉求渠道。及时研究解决师生员工反映强烈的突出问题，坚决查处和纠正损害群众利益的行为。

（8）支持查办案件。领导和支持学校纪检监察部门依纪依法履行职责，定期听取党风廉政建设和反腐败工作情况汇报，及时协调解决重大问题。加强纪检监察组织和干部队伍建设，全力支持和保障纪检监察部门依纪依法查办腐败案件，加大案件查办力度，做到有腐必反、有贪必肃，始终保持惩治腐败高压态势。

（9）推动源头治理。落实中央、省委、教育部、省高校工委关于惩治和预防腐败体系建设安排部署，推进党风廉政建设与教育改革发展相融合，各项改革举措要体现惩治和预防腐败要求，有效防范廉政风险。构建决策科学、执行坚决、监督有力的权力运行体系，推进权力公开透明运行，从源头上预防和治理腐败。

（10）严格监督考核。加强对党风廉政建设责任制的检查考核，党委领导班子成员带队参加年度考核，考核结果在一定范围内通报，作为领导干部评先评优和干部选拔任用的重要依据。对检查考核中发现的问题，及时督促整改，落实好责任追究。每年年初向上级党委和纪委报告责任制落实情况。

（11）支持配合上级巡视和督导检查工作。党委书记在上级巡视和督导检查前亲自动员部署，在巡视和督导检查工作中积极支持配合。对巡视和督导检查中发现的问题，深刻分析，认真查处，彻底整改。

4.党委书记责任。党委书记是党风廉政建设第一责任人，对学校的党风廉政建设负全面领导责任。

（1）履行领导责任。严明党的政治纪律，自觉维护党的集中统一。坚决执行上级党委、纪委关于党风廉政建设和反腐败工作的决策部署，做到重要工作亲自部署，重大问题亲自过问，重要环节亲自协调，重要案件亲自督办。

（2）强化组织推动。积极推进学校党风廉政建设和反腐败斗争，定期主持召开党委会议，专题研究部署党风廉政建设工作，听取纪委和各党总支（直属党支部）工作汇报，协调解决工作中的困难和问题。

（3）加强宣传教育。通过主持中心组廉政专题学习、主讲廉政党课、宣读案件通报、廉政教育提醒等多种方式，加强对班子成员和党员干部的党性党纪教育和廉洁履职、廉洁从教教育。

（4）强化监督检查。带队开展党风廉政建设责任制落实情况检查考核，约谈检查考核末位或干部群众反映问题集中的部门负责人。

（5）落实监管责任。加强对领导班子成员及各党总支（直属党支部）书记的监管，管好班子，带好队伍，通过廉政谈话、廉政点评、约谈等方式，督促领导班子成员、部门领导班子廉洁从政，落实一岗双责。

（6）带头做好表率。坚持以上率下，以身作则，管好自己，管好亲属和身边工作人员，严格执行民主集中制，自觉践行"三严三实"要求，不搞特权，作廉洁从政的表率。带头接受干部群众监督，公布个人行使权力清单，签订廉洁从政承诺书，公开述责述廉，报告个人有关事项。

5.党委领导班子成员责任。党委领导班子其他成员根据工作分工，认真履行一岗双责，对职责范围内的党风廉政建设负主要领导责任。

（1）分管职责。坚持分管工作与党风廉政建设一起抓，领导并监督分管部门落实学校党委党风廉政建设工作部署，认真履行党风廉政建设责任制，把反腐倡廉建设要求同分管业务工作同部署、同落实、同检查、同考核。

（2）指导责任。听取分管部门党风廉政建设情况汇报，及时解决存在问题，指导分管部门研究制定加强党风廉政建设的具体措施，完善制度规定，加强风险防控。

（3）监督责任。加强对分管部门党员干部的教育，督促分管部门及其负责人廉洁从政、改进作风、履职尽责，及时了解和掌握党员干部的廉洁状况，发现苗头性、倾向性问题早提醒、早纠正。

（4）自律责任。严格执行廉洁从政和改进作风各项规定，坚持以身作则，管好自己，管好亲属和身边工作人员，自觉接受监督。

三、纪委监督责任

6. 纪委责任。学校纪委是党内执纪监督专门机构，按照党章和相关党内法规要求，协助党委加强党风廉政建设，组织协调反腐败工作，对学校党风廉政建设负监督责任。

（1）维护党的纪律。坚决维护党章和其他党内法规，严格执行党的纪律，严肃查处违犯党纪行为。严明各项纪律，克服组织涣散、纪律松弛问题。加强对党的路线、方针、政策和省委重大决策部署贯彻落实情况的监督检查，确保政令畅通。

（2）加强组织协调。根据上级纪委的决策部署，结合学校实际，向党委提出党风廉政建设和反腐败工作的建议；在党委统一领导下，发挥反腐败组织协调作用，整体推进惩治和预防腐败各项工作；协助党委分解党风廉政建设和反腐败工作任务，加强检查考核，促进各项工作任务落实。

（3）严肃查办案件。按照干部管理权限，配合省高校纪工委严格查处党员干部违纪违法案件，切实解决发生在学校重点领域、关键环节和师生身边的腐败问题。加强对学校纪委查办案件工作的领导。对重大复杂疑难案件，由学校纪委协调省高校纪工委处理。

（4）强化执纪监督。持之以恒反对和纠正"四风"，加强对中央八项规定精神和省委、省政府若干意见贯彻执行情况的监督检查，严肃查处违反作风建设规定的典型问题，及时通报曝光，形成强大震慑。

（5）深化教育预防。加强理想信念、宗旨观念、廉洁自律和警示教育，促进党员干部廉洁从政，对党员干部作风和纪律上的问题早发现、早提醒、早纠正、早查处。推进反腐倡廉制度创新，修订完善党风廉政建设相关规章制度，并根据新形势和新情况，及时制定相关制度，将制度挺在前面，落到实处。

（6）严格追究问责。建立责任追究制度体系，形成责任分解、检查监督、倒查追究的完整链条。实行一案双查，强化责任追究。对因领导不力、监管不严而导致不正之风长期滋生蔓延，或者屡屡出现重大腐败问题而不制止、不查处、不报告的，既追究当事人责任，又追究相关领导责任。

四、保障制度

7. 落实"两个责任"签字背书制度。学校党委和学校纪委要对承担的党风廉政建设责任签字背书，与责任对象签订党风廉政责任书。学校党委书记、纪委书记和分管领导要认真审定各部门党风廉政责任分工、任务分解、年终工作总结报告等具体内容，提出意见并签名，作为各部门落实党风廉政建设责任制工作考核和追责的依据。

8. "两个责任"年度双报告制度。实行党委主体责任双报告制度，党委每年1月底前，分别向上级党委和纪委以书面形式报告上年度履行党风廉政建设主体责任情况。实行纪委监督责任双报告制度，纪委每年1月底前，分别向党委和上级纪委以书面形式报告上年度履行党风廉政建设监督责任情况。

9. 学校纪委参加各党总支（直属党支部）民主生活会制度。校纪委派人参加党总支（直属党支部）民主生活会，对其加强监督和指导。重点监督是否将执行党风廉政建设责任制情况列为民主生活会重要内容；党政主要负责人是否在民主生活会上对班子成员进行廉政点评；领导班子及成员在廉洁自律方面是否存在苗头性、倾向性问题；上次民主生活会整改措施是否落实到位等。民主生活会召开后，召开部门应在一周内将会议基本情况、会议记录、解决的问题、整改措施等报校纪委。

10. 主体责任述责述廉和评议制度。党委书记向学校全体党员干部述责述廉，集中报告履行党风廉政建设主体责任和个人廉洁履职等情况，每年不少于一次。同时，党委书记的述责述廉报告报省高校纪工委。开展党风廉政建设社会评议和政风群众满意度测评，完善测评办法，扩大群众参与度，提高测评结果的科学性和公信力。

11. 廉政谈话和约谈制度。党委书记与领导班子成员、部门党政主要负责人每年廉政谈话不少于一次。把廉政谈话作为责任制检查考核、述责述廉、任前教育的重要内容和必要程序。对在党风廉政建设责任制检查中发现问题较多、群众来信来访反映较多、民主测评满意度较低的部门，由学校纪委约谈主要负责人，听取主体责任落实情况和个人廉洁从政情况，解决倾向性、苗头性问题。

12. 落实一案双查和责任倒查制度。在查处违纪违法案件同时，一并调查和追究发案部门党总支（直属党支部）主体责任和纪检监督责任是否落实到位。对不认真履行主体责任和监督责任，导致不正之风长期滋生蔓延，或者出现重大腐败问题而不制止、不查处、不报告的，由下至上逐级实行责任倒查，追究党总支（直属党支部）相关领导责任。

13. 责任追究案件报告和通报曝光制度。建立责任追究案件季度报告制度和典型案件双月通报曝光制度，学校在每季度末，将责任追究季报表及典型案例报高校纪工委。责任追究典型案例在双月月底集中通报，对情节严重、性质恶劣、社会影响大的问题及时通报曝光。

14. 加强组织领导，确保落实到位。学校党委切实加强组织领导，明确工作职责，完善工作机制，细化任务分工，强化督促检查，结合实际层层抓好落实。学校纪委认真履行监督责任，每年年底督查和考核"两个责任"贯彻执行情况，对落实不力、执行不严的启动责任追究程序，依纪依规严肃追究责任。党员领导干部必须牢固树立不抓党风廉政建设就是严重失职的意识，认真履行好一岗双责，带头贯彻落实"两个责任"。

9. 黄河水利职业技术学院党风廉政建设"一岗双责"实施办法（试行）

黄院党〔2016〕40号

为加强我校党风廉政建设，明确学校各级领导班子、领导干部在党风廉政建设中的责任，结合我校实际，制定本实施办法。

第一章 总 则

第一条 深入推进学校党风廉政建设工作，指导领导干部切实履行"两个责任"，综合运用"四种形态"，不断增强廉政意识和拒腐防变能力。

第二条 本办法适用于学校领导班子及其成员、各二级单位（部门）领导班子及其成员。

第三条 实行党风廉政建设"一岗双责"，要坚持和完善党委统一领导，党政齐抓共管，纪委监督检查，二级单位（部门）各负其责，学校全员参与的领导体制和工作机制。

第四条 落实党风廉政建设责任制要与学校改革发展紧密结合，纳入领导班子及其成员工作目标管理，与教学、科研、管理等各项工作同部署、同落实、同检查、同考核。

第五条 实行党风廉政建设责任制，要坚持集体领导与个人分工负责相结合，业务工作与党风廉政建设"一岗双责"相结合；坚持谁主管，谁负责，一级抓一级，层层抓落实；坚持教育防范与责任追究相结合，做到实事求是，责权明确，常抓不懈。

第二章 组织领导和责任范围

第六条 学校成立党风廉政建设责任制领导小组，负责上级和学校党风廉政建设责任制工作的决策部署。领导小组下设办公室(以下简称领导小组办公室)，办公室成员为党政办公室、党委组织部、党委宣传部、纪委办公室（监察处）、人事处、审计处、工会主要负责人。

第七条 坚持集体领导与个人分工负责相结合、党政主要负责人负总责、班子成员谁主管谁负责的原则。学校领导班子成员在对分管单位加强业务领导的同时，必须负责抓好党风廉政建设工作，加强对分管单位落实纪律情况的监督检查，及时发现和纠正问题，确保各项权力规范行使；各单位负责人是本单位党风廉政建设和反腐败工作的责任人，对本单位人员的廉政建设负有领导责任，要注重加强对干部和教职工的日常监督、检查和管理，确保本单位人员自觉守纪律、讲规矩。

第八条 校党政领导班子对全校范围内的党风廉政建设负全面领导责任。党委书记是学校党风廉政建设第一责任人，对全校党风廉政建设负总责，校长负同责。校党政领导班子其他成员根据分工，对工作职责范围内以及分管部门、联系单位的党风廉政建设负领导责任。

第九条 纪委在党委和上级纪检监察机关的领导下，协助党委、行政实施学校党风廉政建设责任制，监督检查学校各级组织和领导干部落实党风廉政建设责任制的情况，牵头调查处理有关责任追究的事项。

第十条 各单位（部门）党政领导班子对本部门党风廉政建设负全面领导责任。班子正职（包括主持工作副职）是本部门党风廉政建设第一责任人。班子成员根据分工，对职责范围内的党风廉政建设负领导责任。

第三章 责任内容

第十一条 校党政领导班子对学校党风廉政建设承担以下领导责任：

（一）贯彻执行上级关于党风廉政建设的部署和要求，结合学校实际研究制定实施方案，明确学校各级领导班子及其成员的工作职责和任务分工，推进工作落实。

（二）组织全校党员、干部深入开展理想信念、宗旨意识、党风党纪和廉洁教育，加强校园廉洁文化建设，增强党员、干部和师生员工廉洁自律、遵纪守法的意识。

（三）深化反腐倡廉体制机制改革，加强风险防控，从源头上预防腐败滋生。

（四）领导和组织对学校及各部门执行党风廉政建设责任制的监督检查。党委定期听取基层党组织党风廉政建设专题汇报，每年至少1次。

（五）构建决策科学、执行坚决、公开透明、监督有力的权力运行体系，切实提高学校的治理能力和水平。

（六）认真遵照执行《党政领导干部选拔任用工作条例》选人用人，防止不正之风。

（七）加强行风建设，切实维护广大师生员工的根本利益。

（八）领导并支持纪检监察部门依法依纪履行职责，定期专门听取纪委工作专题汇报，每年至少1次，解决工作中遇到的重大问题。

（九）完善党委会专题研究党风廉政建设工作制度，每学期专题研究党风廉政建设工作不少于2次。

第十二条 校党委书记和校长对学校党风廉政建设承担以下领导责任：

（一）组织班子成员学习贯彻上级部署，做到重要工作亲自部署、重大问题亲自过问、重点环节亲自协调、重要案件亲自督办，切实抓好党风廉政建设。

（二）组织分解党风廉政建设任务，明确班子成员的职责范围，带头开展宣传教育，带头做出廉洁承诺，带头讲好廉洁党课，党委主要负责人每年至少1次为中层以上干部做廉政专题讲座，带头开展监督检查，带头接受民主监督。

（三）认真贯彻执行民主集中制和"三重一大"制度。

（四）组织开好班子民主生活会，带头开展批评与自我批评。定期或不定期召开全校党风廉政建设工作会议，听取纪检监察工作汇报，签订党风廉政建设责任书。带头执行双重组织生活制度，加强对基层党风廉政建设工作的指导和监督。

（五）坚持深入基层，开展调查研究，及时解决广大师生员工关注的热点、难点问题。

（六）坚持运用好"四种形态"，对班子成员和各部门主要负责人在党风廉洁方面存在的问题和苗头，早打招呼早提醒，防患于未然。

（七）模范遵守党纪国法，自觉执行廉洁从政各项规定，教育并管好自己的家庭成员和身边工作人员。

第十三条　班子其他成员在党风廉政建设中承担以下领导责任：

（一）协助党委书记、校长抓好学校党风廉政建设工作，具体负责分管范围内的党风廉政建设工作。

（二）指导、督促分管部门和联系单位做好党风廉政建设工作。

（三）定期听取分管部门、联系单位党风廉政建设工作专题汇报，每年不少于2次，抓好党风廉洁教育。

（四）加强调查研究，及时发现和解决分管部门、联系单位苗头性、倾向性问题，指导、督促分管部门和联系单位建立健全防范性措施和制度。对存在违纪违规苗头、倾向和不良作风行为的部门主要负责人，进行提醒谈话。支持纪检监察部门查处违纪违法案件。

（五）监督检查分管范围内党风廉政建设责任制落实情况，参加分管部门、联系单位的领导班子民主生活会，并向党委书记和校长报告职责范围内的党风廉政建设工作情况。

（六）严格遵守党纪国法，自觉执行廉洁从政各项规定，教育并管好自己的家庭成员和身边的工作人员。

第十四条　中层领导班子对本单位（部门）党风廉政建设承担以下领导责任：

（一）贯彻落实学校关于党风廉政建设责任制的重要决定，按照党委关于党风廉政建设的部署和要求，结合本部门实际研究制定工作方案并组织实施。

（二）组织对本部门党员、干部和师生员工进行党风廉洁教育，增强党员、干部廉洁自律和广大师生员工遵纪守法意识。

（三）执行党风廉政建设的相关规定，结合工作实际，建立健全本部门党风廉政建设规章制度，防止和纠正不正之风。

（四）坚持民主集中制和"三重一大"制度，加强民主决策、民主管理和民主监督，积极推行党务、政务公开，关心并妥善处理师生员工反映的热点、难点问题。

（五）加强本部门廉洁风险防控，建立和完善领导班子廉洁自律等重要情况定期向教职工报告制度，接受群众监督。

（六）加强领导班子作风建设，开好民主生活会，对照《中国共产党廉洁自律准则》自查自纠，开展批评与自我批评。

（七）坚决制止本部门发生的违纪违法行为并及时报告，支持和配合纪检监察部门和司法部门履行职责，根据管理权限做出相应处理。

第十五条　中层领导班子正职在党风廉政建设中承担以下领导责任：

（一）根据学校的工作部署，落实本部门领导班子及成员实施党风廉政建设责任制的具体责任，推进工作进度，开好民主生活会，抓好廉洁教育。

（二）坚持民主集中制、"三重一大"制度及党政联席会议制度，涉及本部门人员聘用、岗位聘任、专业技术职务评审推荐、干部推荐任用、评奖评优、奖酬金发放、物资设备采购等重点领域和师生关心的问题做到公开、公平、公正，接受群众的监督。

（三）组织本部门干部职工学习党风廉政建设法规制度，增强廉洁意识和法纪观念。严格落实与分管领导签订的《党风廉政建设责任书》的要求，确保本部门干部职工在廉洁自律上不出问题。

（四）及时了解和解决本部门师生员工关注的热点、难点问题，对涉及职责范围的重要信访件及重大案件线索，及时向学校党委或纪检监察部门报告，积极配合有关部门做好对各类违纪违法案件的查处工作。

（五）严格遵守财经纪律，不利用职权违规干预和插手本部门正常经济活动。严格执行"收支两条线"管理制度，不设立"账外账"或"小金库"。

（六）自觉遵守廉洁自律各项规定，对领导班子副职及直接分管范围内的师生员工加强教育、管理和监督。

第十六条 中层领导班子副职在党风廉政建设中承担以下领导责任：

（一）协助正职抓好本部门党风廉政建设工作，具体负责分管范围内党风廉政建设工作。

（二）指导职责范围内党风廉政建设责任分解，明确责任主体的岗位职责，采取切实有效措施，保证党风廉政建设的部署和要求在责任范围内的落实。

（三）正确行使职权，涉及"三重一大"的事项应提交党政联席会集体讨论决定。

（四）加强对职责范围内干部和工作人员的教育、管理和监督，按规定向党政正职报告职责范围内的党风廉政建设情况。

（五）带头遵守廉洁自律各项规定，督促、管理职责范围内的人员做好廉洁自律工作。

第四章 检查考核

第十七条 党风廉政建设"一岗双责"考核工作由党委统一领导，采取分级负责、逐级考核的办法进行。

第十八条 考核每年至少进行一次。考核工作可以与领导班子和领导干部考核、年度考核、工作目标考核等结合进行。

第十九条 领导干部要把贯彻落实"一岗双责"情况作为年度工作总结和领导干部专题民主生活会的重要内容，如实检查和汇报，并每年公开进行口头或书面述职述廉，接受群众和组织的监督。

第二十条 考核结果在一定范围内予以通报，对执行严格、成绩突出的，给予通报表彰；对落实不力的，提出批评和建议并限期整改；对构成违纪违规的，根据有关规定给予党纪政纪处分；对涉嫌违法犯罪的，移送司法机关追究相关法律责任。

第二十一条 检查考核的重点是：

（一）坚持民主集中制、"三重一大"制度情况。

（二）是否存在对直接管辖范围内发生明令禁止的不正之风不制止、不查处，或者对严重违法违纪问题隐瞒不报的。

（三）是否存在授意、指使、强令下属人员违反政策及相关管理规定弄虚作假的。

（四）是否存在授意、指使、纵容下属人员阻挠、干扰、对抗监督检查或者案件查处，或者对办案人、检举控告人、证明人打击报复的。

（五）是否存在因失职或失察，致使直接管辖范围内的工作人员发生违法违纪行为或违反廉洁自律规定的。

（六）是否存在对职责范围内的党风廉政建设工作敷衍塞责、不抓不管，以致造成恶劣影响的。

（七）是否存在执行监督管理制度不严，对严重违纪违法行为没有及时上报的，或者对监督检查中发现的问题整改不力、弄虚作假、不如实报告的。

（八）其他应进行责任追究的。

第二十二条 检查考核在各部门自查自评基础上采用民主测评、座谈会、个别谈话等形式进行。

第二十三条 考核结果分为优秀、合格、不合格三个等级。

（一）各部门领导班子或领导干部责任考核达到下列标准者可评定为优秀。

1. 积极主动地履行党风廉政建设的责任，在宣传教育、制度建设、监督检查、作风建设等方面成绩突出。

2. 没有发生违法违纪问题。

3. 领导干部率先垂范，清正廉洁，有典型事迹。

4. 民主测评"优秀"票达到80%及以上。

（二）各部门领导班子或领导干部责任考核达到下列标准者可评定为

合格。

1. 能全面履行党风廉政建设的责任。

2. 没有发生严重违法违纪问题，或者对苗头性问题能进行及时处理或纠正。

3. 民主测评"合格"和"优秀"票达到80%以上。

（三）各部门领导班子或领导干部责任考核有下列情形之一者，可评定为不合格。

1. 未能正确履行党风廉政建设责任的。

2. 发生违反党纪政纪规定，受到党纪政纪处分的。

3. 民主测评"不合格"票超过20%的。

第五章　责任追究

第二十四条　领导班子、领导干部不履行或未能正确履行党风廉政建设职责，有下列情形之一的，应当追究责任：

（一）对党风廉政建设工作领导不力，以致职责范围内的不正之风得不到有效治理，造成不良影响的。

（二）对上级领导机关交办的党风廉政建设责任范围内的事项不传达、不部署、不落实、不办理的。

（三）对本部门党员、干部疏于教育和管理，致使领导班子成员或者直接管辖的下属发生严重违纪违法问题的。

（四）对本部门发现的严重违纪违法行为隐瞒不报的。

（五）违反"三重一大"规定，造成不良后果的。

（六）放任、纵容下属人员违反国家法律法规和学校各项制度的。

（七）有其他违反党风廉政建设责任制行为的。

第二十五条　领导干部具有本办法第二十三条所列情形，情节较轻的，给予批评教育、诫勉谈话、责令作出书面检查；情节较重的，给予通报批评；情节严重的，给予党纪政纪处分，或给予调整职务、责令辞职、免职或降职等组织处理。涉嫌违法犯罪的，移送司法机关依法处理。

以上责任追究方式可单独使用，也可合并使用。

第二十六条　领导班子、领导干部具有本办法第二十三条所列情形，并具有下列情节之一的，应当从重或加重追究责任：

（一）对发生的党风廉洁问题进行掩盖、袒护或弄虚作假欺骗组织的。

（二）干扰、阻碍责任追究调查处理的。

第二十七条　领导班子、领导干部具有第二十三条所列情形，并具有下列情节之一的，可以从轻或减轻追究责任：

（一）对发生的问题及时如实报告并主动查处和纠正，有效避免损失或挽回影响的。

（二）主动整改，成效明显的。

第二十八条　对领导班子、领导干部的责任追究，由纪检监察部门会同组织人事部门调查核实，报请党委批准。需要追究党纪政纪责任的，由纪检监察部门办理。需要给予组织处理的，由组织人事部门办理。

第二十九条　实施责任追究，应当实事求是，分清集体责任和个人责任，主要领导责任和重要领导责任。

追究集体责任时，领导班子主要负责人和直接分管的领导班子成员承担主要领导责任，参与决策的班子其他成员承担重要领导责任。班子成员对错误决策提出明确反对意见而未被采纳的，不承担领导责任。错误决策由领导干部个人决定的，追究该领导干部个人责任。

第三十条　责任追究不因领导干部工作岗位或职务变动而免除。已退休但按照本办法应当追究责任的，仍须进行相应的责任追究。

第三十一条　受到责任追究的领导班子、领导干部，取消当年度考核评优和评选各类先进的资格。

第三十二条　受到党纪政纪处分和组织处理的领导干部按照有关规定执行。

第三十三条　责任追究决定应当在一定范围内公开。

第六章 附 则

第三十四条 本实施办法由党委办公室负责解释。

第三十五条 本实施办法自印发之日起施行。

参考文献

[1] Bimbaum,Robert. How Colleges Work:The Cybemetics of Academic Organization and Leadership[M].Jossey Bass Publishers,1988.

[2] John-S•Brubaker.The strategy of universities:A quantitative evaluation of the intent and implementation in UK universities[M]. International Journal of Educational Management,2007.

[3] Hanoch Dagan. Restitutionary Damages for Breach of Contract: An Exercisein Private Law Theory[J]. Theoretical Inquiries in Law,2011,1(1).

[4] Julio Cesar G. Bertolin. Os quase-mercados na educação superior:dosimprováveis mercados perfeitamente competitivos à imprescindível regulação doEstado The quasi-markets in higher education: from the improbable perfectlycompetitive markets to the unavoidable State regulation[J]. Educação ePesquisa,2011,37(2).

[5] Burton Clark.Power in the University[M]. European Journal of Education.

[6] Stela M. Meneghel,Fabiane Robl,Tattiana T. Freitas da Silva. A relação entreavaliação e regulação na educação superior: elementos para o debate The relationshipbetween evaluation and regulation in higher education:keys for the debate[J]. Educarem Revista,2006(28).

[7] Peter Benson.The Expectation and Reliance Interests in

Contract Theory: A Reply to Fuller and Perdue[J]. Issues in Legal Scholarship,2011,1(1).

[8] 别敦荣.治理体系和治理能力现代化与高等教育现代化的关系[J].中国高教研究,2015(1).

[9] 李永亮.高等学校内部治理结构优化研究[M].北京：经济管理出版社,2017.

[10] 俞可平.治理与善治[M].北京：社会科学文献出版社,2005.

[11] 孙建.高职院校内部治理体系现代化研究[M].南京：东南大学出版社,2020.

[12] 周建松."双高"建设背景下高职院校治理能力提升研究[J].教育与职业,2020（7）.

[13] 查吉德.高职院校内部治理结构现状与改进策略[J].现代教育管理,2019（12）.

[14] 张伟.美国大学募款制度及其对大学治理结构的建构[J].高等教育研究,2012（12）：96-103.

[15] 董仁忠.高职院校治理结构研究[J].教育发展研究,2011（7）.

[16] 李永生.论"双高计划"背景下的学校治理水平提升策略[J].2019（34）：48-52.

[17] 周萍,宋建军.高职院校优化内部治理结构的研究[J].中国职业技术教育,2016,（1）.

[18] 李福华.大学治理与大学管理：概念辨析与边界确定[J].北京师范大学学报（社会科学版）,2008（04）：19－25.

[19] 时伟.大学内部治理结构改革的逻辑、动力与路径[J].中国高教研究,2014（11）.

[20] 孙长坪.高职院校治理体系建设的应然与实然比较[J].职教论坛,2019（5）：149－154.

[21] 辛宪章,张岩松,王允.高职院校治理研究[M].沈阳：东北财

经大学出版社，2018.08.

[22] 张海峰.高职院校治理结构创建初探[J].江苏技术师范学院学报（职教通讯），2008（10）.

[23] 肖艳婷.基于章程的高等职业院校治理研究——契约理论的视角[D].天津：天津大学，2019.

[24] 李政，徐国庆.我国职业教育治理结构转型：内涵、困境与突破[J].西南大学学报（社会科学版），2020，（4）.

[25] 梁克东."双高计划"背景下高职院校治理现代化的理性思考及实践路径[J].中国职业技术教育，2020，（1）.

[26] 何文波.高职院校治理体系现代化建设研究[M].湘潭：湘潭大学出版社，2019.

[27] 李福华.治理的理论基础与组织构架[M].北京：教育科学出版社，2008.

[28] 沈小雯."双高计划"背景下高职治理现代化研究——基于价值、结构、制度分析框架[J].江苏高职教育，2020（5）.

[29] 邢晖，邬琦姝，王维峰.高职院校内部治理结构现状及优化研究[J].国家教育行政学院学报，2019（2）.

[30] 李玉静.现代职业教育治理体系的基本框架[J].职业技术教育，2014，（4）.

[31] 周建松.基于综合体理念的高职院校管理体系建设研究[J].天津职业大学学报，2015，24（5）：8－10.

[32] 郭翼嘉.地方高职院校内部治理结构优化研究-以河南省YZ学校为例[D].华北水利水电大学，2020.

[33] 李斌.3个5%凸显职业教育的结构治理[J].职教论坛，2006（23）.

[34] 谭寒.建设落实大学章程与推进高校治理体系治理能力现代化[J].中国轻工教育，2018（3）.

[35] 李亚玲.高职院校内部治理结构现状与优化对策[J].长沙民政职业技术学院学报[J].2020（27）.

[36] 陈向阳.高职院校内部治理结构优化的路径选择——基于268所高职院校的调查与分析[J].2018（11）.

[37] 田联进.大学治理体系和大学治理能力建设论要——利益相关者的视角[J].四川理工学院学报（社会科学版），2015，03：1－9.

[38] 姚加惠.英国地方高校内部治理结构探究[J].教育与考试，2011，（05）.

[39] 沈萍，陈聪诚，陈丽.我国高职院校内部治理结构研究[J].宁波大学学报，2015，（6）.

[40] 陈雪萍.我国职业教育治理现代化研究热点与脉络演进[J].职教通讯，2020，（9）.

[41] 姚加惠.美国地方高校内部治理结构探究[J].高等理科教育，2011，（06）.

[42] 王婷婷，袁媛，王彦苏.提高党内法规制度执行力 深入开展高校反腐倡廉工作[J].法制博览，2018.2：62.

[43] 史迎霞.党内法规制度建设对推动高校党建工作的启示[J].大连教育学院学报，2019.9：66－67.

[44] 唐莹瑞，赵晓强.试论党内法规制度执行力的形成逻辑[J].长白学刊，2018（5）：109.

[45] 梁瑞英.提高党内法规制度执行力的几点思考[J].领导科学，2015.11：36-38.

[46] 杨景.新时代高校制度治党研究[D].太原：山西大学硕士学位论文，2018.

[47] 谢忠平.提高党内法规制度执行力[J].中共天津市委党校学报，2019（3）：7－9.

[48] 孙振鹏.中国共产党党内法规制度执行力研究[D].北京：中共

中央党校硕士学位论文，2017.

[49] 宋建军，宋扬.高校内部治理结构改革的依据、动因与路径选择[J]，江苏理工学院学报，2016.10（5）：90－93.

[50] 李强.职业院校内部治理能力提升研究[J]，职教论坛，2017.10：51－56.

[51] 陈套.中国创新体系的治理与区域创新治理能力评价研究[D]，中国科学技术大学博士学位论文，2016.10.

[52] 朱朝艳.从"管理"到"治理"——高校治理体系的构建[D]，沈阳师范大学硕士学位论文，2016.5.

[53] 赵红杰.利益相关者视角下高职院校内部治理结构研究[D]，沈阳师范大学硕士学位论文，2017.5.

[54] 李树陈.国家治理体系现代化视角下的职业教育政策研究[D]，中共中央党校博士学位论文，2016.7.

[55] 孙云志.多元共治视域下高职院校治理考核评价指标体系的构建[J]，教育与职业，2017.2（4）：24－29.